高等学校土建类专业应用型本科“十四五”规划教材

建筑结构试验与检测加固

（第2版）

主　编　胡忠君　贾　贞
副主编　吴　芳

武汉理工大学出版社
·武　汉·

内容提要

本书依据高等院校土木工程专业相关课程教学大纲、国家最新颁布的相关规范、规程进行编写。内容包括：绪论、加载设备与试验装置、结构试验的测量仪器与数据采集、结构静载试验、结构动力试验、结构抗震试验、混凝土结构现场检测技术、混凝土结构加固技术等。全书在编写的过程中以结构试验和检测加固的基本理论为重点，注重案例分析，力争通过案例分析使相关内容具体化、形象化，方便读者的学习和理解。

本书可作为高校土木工程专业的教材，也可供从事结构试验与检测加固的工程技术人员作为参考用书。

图书在版编目(CIP)数据

建筑结构试验与检测加固/胡忠君，贾贞主编. —2 版. —武汉：武汉理工大学出版社，2017.5（2024.7 重印）

ISBN 978-7-5629-5522-1

Ⅰ.①建… Ⅱ.①胡… ②贾… Ⅲ.①建筑结构-结构试验-高等学校-教材 ②建筑结构-检测-高等学校-教材 ③建筑结构-加固-高等学校-教材 Ⅳ.①TU3

中国版本图书馆 CIP 数据核字(2017)第 082193 号

项目负责人：王利永　　**责任编辑**：王利永

责任校对：李正五　　**封面设计**：许伶俐

出版发行：武汉理工大学出版社

地　　址：武汉市洪山区珞狮路 122 号

邮　　编：430070

网　　址：http://www.wutp.com.cn

经 销 者：各地新华书店

印 刷 者：武汉中远印务有限公司

开　　本：787×1092　1/16

印　　张：11

字　　数：275 千字

版　　次：2013 年 5 月第 1 版　　2017 年 5 月第 2 版

印　　次：2024 年 7 月第 7 次印刷

印　　数：14001～15000 册

定　　价：25.00 元

凡购本书，如有缺页、倒页、脱页等印装质量问题，请向出版社发行部调换。

本社购书热线电话：027-87515778　87515848　87785758　87165708(传真)

高等学校土建类专业应用型本科“十四五”规划教材

编 审 委 员 会

前　言

（第 2 版）

本书第 1 版于 2013 年 5 月由武汉理工大学出版社出版，主要是作为普通高等学校土建类专业应用型本科“十二五”规划教材之一。

本书是根据高等院校土木工程专业相关课程教学大纲和国家最新颁布的相关规范、规程编写的专业基础课教材。教材编写过程中以结构试验和检测加固的基本理论为重点，力争通过案例分析使相关内容具体化、形象化，注重应用型人才实践动手能力的培养。

本教材内容共分 8 章，主要包括：绪论、加载设备与试验装置、结构试验的测量仪器与数据采集、结构静载试验、结构动力试验、结构抗震试验、混凝土结构现场检测技术、混凝土结构加固技术等。

本书由吉林大学胡忠君、哈尔滨学院贾贞担任主编，长春建筑学院吴芳担任副主编。参加本书第 2 版编写工作的有：长春建筑学院吴芳（第 1 章、第 5 章），吉林大学胡忠君（第 2～4 章、第 6 章），哈尔滨学院贾贞（第 7 章、第 8 章、附录）。全书由胡忠君负责统稿工作。

本书在编写的过程中参考了近年来出版的多部优秀教材、同行专家学者的相关论文和试验资料，也参考了仪器设备生产厂家的资料和说明书、部分网络资料，书中直接或间接引用了参考文献所列书目中的部分内容，对上述作者表示诚挚的谢意。

由于编者水平有限，书中难免存在不当和遗漏之处，敬请专家、同行和读者批评指正。

编　者

2017 年 3 月

目　录

1　绪论 ………………………………………………………………………………………… (1)

1.1　结构试验的任务 ……………………………………………………………………… (1)

1.2　结构试验的分类 ……………………………………………………………………… (1)

1.2.1　按试验目的分类 …………………………………………………………………… (1)

1.2.2　按试验对象分类 …………………………………………………………………… (2)

1.2.3　按荷载性质分类 …………………………………………………………………… (3)

1.2.4　按试验时间分类 …………………………………………………………………… (3)

1.2.5　按试验场地分类 …………………………………………………………………… (4)

1.3　建筑结构试验技术新进展 …………………………………………………………… (4)

1.3.1　先进的大型和超大型试验设备 …………………………………………………… (4)

1.3.2　结构抗震混合试验技术 …………………………………………………………… (5)

1.3.3　结构远程协同试验技术 …………………………………………………………… (5)

1.3.4　先进的试验测试技术 ……………………………………………………………… (6)

1.4　课程开设的目的与学习方法 ………………………………………………………… (6)

本章小结……………………………………………………………………………………… (6)

思考题………………………………………………………………………………………… (6)

2　加载设备与试验装置 ……………………………………………………………………… (7)

2.1　概述 …………………………………………………………………………………… (7)

2.2　重物加载法 …………………………………………………………………………… (7)

2.2.1　重物直接加载法 …………………………………………………………………… (7)

2.2.2　杠杆间接加载法 …………………………………………………………………… (8)

2.3　液压加载法 …………………………………………………………………………… (8)

2.3.1　液压加载器 ………………………………………………………………………… (9)

2.3.2　大型结构试验机…………………………………………………………………… (10)

2.3.3　电液伺服试验加载系统…………………………………………………………… (11)

2.3.4　地震模拟振动台…………………………………………………………………… (12)

2.4　其他加载方法……………………………………………………………………… (15)

2.5　试验台座及加载支承装置………………………………………………………… (16)

2.5.1　试验台座…………………………………………………………………………… (16)

2.5.2　水平反力墙或反力架……………………………………………………………… (18)

2.5.3　竖向荷载支承装置………………………………………………………………… (18)

2.5.4　分配梁与支座……………………………………………………………………… (19)

本章小结 …………………………………………………………………………………… (20)
思考题 ……………………………………………………………………………………… (21)

3 结构试验的测量仪器与数据采集……………………………………………………… (22)

3.1 概述…………………………………………………………………………………… (22)
3.2 应变测量……………………………………………………………………………… (22)
3.2.1 电阻应变片………………………………………………………………………… (22)
3.2.2 电阻应变仪………………………………………………………………………… (25)
3.2.3 电阻应变片粘贴技术……………………………………………………………… (27)
3.2.4 应变的其他测量方法(机械法)…………………………………………………… (29)
3.3 位移测量……………………………………………………………………………… (30)
3.3.1 线位移测量………………………………………………………………………… (30)
3.3.2 转动变形测量……………………………………………………………………… (32)
3.4 力值测量……………………………………………………………………………… (33)
3.4.1 机械式力传感器…………………………………………………………………… (33)
3.4.2 电阻应变式力传感器……………………………………………………………… (33)
3.5 裂缝测量……………………………………………………………………………… (34)
3.6 数据采集系统………………………………………………………………………… (36)
本章小结 …………………………………………………………………………………… (38)
思考题 ……………………………………………………………………………………… (38)

4 结构静载试验…………………………………………………………………………… (39)

4.1 概述…………………………………………………………………………………… (39)
4.2 结构试验的主要环节………………………………………………………………… (39)
4.3 结构静载试验案例分析——受弯构件……………………………………………… (39)
4.3.1 确定试验内容……………………………………………………………………… (39)
4.3.2 试件设计…………………………………………………………………………… (40)
4.3.3 试验加载设计……………………………………………………………………… (40)
4.3.4 试验观测设计……………………………………………………………………… (42)
4.3.5 试验安全措施……………………………………………………………………… (43)
4.3.6 试验准备阶段……………………………………………………………………… (44)
4.3.7 试验实施阶段……………………………………………………………………… (46)
4.3.8 测量数据整理与分析……………………………………………………………… (47)
4.3.9 试验结果表达……………………………………………………………………… (47)
4.4 结构静载试验案例分析——受压构件……………………………………………… (48)
4.4.1 试件设计…………………………………………………………………………… (49)
4.4.2 试验装置及加载方案……………………………………………………………… (49)
4.4.3 试验观测方案……………………………………………………………………… (50)
4.4.4 试验结果表达……………………………………………………………………… (51)

4.5　结构性能评定……………………………………………………………………………（53）
4.5.1　结构承载力评定……………………………………………………………………（53）
4.5.2　结构挠度评定………………………………………………………………………（54）
4.5.3　结构抗裂性评定……………………………………………………………………（55）
4.5.4　结构裂缝宽度评定…………………………………………………………………（55）
本章小结 ………………………………………………………………………………（55）
思考题 …………………………………………………………………………………（55）

5　结构动力试验……………………………………………………………………………（56）

5.1　概述………………………………………………………………………………………（56）
5.2　结构动荷载特性试验……………………………………………………………………（56）
5.3　结构动力特性试验………………………………………………………………………（56）
5.3.1　自由振动法…………………………………………………………………………（57）
5.3.2　共振法………………………………………………………………………………（58）
5.3.3　脉动法………………………………………………………………………………（59）
5.4　结构动力反应试验………………………………………………………………………（59）
5.4.1　动应变测量…………………………………………………………………………（60）
5.4.2　动位移测量…………………………………………………………………………（60）
5.4.3　动力系数测量………………………………………………………………………（60）
5.5　结构风洞试验……………………………………………………………………………（61）
本章小结 ………………………………………………………………………………（63）
思考题 …………………………………………………………………………………（63）

6　结构抗震试验……………………………………………………………………………（64）

6.1　概述………………………………………………………………………………………（64）
6.1.1　结构抗震试验的任务………………………………………………………………（64）
6.1.2　结构抗震试验的分类………………………………………………………………（65）
6.2　低周反复加载试验………………………………………………………………………（66）
6.2.1　低周反复加载试验的加载制度……………………………………………………（66）
6.2.2　低周反复加载试验的加载装置……………………………………………………（68）
6.2.3　低周反复加载试验的观测方案……………………………………………………（73）
6.2.4　低周反复加载试验的数据整理……………………………………………………（75）
6.3　拟动力试验………………………………………………………………………………（77）
6.3.1　拟动力试验的加载流程……………………………………………………………（77）
6.3.2　拟动力试验的加载设备……………………………………………………………（78）
6.3.3　拟动力试验的数据处理……………………………………………………………（79）
6.4　地震模拟振动台试验……………………………………………………………………（79）
6.4.1　试验模型设计与制作………………………………………………………………（80）
6.4.2　试验方案制定………………………………………………………………………（81）

本章小结 …………………………………………………………………………………………………… (82)
思考题 ……………………………………………………………………………………………………… (82)

7 混凝土结构现场检测技术…………………………………………………………………………… (83)

7.1 混凝土结构检测的相关规范…………………………………………………………………… (83)
7.2 混凝土结构检测………………………………………………………………………………… (83)
7.2.1 现场检测的范围和分类…………………………………………………………………… (83)
7.2.2 现场检测工作程序………………………………………………………………………… (84)
7.2.3 现场检测项目和检测方法………………………………………………………………… (84)
7.3 混凝土力学性能检测…………………………………………………………………………… (85)
7.3.1 回弹法测定混凝土强度…………………………………………………………………… (85)
7.3.2 超声法测定混凝土强度…………………………………………………………………… (91)
7.3.3 超声回弹综合法测定混凝土强度………………………………………………………… (92)
7.3.4 钻芯法测定混凝土强度…………………………………………………………………… (93)
7.3.5 拔出法测定混凝土强度…………………………………………………………………… (95)
7.4 超声波检测混凝土缺陷………………………………………………………………………… (97)
7.4.1 混凝土裂缝检测…………………………………………………………………………… (98)
7.4.2 混凝土内部缺陷检测……………………………………………………………………… (99)
7.4.3 混凝土表层损伤的检测 ………………………………………………………………… (104)
7.5 混凝土结构钢筋定位和钢筋锈蚀检测 ……………………………………………………… (105)
7.5.1 混凝土结构钢筋位置检测 ……………………………………………………………… (105)
7.5.2 混凝土结构钢筋锈蚀检测 ……………………………………………………………… (107)
本章小结……………………………………………………………………………………………… (108)
思考题………………………………………………………………………………………………… (108)

8 混凝土结构加固技术 ……………………………………………………………………………… (109)

8.1 混凝土结构加固的工程背景 ………………………………………………………………… (109)
8.2 加大截面加固法 ……………………………………………………………………………… (110)
8.2.1 概念 ……………………………………………………………………………………… (110)
8.2.2 计算方法举例 …………………………………………………………………………… (111)
8.2.3 受弯构件正截面加固案例施工工序 …………………………………………………… (115)
8.3 外包型钢加固法 ……………………………………………………………………………… (116)
8.3.1 概念 ……………………………………………………………………………………… (116)
8.3.2 计算方法 ………………………………………………………………………………… (117)
8.3.3 外包型钢加固法施工工艺 ……………………………………………………………… (121)
8.4 粘贴钢板加固法 ……………………………………………………………………………… (121)
8.4.1 概念 ……………………………………………………………………………………… (121)
8.4.2 计算方法 ………………………………………………………………………………… (122)
8.4.3 受弯构件正截面加固施工工艺 ………………………………………………………… (126)

8.5 粘贴纤维复合材料加固法 …… (129)
8.5.1 概念 …… (129)
8.5.2 计算方法 …… (130)
8.5.3 碳纤维布加固施工工艺 …… (132)
8.6 其他加固方法 …… (134)
8.6.1 增设支承加固法 …… (134)
8.6.2 体外预应力加固法 …… (134)
本章小结 …… (136)
思考题 …… (136)

附录 …… (137)

附录 A 回弹法检测混凝土强度测区混凝土强度换算表(非泵送混凝土) …… (137)
附录 B 测区泵送混凝土强度换算表 …… (144)
附录 C 非水平状态检测时的回弹值修正值 …… (150)
附录 D 不同浇筑面的回弹值修正值 …… (151)
附录 E 应变片粘贴与防潮处理实验 …… (151)
附录 F 钢筋混凝土梁正截面受弯性能试验 …… (154)
附录 G 回弹法检测混凝土强度试验 …… (157)
附录 H 混凝土构件裂缝宽度与深度检测试验 …… (159)

参考文献 …… (163)

1 绪　　论

1.1 结构试验的任务

结构试验的任务是在结构物或试验对象(梁、板、柱、墙、子结构或结构模型等)上,以仪器设备为工具,以各种试验技术为手段,在施加各种作用(荷载、模拟的地震作用、风、海浪、温度、变形等)的工况下,通过测量与试验对象工作性能有关的各种参数(力值、变形、裂缝、振幅、频率等)和观察试验对象的实际破坏形态,来评定试验对象的承载力、刚度、抗裂性、延性和耗能能力等,并用以检验和发展结构的计算理论。结构试验的任务具体流程如图 1.1 所示。

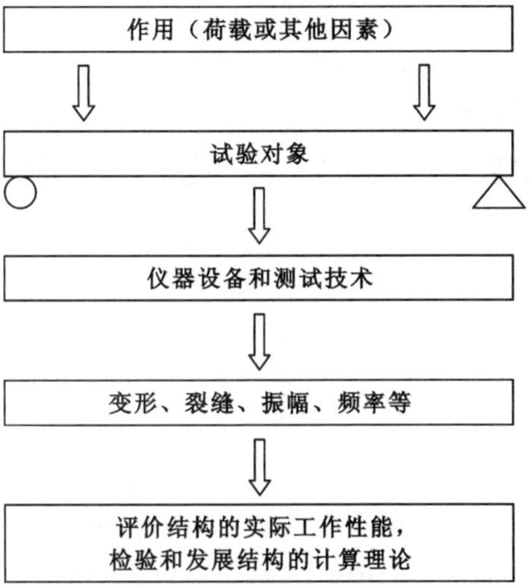

图 1.1　结构试验任务流程图

1.2 结构试验的分类

结构试验通常按照试验目的、试验对象、荷载性质、试验时间、试验场地等不同因素进行分类。

1.2.1　按试验目的分类

1.2.1.1　生产鉴定性试验

这类试验以实际的建筑物或结构构件为对象,其目的是通过试验来检验结构构件是否符合国家颁布的相关设计规范及施工验收规范的要求。试验经常要解决以下几方面的问题:

(1) 鉴定预制构件产品的质量;

(2) 为处理工程事故提供技术依据;

(3) 已有结构的可靠性检验,通过试验推断结构的残余承载力和剩余寿命;

(4) 工程结构加固与改造,通过试验判定结构的实际承载力;

(5) 检验结构工程质量,评价其设计及施工质量的可靠性。

近年来,工程结构质量与安全事故频发,更体现出生产鉴定性试验的重要性。例如在大量的已建桥梁坍塌,以及建筑的“楼倒倒”、“楼脆脆”事故鉴定中,生产鉴定性试验发挥了至关重要的作用,为事故的责任划分提供了强大的技术支撑。

1.2.1.2 研究性试验

研究性试验具有研究、探索的属性,其目的是验证结构设计理论和各种科学判断、推理、假设及概念的正确性,为制定或修订各种结构设计规范,发展新的设计理论,发展和推广新型结构体系、新材料及新工艺提供理论和实践经验。研究性试验主要解决以下几个方面的问题:

(1) 验证结构计算理论的假定;

(2) 为各种设计规范的制定与修订提供依据;

(3) 为发展和推广新结构、新材料与新工艺提供试验依据。

我国现行的各种结构设计规范,除了总结已有工程经验以外,还进行了大量结构或构件的试验研究,试验数据为各类设计规范的编制工作提供了依据。近年来,由于科学研究性试验的广泛开展,我国现行结构设计规范每几年就会进行一次修订,修订的主要目的就是将最新的工程经验及试验研究成果扩充到规范中来,这也进一步体现了结构试验在发展新的设计理论和改进设计方法上的重要作用。

1.2.2 按试验对象分类

1.2.2.1 真型试验

真型试验(原型试验)的试验对象是实际结构或者是按照实际结构足尺复制的结构或构件。

真型试验一般用于生产性试验,例如核电站的安全壳加压整体性试验就是一种非破坏性的现场试验。此外,诸如大跨钢结构的网架承载能力试验、超高层建筑的现场风振试验、大型桥梁的现场承载力及动力测试等,均属此类试验。

在真型试验中另外一类就是足尺结构或构件的试验。试验的对象是一根梁、一根柱、一块板或一榀桁架之类的实物构件,这类试验可以在实验室内开展,也可以在现场进行。

由于结构抗震研究的发展,国内外开始重视对结构整体性能的试验研究,通过这类足尺结构试验,可以对结构构造、各构件之间的相互作用、结构的整体刚度及破坏过程进行全面的观测。

1.2.2.2 模型试验

模型是仿照真型结构(原型结构)并按照一定比例关系复制而成的试验代表物,它具有实际结构的全部或部分特征。图 1.2 所示为 CCTV 主楼抗震性能模型试验,图 1.3 所示为方钢管混凝土长柱受压性能模型试验。模型的设计、制作及试验根据相似理论,在模型上施加相似力系或作用,使模型受力后反映原型结构的实际工作状态,再按相似理论由模型试验结果推算实际结构的工作性能。模型试验对于模拟条件要求较为严格,要求几何相似、材料相似和力学相似等。

图 1.2　CCTV 主楼抗震性能模型试验

图 1.3　方钢管混凝土长柱受压性能模型试验

1.2.3　按荷载性质分类

1.2.3.1　静力试验

静力试验是结构试验中最常用的基本试验，因为大部分建筑结构在服役期间主要承受的是静荷载，所以通过重力或者常用的加载设备即可实现加载需求。静力试验分为静力单调加载试验和低周反复静力加载试验两种。

静力单调加载试验是在一个不长的时间段内完成的加载试验，其加载过程是从零开始逐步递增直到结构破坏为止。

为了研究不同结构或构件的抗震性能，常采用以静力的方式模拟地震作用的方法。结构抗震静力试验是一种控制荷载或控制变形作用于结构的周期性的反复静力试验，为区别于一般单调加载试验，称之为低周反复静力加载试验，俗称伪静力试验，这是目前广泛应用于国内外结构抗震试验研究的一种试验方法。

1.2.3.2　动力试验

为了了解某些结构或构件在动力荷载作用下的工作性能，往往需要进行结构动力试验，如研究吊车梁的疲劳问题、工程结构的抗风和抗爆炸问题等。对于结构抗震性能的研究，可采用静力试验模拟，但最为真实的是施加动力荷载进行试验。由于加载速率要求高，动力试验的加载设备和测试手段也更为复杂，试验费用高。

1.2.4　按试验时间分类

1.2.4.1　短期试验

在进行结构试验时，受试验条件、时间的限制，一般情况下都是采用短期荷载试验，即荷载从零开始施加到结构破坏或到某阶段进行卸荷，时间总共只有几十分钟、几小时或者几天。

在真实工程中，由于结构或构件上的荷载是长期存在的，而试验时大量采用短期荷载，在分析试验结果时必须对此加以考虑。

1.2.4.2 长期试验

若要探究结构或构件在长期荷载作用下的工作性能，例如研究混凝土的徐变、预应力结构中钢筋的应力松弛等问题，就必须要进行静力荷载的长期试验，一般会持续进行几个月甚至是几年时间。长期试验在进行时需要考虑环境因素的影响，如在室内进行试验，需要考虑试验环境与真实结构所处环境的一致性。

1.2.5 按试验场地分类

1.2.5.1 实验室试验

实验室试验是指在有专门加载与测试设备的实验室内进行的试验。实验室试验由于具有良好的工作条件，可以应用精密和灵敏的仪器设备进行试验，这样可以有效地消除客观因素带来的不必要的试验误差。如图 1.4 所示为钢筋混凝土梁室内加载试验。

1.2.5.2 现场试验

现场试验是指在生产和施工现场进行的试验。与室内试验相比，由于受到客观环境条件的影响，加载方法和测量方法均受到了一定程度的限制，试验时需要保证加载的有效性。如图 1.5所示为某单桩承载力现场加载试验。

图 1.4 钢筋混凝土梁室内加载试验

图 1.5 某单桩承载力现场加载试验

1.3 建筑结构试验技术新进展

从 17 世纪初材料力学理论的发展到近年来大型复杂结构的抗震、抗倒塌分析，结构试验一直是推动理论发展的主要手段。现代科学技术的不断进步，为结构试验技术水平的提高创造了良好的机遇，使得结构试验技术在以下几个方面取得了新进展。

1.3.1 先进的大型和超大型试验设备

在现代制造技术的支持下，大型火灾模拟结构试验系统、大型电液伺服压力试验机（最大加载 5000 t）、大型风洞试验系统、地震模拟振动台、大型离心机、复杂多向加载系统等设备相继投入使用，使试验加载设备模拟结构实际受力条件的能力越来越强，科研人员和工程师等能够通过结构试验更准确地掌握结构性能，改善结构防灾、抗灾的能力，进而发展结构设计理论。

1.3.2 结构抗震混合试验技术

振动台试验是进行结构抗震性能试验的主要方法之一，然而受振动台台面尺寸、加载能力等因素的限制，结构模型缩尺较大，比尺效应、重力失真效应的存在容易给试验结果造成一定的误差。为解决这一问题，近年来国内外相继建成了更大尺寸和更强加载能力的振动台，但人们对振动台模拟地震试验的要求也随之提高，结构体型与结构形式日趋复杂，传统的振动台试验方法仍显力不从心。

结构抗震混合试验方法是近年来国内外学者提出的一种新型的结构抗震试验方法，它是将振动台试验技术、拟动力试验技术和子结构分析技术结合起来，以满足科研和工程抗震试验研究的需要。结构抗震混合试验是指将大型复杂结构中的重要部位或构件作为子结构制作成模型，放在振动台上进行地震波输入激振试验，而该子结构与整体结构间的连接反应则由布置在模型顶面和侧面的有限个电液伺服作动器来模拟，振动台与作动器实时配合共同完成试验。

1.3.3 结构远程协同试验技术

结构远程协同试验是近年来拟动力试验研究重要的进展之一，解决了土木工程结构试验日趋大型化和复杂化与单个实验室的规模及试验能力有限之间的矛盾。为了充分发挥现有的有限试验资源，把各地的大型结构实验室资源都充分利用起来，进行相应的实验室模型协同试验，从而达到资源共享，世界上许多国家已经开展了基于 Internet 的远程协同结构试验研究，并已取得了很大的进展。如美国的 NEES 计划（图 1.6）、欧洲的“减轻地震风险的欧洲网络”协同研究计划，以及日本建立的世界上最大的振动台 E-Defense 和开展的桥梁结构远程协同拟动力试验的研究。我国湖南大学、清华大学、哈尔滨工业大学也正积极致力于这方面的研究工作。

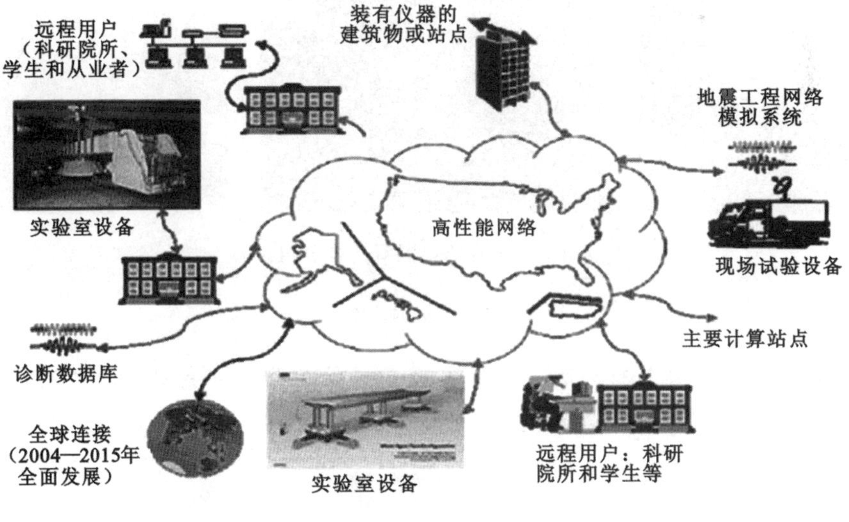

图 1.6　NEES 网络系统构想

1.3.4 先进的试验测试技术

试验测试技术的发展主要体现在传感器和数据采集方面。传感器是检测信号的工具，对于工程结构中的抗爆试验、大型桥梁的健康检测等，没有相适应的传感器是不可能实现的。一些新型智能和高灵敏度的检测传感器的出现，使得试验测试技术向着更广泛的领域快速发展。

另一方面，数据采集技术发展更为迅速。例如对脆性材料损伤演变进行的声发射特性试验中，声发射采集系统的采样频率可以达到20～400 kHz，可以实时检测材料的微观破坏和裂纹的演化过程。由于计算机存储技术的快速发展，长时间、大容量的数据采集也已不存在困难。

1.4 课程开设的目的与学习方法

《建筑结构试验与检测加固》是土木工程专业的一门专业基础课，课程开设的目的是通过理论与实践环节的学习，使学生了解结构试验与检测加固方面的基础知识和基本技能，掌握常规试验加载设备与测量技术的使用方法；掌握组织和进行结构试验的方法；具有规划一般结构试验的基本能力；能正确分析处理试验获取的试验数据；了解结构检测与加固的常用方法。

课程具有实践性强的特点，整个教学的核心思想是通过课程的学习，培养学生的试验动手和创新能力。要求学生在学习理论知识的基础上，亲自参与每一个试验的设计、制作、加载和数据处理环节，逐步提高试验技能和实践动手能力，体验试验带来的乐趣。图1.7所示为学生正在进行钢管约束混凝土柱分组试验。

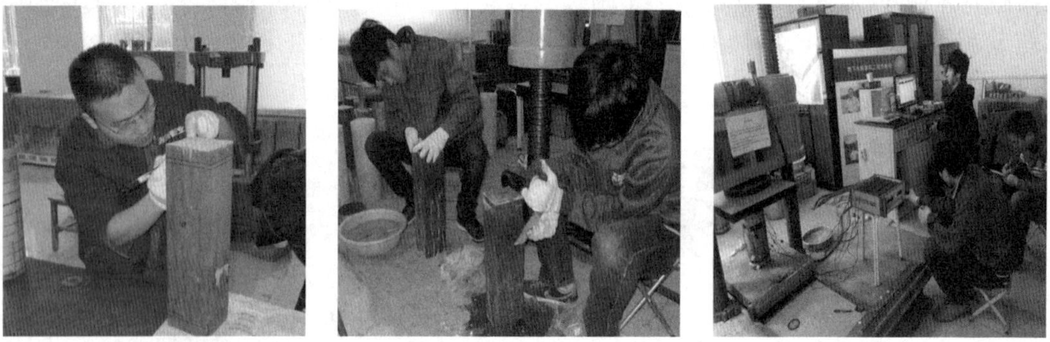

图1.7 钢管约束混凝土柱分组试验

本章小结

本章系统地介绍了建筑结构试验的任务、建筑结构试验的分类以及结构试验技术的最新进展。学习本章后应掌握结构试验的任务和分类，了解本门课程的学习方法，提高学习兴趣。

思考题

(1) 建筑结构试验的任务是什么？

(2) 建筑结构试验如何进行分类？

(3) 建筑结构试验技术的最新进展有哪些？

2 加载设备与试验装置

2.1 概　　述

在对结构或构件进行试验时，除个别情况外，一般都需要根据试验加载要求采用不同的加载方法。试验中产生荷载的方法和加载设备种类很多，可用于结构试验的加载方法有重物、液压、气压、机械力、惯性力、电磁、动力激振等。本章重点介绍结构试验中常用的加载方法和加载设备。

2.2 重物加载法

重物加载法是将物体本身的重力施加于结构上作为荷载，该加载方法具有加载方便、能够就地取材和加载稳定等优点。常用的加载重物有标准铸铁砝码、混凝土块、水、砂、石、砖块和汽车（用于桥梁）等。重物可以直接施加或者通过杠杆间接施加于试验结构或构件上。

2.2.1 重物直接加载法

重物直接加载法就是将重物直接作用于结构上的加载方法，即在结构或构件表面堆放重物来模拟所承受的均布荷载（图 2.1）或集中荷载（图 2.2）。试验一般采用分级加载方式，适用于平板结构的加载试验，如楼盖、屋面和桥面等结构的加载试验。

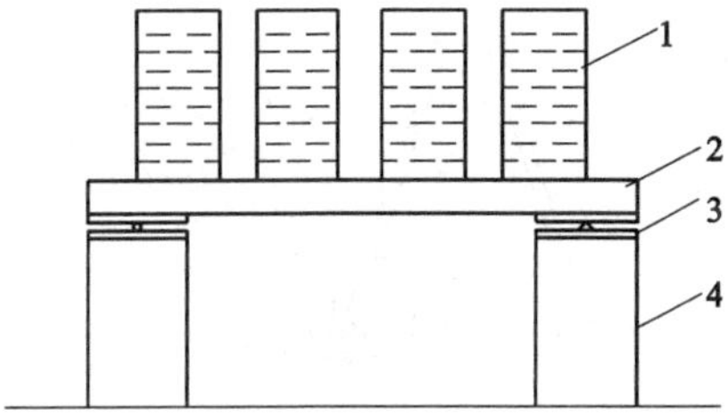

图 2.1　重物直接加载（均布荷载）

1—重物；2—试件；3—支座；4—支墩

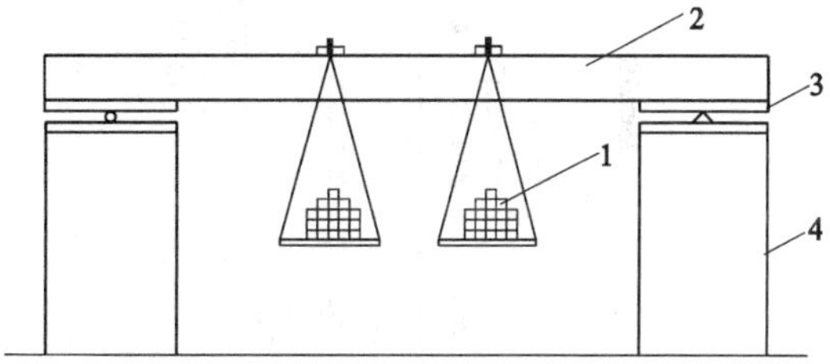

图 2.2　重物直接加载（集中荷载）

1—重物；2—试件；3—支座；4—支墩

【例 2.1】　楼盖承载力检验试验

新建成的新型组合楼盖或是使用功能发生改变的已建楼盖，均需要采用现场加载试验，实测各级荷载作用下构件的反应，以检验其承载力及刚度是否满足相关规范的要求。例如某办公楼，一、二层由于使用功能的需要变成商场，这会导致二层楼盖（一层顶）活荷载增加很多（办公楼活荷载 2.0 kN/m^2，商场活荷载 3.5 kN/m^2），原有楼盖在不加固的前提下，是否能够满足新的使用要求，需要通过现场楼盖加载试验进行检验。试验可以采用袋装水泥进行加载，每袋 50 kg，每铺设一层相当于 0.5 kN/m^2，办公楼活荷载需要铺设 4 层，商场活荷载需要铺设 7 层，在考虑活荷载最不利布置的基础上，试验采用分级加载，每级荷载 0.5 kN/m^2，由于需要铺设多层水泥袋，在铺设的过程中需要分堆堆放，因此堆与堆间要留出一定的间隙(60 cm)，便于人员进行加载与卸载。

【例 2.2】 桩基承载力检测试验

桩基工程中，单桩竖向承载力的确定十分重要，相关规范要求在现场对桩基承载力进行抽样检测(灌注桩施工现场如图 2.3 所示)，进而判定单桩竖向抗压承载力是否满足设计要求。静载试验一般采用重物进行加载，如图 2.4 所示。

图 2.3 灌注桩施工现场

图 2.4 单桩抗压承载力静载试验

2.2.2 杠杆间接加载法

当需要将重物转换为集中荷载进行试验时，常利用杠杆原理将所加重物荷载进行放大，杠杆加载方法如图 2.5 所示。这种加载方法要求杠杆有足够的刚度，杠杆比一般不宜大于 5。

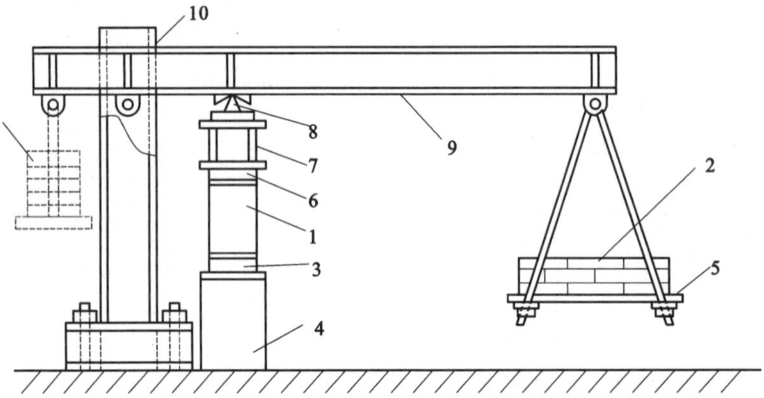

图 2.5 杠杆加载方法

1—试件；2—重物；3—支座；4—支墩；5—重物盘；6—分配梁支座；
7—分配梁；8—加载支点；9—杠杆；10—荷载支架；11—杠杆平衡重物

2.3 液压加载法

液压加载是结构试验最常用的一种加载方法，它最大的优点是能产生较大的荷载，试验操作安全方便，加载速度快，特别是对于大型结构或构件的试验，当要求荷载点数多、吨位大时更为合适。现有的大型压力试验机的最大加载能力已经可以达到 5000 t，电液伺服加载系统能模拟地震、海浪波动等不同特性的动力荷载。目前结构试验领域常用的液压加载设备有液压加载器、大型结构试验机、电液伺服试验加载系统和地震模拟振动台等。

2.3.1 液压加载器

液压加载器是液压加载设备中重要的组成部分之一，液压加载器根据结构和功能不同可分为液压千斤顶、单向作用液压加载器、双向作用液压加载器和电液伺服加载器。

(1) 液压千斤顶：一种简单的起重工具，可用于施加集中荷载。

(2) 单向作用液压加载器：不能单独进行加载，需要配备液压系统，形成液压加载系统。其结构简单，加载工作行程大，可在使用中倒置安装，易实现多点同步加载，具体工程应用见【例 2.3】。

(3) 双向作用液压加载器：油缸活塞两侧液压油的作用面积基本相当，可施加往复拉压加载，为结构抗震试验中低周反复加载试验的常用加载工具。

(4) 电液伺服加载器：在双向作用液压加载器的基础上配置电液伺服阀、拉压力传感器和位移传感器组成的可控加载装置，为结构抗震、抗风、抗爆等拟动力、动力加载试验的常用加载设备，电液伺服加载器如图 2.6 所示。

图 2.6 电液伺服加载器

【例 2.3】 建筑物迁移

建筑物迁移就是将建筑物托换到一个托架上，形成一个整体，然后在托架下部布置轨道和滚轴，再将建筑物与地基切断，这样建筑物就成了一个可移动体，然后用大型液压千斤顶等牵引设备将其移动到预定的位置上。建筑物迁移流程及迁移现场如图 2.7、图 2.8 所示。

由反力架、单个或多个液压加载器和地锚等组成的液压加载系统，其形式有液压试验机、普通液压加载系统和电液伺服加载系统等三种。

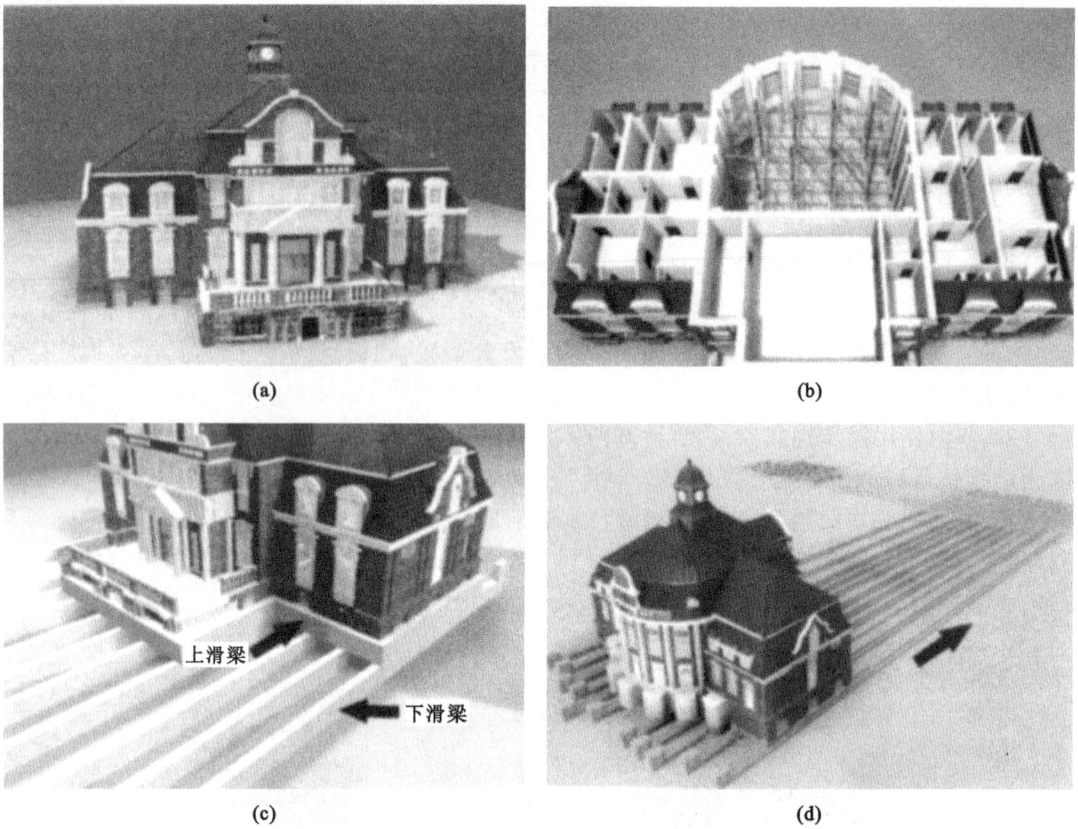

图 2.7　建筑物迁移流程示意图

(a)基坑开挖;(b)内部加固;(c)滑梁制作;(d)液压加载牵引平移

图 2.8　建筑物迁移(液压加载)现场

2.3.2　大型结构试验机

大型结构试验机本身是一种比较完善的液压加载系统,它是结构实验室内进行大型结构试验的一种专门设备,比较典型的是结构长柱试验机(图 2.9)和疲劳试验机(图 2.10)。结构长柱试验机可以进行柱、墙板、砌体、节点和梁的抗压和抗弯试验,国内普遍使用的量程是 500 t,国外有5000 t甚至更大量程的试验机。

图 2.9　结构长柱试验机

图 2.10　疲劳试验机

2.3.3　电液伺服试验加载系统

电液伺服试验加载系统是一种闭环控制的加载系统，最早于 20 世纪 50 年代应用在材料试验机上。电液伺服技术具有响应快、灵敏度高、测量和控制精度好、出力大、波形多、频带宽和可与计算机联机等特点，可较精确地模拟结构或构件的实际受力，近年来被广泛应用在结构试验加载系统及地震模拟振动台领域，用以模拟地震和海浪等。电液伺服试验加载系统是一种多功能的加载系统，分为仅进行竖向加载(图 2.11)和竖向、水平同时加载(图 2.12)两种形式，可以完成静力、拟静力和拟动力等相关试验，是结构试验研究中一种比较理想的试验设备。系统主要由液压源、控制系统和电液伺服液压加载器三大部分组成。近年来，国内的众多科研院所相继建立了 1000 t 级别的大型电液伺服试验加载系统，同济大学 1000 t 大型结构试验系统如图 2.13 所示，清华大学 2000 t 多功能空间加载装置如图 2.14 所示。

图 2.11　典型的电液伺服试验加载系统(竖向加载)示意图

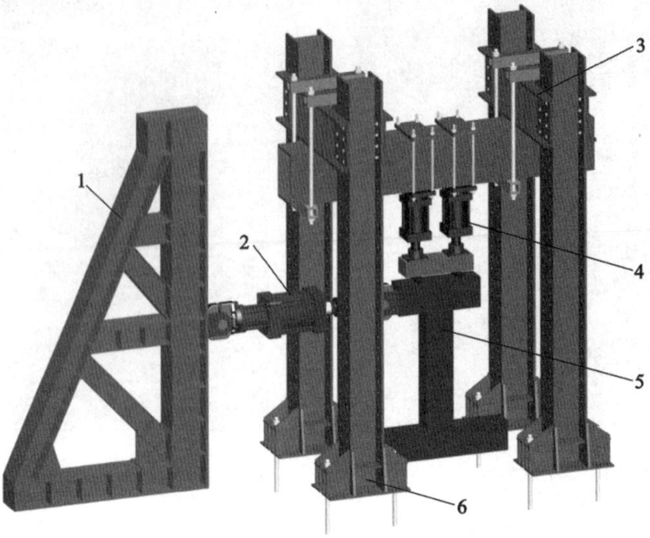

图 2.12　典型的电液伺服试验加载系统(竖向、水平同时加载)示意图

1—水平反力架;2—水平加载作动器;3—竖向反力架;4—竖向加载作动器;5—加载试件;6—地锚

图 2.13　同济大学 1000 t 大型结构试验系统

图 2.14　清华大学 2000 t 多功能空间加载装置

2.3.4　地震模拟振动台

地震模拟振动台是进行结构抗震试验的一种先进试验设备,由振动台台面结构、液压驱动动力系统、控制系统及测试和分析系统组成,地震模拟振动台(UCSD)如图 2.15 所示。地震模拟振动台可完成真正意义上的地震模拟试验,台面上可以真实地再现各种形式的地震波,是目前研究结构抗震性能最直接、最有效的试验方法。

据不完全统计,到 2012 年为止,世界上已经建成的台面尺寸大于 2 m×2 m、台面承载大于 2 t 的地震模拟振动台有 100 多座,主要分布在日本、美国和中国等国家,其中日本拥有的地震模拟振动台规模最大,数量最多(40 多个),世界上先进的大型地震模拟振动台情况及中国有代表性的大型地震模拟振动台情况分别如表 2.1、表 2.2 所示。

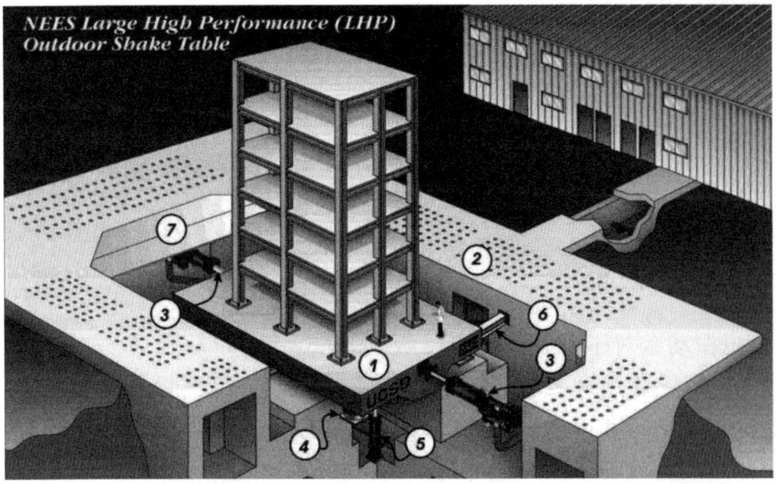

图 2.15　地震模拟振动台(UCSD)示意图

1—振动台台面;2,4,7—振动台辅助结构;3,6—水平电液伺服作动器;5—竖向电液伺服作动器

表 2.1　世界上先进的大型地震模拟振动台

名称	台面尺寸(m)	承重(t)	频率(Hz)	最大加速度(*g*)	最大速度(m/s)	最大位移(m)	建成时间、属地及备注
E-Defense	20×15	1200	0.1～50	*X*:0.9 *Y*:0.9 *Z*:1.5	*X*:2.0 *Y*:2.0 *Z*:0.7	*X*:±1.0 *Y*:±1.0 *Z*:±0.5	(1) 2005 年建成; (2) 世界上最大的振动台,已完成多个足尺结构模拟试验; (3) 日本兵库抗震研究中心
UCSD Shaking Table	12.2×7.6	2000	0～33	*X*:3.0 *Z*:1.0	*X*:1.8	*X*:±0.75	(1) 2004 年建成; (2) 北美最大的室外振动台; (3) 加州大学圣地亚哥分校

表 2.2　中国有代表性的大型地震模拟振动台

单位	台面尺寸(m)	承重(t)	频率(Hz)	最大加速度(*g*)	最大速度(m/s)	最大位移(m)	建成时间及备注
同济大学	4×4	25	0.1～50	*X*:1.2 *Y*:0.8 *Z*:0.7	*X*:1.0 *Y*:0.6 *Z*:0.6	*X*:±0.1 *Y*:±0.05 *Z*:±0.05	(1) 1983 年建成,20 世纪 90 年代升级; (2) 完成 600 多项抗震试验; (3) 运行效率在世界上名列前茅
中国建筑科学研究院	6.1×6.1	60	0.1～50	*X*:1.5 *Y*:1.0 *Z*:0.8	*X*:1.0 *Y*:1.2 *Z*:0.8	*X*:±0.15 *Y*:±0.25 *Z*:±0.1	(1) 2006 年建成; (2) 国内最大的单体振动台

续表 2.2

单位	台面尺寸(m)	承重(t)	频率(Hz)	最大加速度(g)	最大速度(m/s)	最大位移(m)	建成时间及备注
中国水利水电研究院	5×5	20	0.1～120	X:1.0 Y:1.0 Z:0.7	X:0.4 Y:0.4 Z:0.3	X:±0.04 Y:±0.04 Z:±0.03	(1) 1987 年建成; (2) 国内工作频率最高的振动台
中国地震局工程力学研究所	5×5	30	0.5～40	X:1.0 Y:0.7	X:0.6 Y:0.3	X:±0.08 Y:±0.05	(1) 1997 年建成; (2) 完成 100 多项抗震试验

鉴于地震模拟振动台对于工程结构抗震研究的重要性,今后地震模拟振动台会继续向大型足尺化方向发展,以消除尺寸效应、重力失真效应等带来的不利影响。但超大型的地震模拟振动台建设、运行和维护等费用十分巨大,与此同时,对于大跨桥梁、隧道、管线等狭长结构形式,地震中结构各部位受地震作用可能存在差异,需要多点输入地震波,因此由多台小型振动台组成的地震模拟振动台阵建设是近年来出现的振动台的另外一种发展趋势。振动台台阵不仅可以分开单独进行小型结构试验,还可以组成大型振动台进行大尺寸、多跨、多点地震输入的结构抗震试验。美国和中国已建成的振动台台阵系统如表 2.3 所示。

表 2.3 美国及中国部分振动台台阵系统

单位	单台台面尺寸(m)	台阵方式	每台承重(t)	频率(Hz)	振动方向	建成时间
University of Nevada at Reno	4.3×4.5	3 台阵	45	0.1～50	双向 4 自由度	2001 年
State University of New York at Buffalo	3.6×3.6	2 台阵	50	0.1～50	三向 6 自由度	2004 年
同济大学	4×6	4 台阵	70×2 30×2	0.1～50	双向 4 自由度	2012 年
福州大学(图 2.16)	4×4(1) 2.5×2.5(2)	3 台阵	20×1 10×2	0.1～50	双向 4 自由度	2009 年
重庆交通科学研究院	3×6	2 台阵	35	0.1～50	三向 6 自由度	2006 年

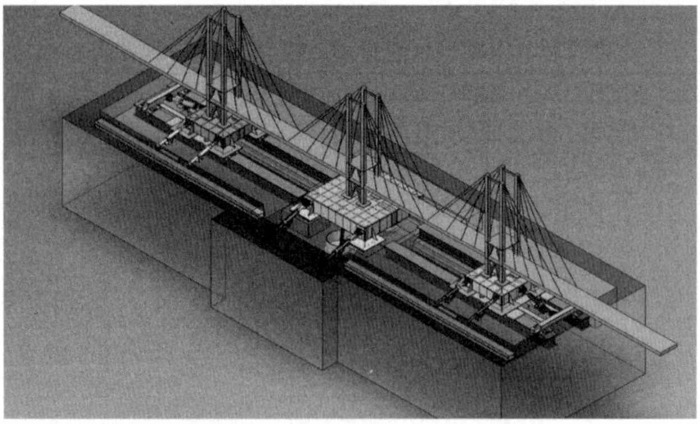

图 2.16 振动台台阵系统(3 台阵)示意图(福州大学)

国内目前最大的振动台台阵系统是由同济大学在嘉定校区建设的 4 个台面的群体振动台,它可以通过台面的不同组合进行不同目的的试验,其主要功能如图 2.17 所示。

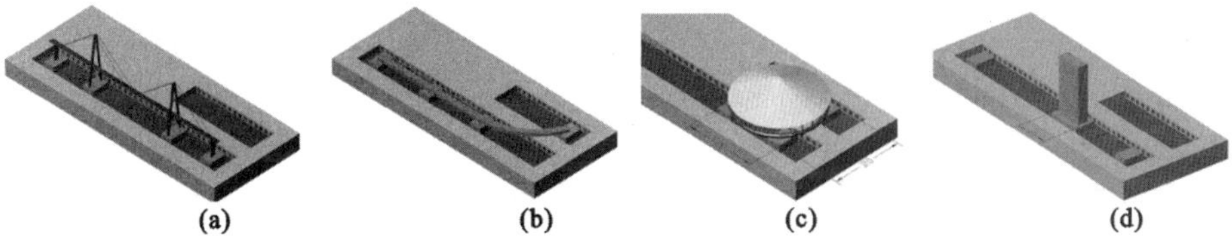

图 2.17　振动台台阵系统(4 台阵)示意图(同济大学)

(a) 大型桥梁;(b) 管线、隧道;(c) 大型场馆;(d) 建筑结构

2.4　其他加载方法

进行结构试验时,除了采用重物加载和液压加载以外,还有机械力加载、气压加载、惯性力加载、激振器加载和爆炸加载等加载方法。

(1) 机械力加载

机械力加载方法就是利用简单的机械机具(绞车、吊链、卷扬机、螺旋千斤顶和弹簧等)对结构或构件进行加载,其优点是加载设备简单可靠,实现加载容易。

(2) 气压加载

气压加载分为正压加载和负压加载两种。正压加载就是利用气囊中压缩空气产生的压力对结构施加荷载,尤其是对加载均匀荷载特别有利,直接通过压力表就可反映加载值,加卸载方便,并可产生较大的荷载。负压加载是利用真空泵将被测结构物下面密封室内的空气抽出,使之形成真空,结构的外表面受到的大气压成为施加在结构上的均布荷载,由真空度可求出加载值。负压加载适用于壳体结构试验与检测中,但由于安装测量仪表受到限制,观察裂缝不方便等,主要用于模型试验中,通常的结构检测中一般很少应用。

气压加载适用于对板壳等大面积的结构物施加均布荷载,荷载值可达 50～100 kN/m^2,一般用于结构模型试验。

(3) 惯性力加载

惯性力加载是指利用重物在运动时产生的惯性力对结构或构件施加动荷载,惯性力加载法可以完成动力加载。加载按惯性力产生的方式不同,分为冲击力加载法、离心力加载法和直线位移惯性力加载法。冲击力加载方法有初位移法和初速度法两种:初位移法是对结构或构件施加荷载,使其产生变形,然后突然卸掉荷载,使结构或构件产生自由振动的方法;初速度法是使加载重物提高势能水平,然后释放加载重物,势能转变为动能,加载重物以一定速度撞击试验对象,从而使加载对象获得冲击荷载。

(4) 激振器加载

根据激振器加载方法的不同,分为机械式激振器和电磁式激振器。机械式激振器是利用离心力施加周期性荷载,电磁式激振器是利用磁极的性质施加荷载。

(5) 爆炸加载

爆炸加载就是利用火药或炸药使之燃烧或引起爆炸,利用爆炸产生的冲击波对结构进行瞬时激振,使结构产生强迫振动。

2.5 试验台座及加载支承装置

2.5.1 试验台座

试验台座是结构实验室内永久性的固定设备(地锚),用以平衡施加在试验对象上的荷载产生的反力。试验台座的台面一般与实验室地坪标高一致,这样可以充分利用实验室的地坪面积,也可高于实验室地坪,成为独立体系。台座的承载能力一般在 200～1000 kN/m²,台座的刚度非常大,受力作用后变形很小,允许台面同时进行多个试验,不需考虑相互间的影响。目前国内外的试验台座,按照结构构造的不同分为如下几种形式。

(1) 槽道式试验台座

槽道式试验台座是目前国内常用的典型的静力试验台座,其构造特点是沿台座纵向全长布置几条槽轨。该槽轨是用型钢制成的纵向框架式结构(槽钢作为轨道和角钢作为支撑结构),埋置在台座的混凝土内,槽钢翼缘和腹板的空腔内常灌注高强混凝土或设置加劲肋,以提高轨道的刚度,如图 2.18、图 2.19 所示。槽轨用于锚固加载支架,平衡试验结构上荷载作用

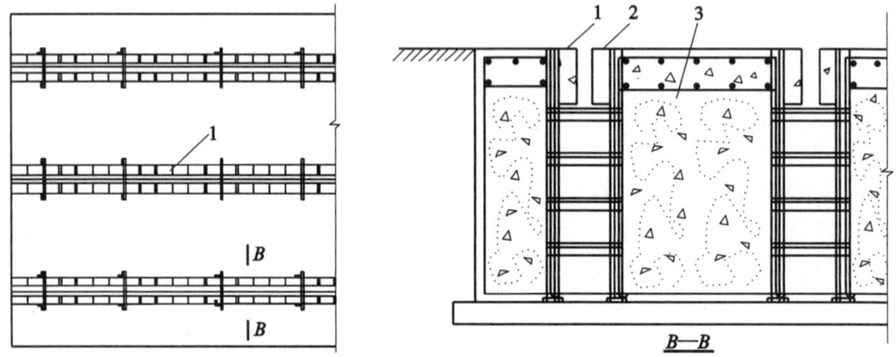

图 2.18 槽道式地锚示意图

1—槽道(槽钢内设加劲肋);2—型钢骨架;3—钢筋混凝土

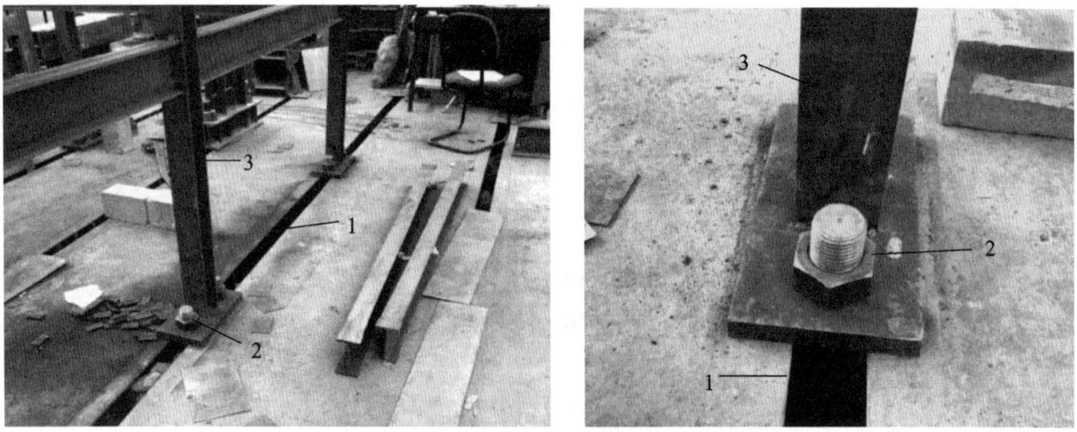

图 2.19 槽道式试验台座

1—槽道;2—螺帽;3—立柱

产生的反力。如果加载架的立柱用圆钢制成，可直接用螺帽固定于槽内；如果加载架的立柱由型钢制成，则在其底部设计成钢结构柱脚的形式，用地脚螺栓固定在槽内。试验加载时，立柱承受向上的拉力，槽轨和台座的混凝土部分必须有很好的连接，不致被拔出（型钢骨架、抗拔钢筋焊接于槽钢腹板背部，充分锚固于混凝土内，提供足够的抗拔能力）。

（2）地脚螺栓式试验台座

这种台座在台面上每隔一定间距设置一个地脚螺栓，螺栓下端锚固于混凝土内，顶端伸到台座表面的地槽内，地槽略低于台座地表地坪标高，如图 2.20 所示。使用时，通过螺帽与加载架立柱相连。平时不用时，用盖板将地槽盖住，以保护螺栓端部，并防止杂物落入孔穴致使螺栓潮湿生锈。该台座的最大缺点是受损后修理困难，同时由于螺栓位置均是固定不动的，安装加荷反力架和试件的位置受到限制，不如槽式台座灵活方便。

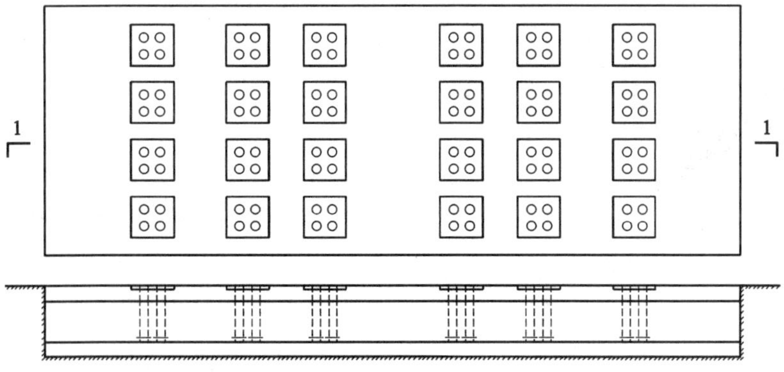

图 2.20　地脚螺栓式试验台座

（3）箱式试验台座

箱式试验台座采用箱形结构，刚度极大，在箱形结构顶板上沿纵横两个方向每隔一定距离预留竖向贯通的螺栓孔洞，台座加载点位置可沿台座纵向任意变动，台座的结构本身也是实验室的地下室，可供长期荷载试验或特种试验使用，箱式试验台座如图 2.21 所示。

（4）其他台座

对于小型结构实验室，当不具备建设上述台座条件时，也可以采用型钢制作成刚度很大的抗弯大梁式台座或以钢箱体结构作为试验台座，抗弯大梁式试验台座如图 2.22 所示。

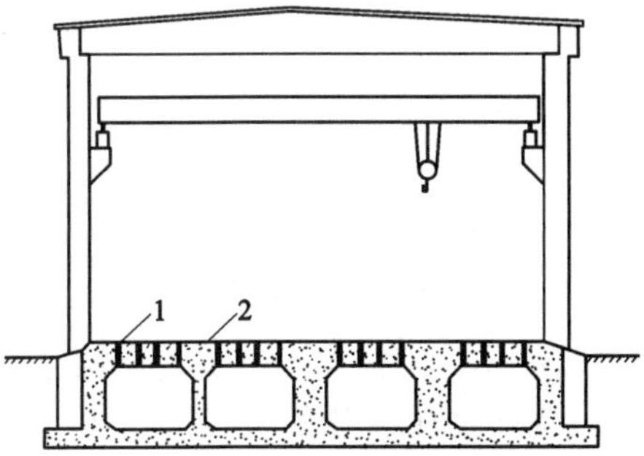

图 2.21　箱式试验台座

1—螺栓孔；2—混凝土台座

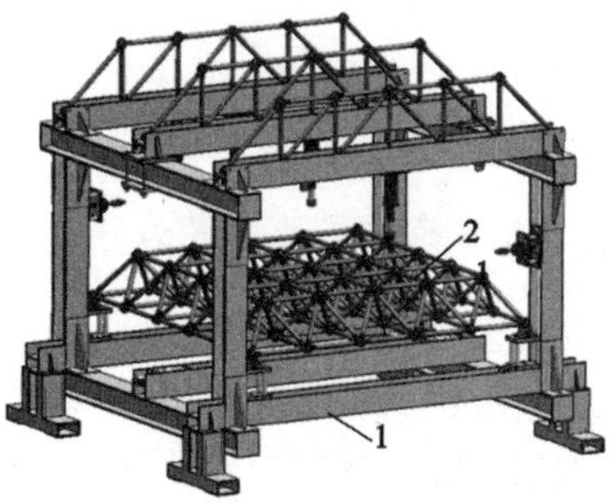

图 2.22　抗弯大梁式试验台座

1—抗弯大梁；2—试验结构（平板网架）

2.5.2 水平反力墙或反力架

在结构试验中，除了需要对试验对象施加竖向荷载外，有些试验还需要施加水平方向的荷载，例如抗震研究中的拟静力和拟动力加载试验，常常利用电液伺服加载器对试验结构施加水平方向的模拟地震作用的低周反复荷载，这就需要有水平反力装置平衡所施加的水平力。实验室中常用的水平反力装置有反力墙和反力架两种形式，反力墙是固定式的，反力架是移动式的。反力墙常采用混凝土墙或预应力混凝土墙，在墙体立面上沿水平和垂直方向每隔一定距离设置预留螺栓孔洞，便于试验时在不同位置用螺栓固定水平加载器，墙体常见的形状有一字形和L形等，如图2.23、图2.24(a)所示。

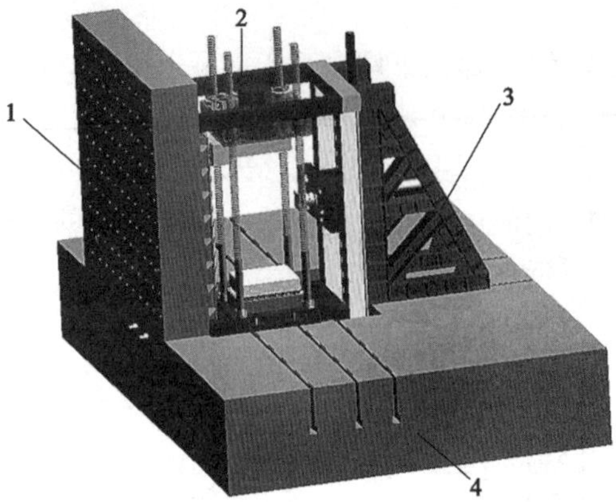

图2.23　一字形水平反力墙和水平反力架

1—水平反力墙；2—竖向反力架；3—水平反力架；4—槽式台座

水平反力架一般采用钢结构制作，利用地脚螺栓与试验台座槽轨锚固，配合水平加载器提供水平力，受刚度条件限制，能够提供的反力比反力墙小得多，如图2.23所示。

(a)　(b)

图2.24　竖向荷载支承装置

(a) L形反力墙和常规竖向反力架；(b) 新型竖向反力装置

2.5.3 竖向荷载支承装置

竖向荷载支承装置一般由竖向反力架和反力架的锚固系统(试验台座或抗弯大梁)构成。竖向反力架由横梁和立柱组成，一般利用型钢结构进行制作。钢横梁与立柱采用螺栓连接，柱脚利用地锚螺栓与锚固系统连接，如图2.24(a)所示。为了便于横梁的上下移动，立柱也可以采用螺杆(带有螺纹)，利用电力驱动横梁升降，液压加载器连接在横梁上，整个加载架就相当于一个移动式的结构试验机，如图2.24(b)所示。

2.5.4 分配梁与支座

2.5.4.1 分配梁

结构试验中，当用一个加载器施加两个或两个以上集中荷载时，通常利用分配梁来实现。梁和桁架的两点及多点加载试验可以采用这种方式进行，分配梁加载如图 2.25 所示。分配梁刚度应足够大，采用单跨简支形式，重量应尽可能轻，常采用型钢设置加劲肋加工制成。分配梁配置不宜超过两层，以免发生失稳。

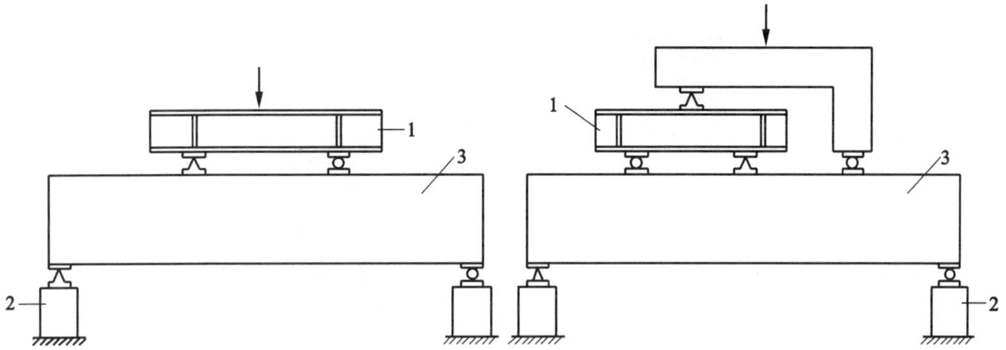

图 2.25 分配梁加载示意图

1—分配梁；2—支墩；3—试验对象

2.5.4.2 支座与支墩

支座是结构试验中的支承装置、正确传递受力和模拟实际荷载图式的设备。根据试验对象的不同要求，可采用不同的支座和支墩。

支墩可以采用钢支墩、混凝土支墩或石块支墩，支墩本身必须具有足够的承载能力，保证在试验过程中不发生变形，以免影响试验结果，带来试验误差。

铰支座一般用钢材制作，按照自由度的不同，可分为固定铰支座和活动铰支座两种形式。

对于梁、桁架等平面结构试验时使用的铰支座，应按实际受力情况根据图 2.26 所示进行选用，一般由一种固定铰支座和一种活动铰支座组成。

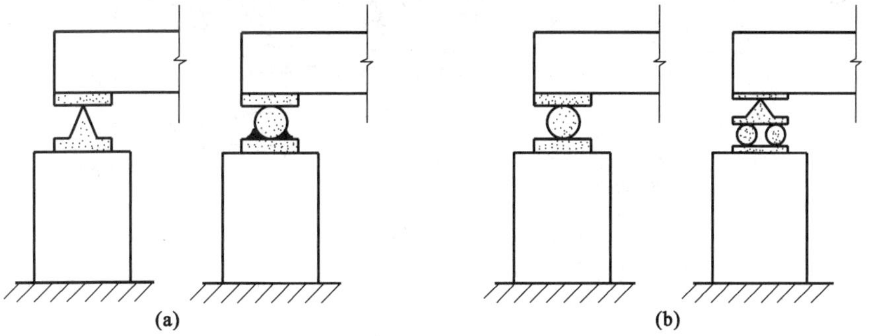

图 2.26 铰支座的形式和构造

(a) 固定铰支座；(b) 活动铰支座

在对中长柱进行轴压或偏压试验时，为获得试验时的纵向弯曲系数，构件两端均应采用铰支座。铰支座分为球铰(图 2.27)和刀铰(图 2.28)两种形式，球铰主要用于轴压试验，刀铰可以用于轴压和偏压试验。当对短柱进行试验，且压力机上、下压板中已有一个球铰时，柱两端可不再另设球铰或刀铰支座。

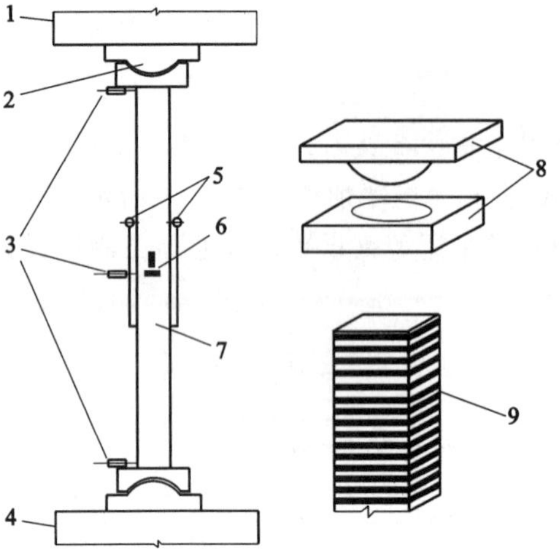

图 2.27　轴心受压中长柱球铰加载示意图

1,4—压力机;2,8—球铰;3—位移计;
5—百分表;6—应变片;7,9—试件

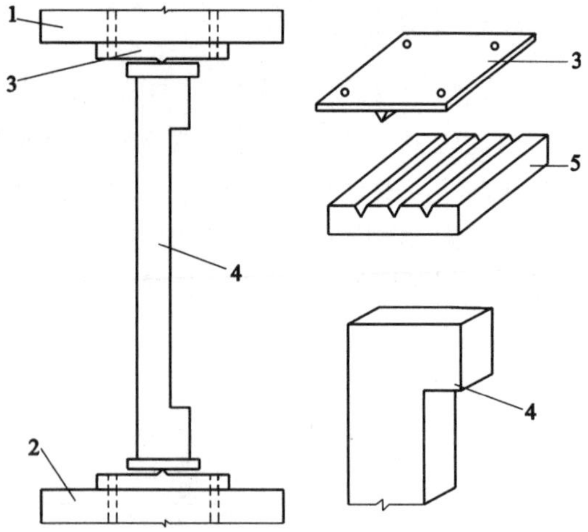

图 2.28　偏心受压中长柱刀铰加载示意图

1—压力机顶板;2—压力机底板;3—刀铰;
4—偏压柱;5—加载板

对于分配梁、支座和支墩在试验中各自所起的作用,见【例 2.4】。

【例 2.4】　多跨连续梁静载试验(图 2.29)

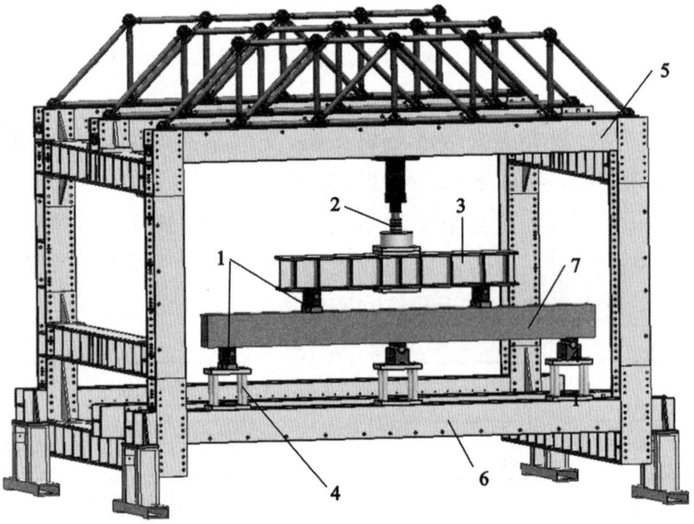

图 2.29　多跨连续梁静载试验

1—支座;2—竖向加载器;3—分配梁;4—钢支墩;5—竖向反力架;6—抗弯大梁;7—试验梁

本章小结

本章系统地介绍了结构试验中常用的加载方法和试验台座等内容,这些加载方法是多年来从科研试验和生产实践中总结出来的行之有效的方法,其中液压加载法是本章的重点内容。学习本章时,应在了解结构实验室各种加载装备(图 2.30)的基础上,着重掌握各种加载方法的工作原理和适用范围。

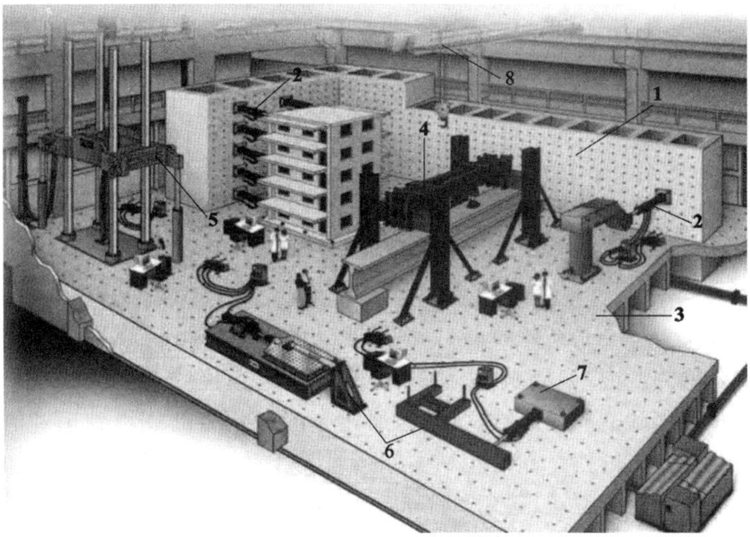

图 2.30　大型结构实验室的加载装备示意图

1—反力墙；2—液压加载器；3—试验台座；4—竖向反力架；

5—大型结构试验机；6—水平反力架；7—小型振动台；8—桥式吊车

思　考　题

(1) 重物加载方法的作用方式是什么？

(2) 液压加载装置有哪几种类型？

(3) 电液伺服加载系统的工作原理是什么？与普通液压加载有何区别？

(4) 什么是地震模拟振动台？其发展趋势如何？

(5) 简述常用的试验台座及其特点。

(6) 铰支座有哪几种类型？

(7) 大型结构实验室中典型的加载装备有哪些？

3 结构试验的测量仪器与数据采集

3.1 概　　述

在结构试验中，作为一个系统的试验对象，所受到的荷载作用（如力、位移、温度等）是系统的输入数据，试验对象的反应（如应变、位移、裂缝、振频、加速度等）是系统的输出数据。只有准确、可靠地测量并采集到这些输出数据，才能通过数据分析与处理得到正确的试验结果，进而对试验对象的工作性能进行评价，检验和发展结构的计算理论。为了采集到准确、可靠的试验输出数据，采用正确的测量方法，选用可靠的测量设备就显得至关重要。随着科学技术的不断进步，结构试验测试设备也从简单的仪表发展到以计算机和互联网为平台的数据自动采集并处理的先进动态测试系统，其种类繁多，原理各异。本章仅对结构试验中常用的测量仪器的工作原理、用途和使用要求进行重点介绍。

3.2 应 变 测 量

应力测量是试验中重要的测量内容，试验对象在外力的作用下，内部会产生应力，了解其应力分布规律，尤其是危险截面的应力分布和应力极值，是评定结构工作状态、建立计算理论和方法的重要依据。目前还没有较好的方法直接测定结构或构件截面的应力，一般的方法是先测量应变，而后通过本构关系（$\sigma=E\varepsilon$）间接测定应力。应变测量在结构试验测量中占有极重要的地位，它往往还是其他物理量测量的基础。

应变测量通常是测出在标准距离 L（称为标距）内的长度变化 ΔL，再由公式 $\varepsilon=\Delta L/L$ 计算出 ε，测出的 ε 实际反映的是 L 内的平均应变，这就是应变测量的基本原理。对于应力梯度变化较大的结构或构件，为了保证测点应变测量的准确度，L 的取值应尽可能小一些。对于 L 的合理取值范围，混凝土结构的标距（L）应大于最大骨料粒径的 3 倍；砖石结构 L 应大于 4 皮砖；木结构 L 不小于 20 cm；对于钢材等均质材料，L 可取小一些。

应变测量的方法和仪表很多，主要有电测与机测两类，其中电测法（以电阻应变仪测量法为主）不仅具有精度高、灵敏度高、可远距离测量和多点测量、采集数据快、自动化程度高等特点，而且便于将测量数据信号和计算机连接，为用计算机采集和处理试验数据创造了条件。

应变电测法是将测量试件变形的电阻应变片直接粘贴在试件的测点上，应变片随试件测点纤维伸长或缩短，应变片内置的电阻丝将发生电阻的变化，利用电阻应变仪将电阻的变化转换为电信号，经放大处理后，进行显示或记录。

3.2.1 电阻应变片

3.2.1.1 电阻应变片的工作原理及构造

电阻应变片的工作原理是基于电阻丝具有应变电阻效应，由物理学可知，金属丝的电阻 R

与长度 L 和截面面积 A 有如下关系：

$$R = \rho \frac{L}{A} \tag{3.1}$$

式中 R——电阻丝的电阻(Ω)；

ρ——电阻丝的电阻率($\Omega \cdot mm^2/m$)；

L——电阻丝的长度(m)；

A——电阻丝的截面面积(mm^2)，$A=\frac{\pi D^2}{4}$，其中 D 为电阻丝直径。

当电阻丝受拉伸长时，其截面面积减小而长度增加，引起电阻丝阻值增加，反之亦然，这种阻值随应变而改变的现象称为应变电阻效应。

对式(3.1)两侧取对数并积分得：

$$\frac{dR}{R} = \frac{d\rho}{\rho} + \frac{dL}{L} - \frac{dA}{A} \tag{3.2}$$

由 $A=\frac{\pi D^2}{4}$、$\frac{dD}{D}=-\mu\frac{dL}{L}$($\mu$ 是材料泊松比)、$\varepsilon=\frac{dL}{L}$可得：

$$\frac{dA}{A} = 2\frac{dD}{D} = -2\mu\frac{dL}{L} = -2\mu\varepsilon \tag{3.3}$$

将式(3.3)代入式(3.2)可得：

$$\frac{dR}{R} = \frac{d\rho}{\rho} + (1+2\mu)\varepsilon = \left[\frac{\frac{d\rho}{\rho}}{\varepsilon} + (1+2\mu)\right]\varepsilon \tag{3.4}$$

式(3.4)中，令 $K_0=\frac{d\rho}{\rho}/\varepsilon+(1+2\mu)$，则有：

$$\frac{dR}{R} = K_0\varepsilon \tag{3.5}$$

对大多数金属丝而言，当应变 ε 在一定范围内变化时，$\frac{d\rho}{\rho}/\varepsilon+(1+2\mu)$是一个常数，$K_0$ 被称为金属丝的单丝灵敏系数。考虑到箔式应变片和丝栅状应变片是非单丝应变片，故用灵敏系数 K 代替 K_0，即$\frac{dR}{R}=K\varepsilon$，可见应变片的电阻变化与应变 ε 呈线性关系。如果将电阻应变片牢固地粘贴在试件的测点上，与之同步变形，则电阻丝阻值的相对变化就能反映出测点的应变，如果想获得足够大的阻值变化，需要的电阻丝往往较长，可将其做成栅状并制成栅状应变片，用于测量试件的应变。

不同种类的电阻应变片构造有所不同，栅状应变片一般由引线、覆盖层、基底、敏感栅等组成，其构造如图 3.1 所示。敏感栅由电阻丝制成，通过黏结剂埋置于应变片的基底与覆盖层之间并由引线引出，覆盖层对敏感栅起固定、保护和绝缘作用。

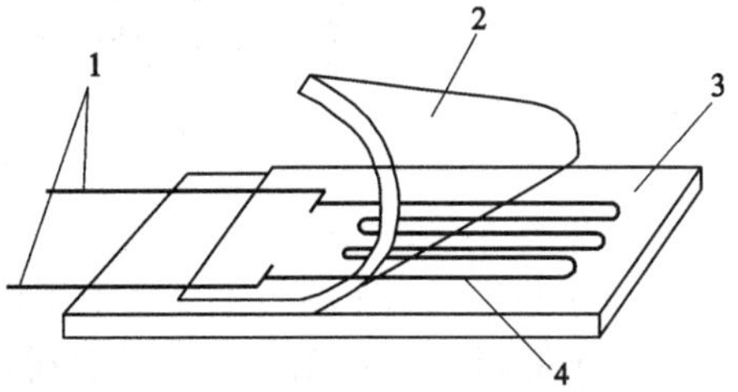

图 3.1 栅状应变片构造示意图

1—引线；2—覆盖层；3—基底；4—敏感栅

3.2.1.2 电阻应变片的分类

电阻应变片有多种形式，按照栅极可分为丝式、箔式和半导体式等，如图 3.2 所示。丝式和箔式电阻应变片是由直径为 0.02～0.05 mm 的康铜丝或者镍铬丝绕成栅状（或用很薄的金属箔腐蚀成栅状）并夹在两层绝缘薄片（基底）中制成，用镀锡铜线与应变片丝栅连接作为应变片引线，用来连接测量导线。

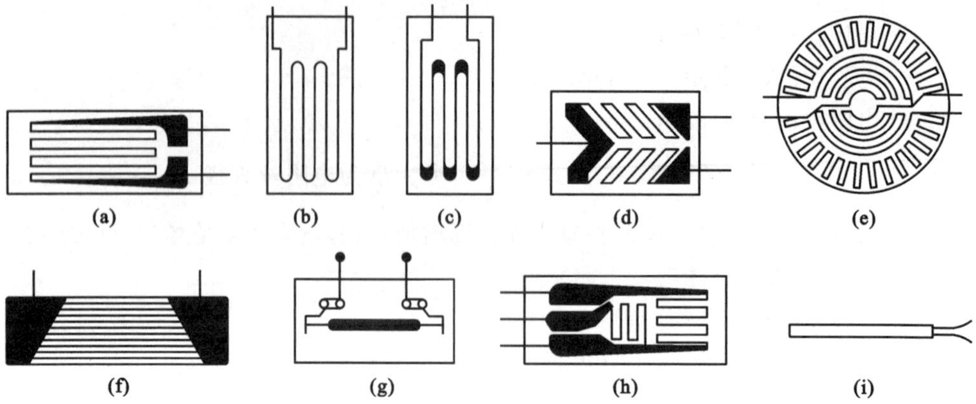

图 3.2 各种电阻应变片

(a),(d),(e),(f),(h)箔式电阻应变片；(b) 丝绕式电阻应变片；
(c) 短接式电阻应变片；(g) 半导体电阻应变片；(i) 焊接电阻应变片

电阻应变片按照基底材料不同分为纸基和胶基等，丝式应变片多为纸基，具有价格低、容易粘贴等优点，但耐疲劳性略差，一般结构静载试验中，结构（混凝土、砌体等）表面无防水要求时多粘贴纸基应变片（图 3.3），钢筋及钢结构表面采用胶基箔式应变片。有时试验需要测定测点多方向的应变，可以采用应变花，或者利用单栅单向应变片在测点沿不同方向进行粘贴（自制）。

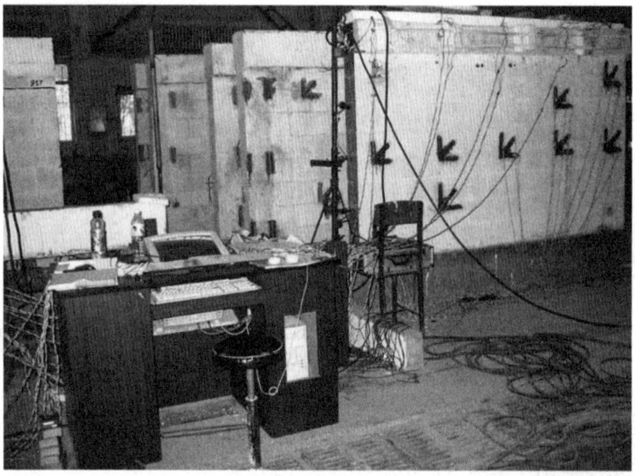

图 3.3 砌体墙片静载试验（纸基应变片）

3.2.1.3 电阻应变片的技术指标

电阻应变片（图 3.4）主要技术指标有：

(1) 标距(L)：电阻应变片敏感栅在纵轴方向的有效长度(mm)；

(2) 栅宽(B)：电阻应变片敏感栅在横轴方向的有效宽度(mm)；

(3) 电阻值(R)：一般为 120 Ω，对于非 120 Ω 的应变片，使用时应按应变仪的说明进行修正；

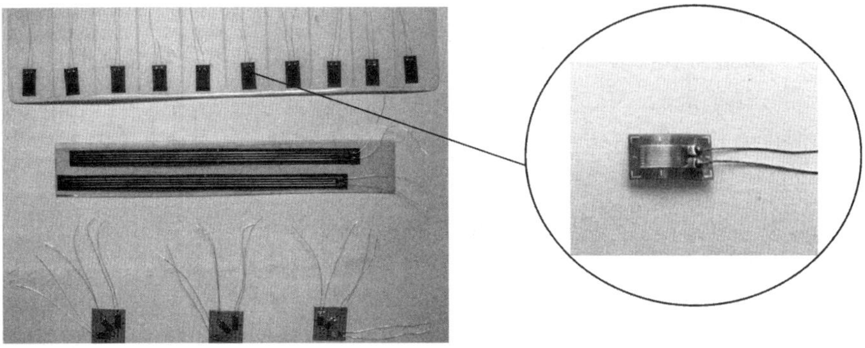

图 3.4　胶基电阻应变片实物图

(4) 灵敏系数(K)：一般为 2.0 左右，具体见出厂说明，使用时，需要先调整应变仪的灵敏系数，使其与应变片的灵敏系数相同。

3.2.2　电阻应变仪

电阻应变片的灵敏系数 K 值为 2.0 左右，测量的应变范围为 $10^{-6} \sim 10^{-3}$，由 $\mathrm{d}R/R=K\varepsilon$ 可知，电阻的变化率为 $2\times10^{-6} \sim 10^{-3}$，这样微弱的电信号必须借助放大器进行放大，再进行测量。

电阻应变仪是电阻应变片的专用放大器，在应变测量系统中，用于将应变片输出的信号进行转换、放大、显示和记录，主要由振荡器、测量电路、放大器、相敏检波器和电源等部分组成。根据工作频率不同，可分为静态电阻应变仪和动态电阻应变仪两种。

3.2.2.1　电阻应变仪工作原理(电桥)

电阻应变仪的测量原理是通过惠斯登电桥，将电阻应变片微小的电阻变化转换为电压或电流变化(电信号)进行测量，电桥由 4 个电阻 R_1、R_2、R_3 和 R_4 组成，4 个电阻构成电桥的 4 个桥臂，如图 3.5 所示。

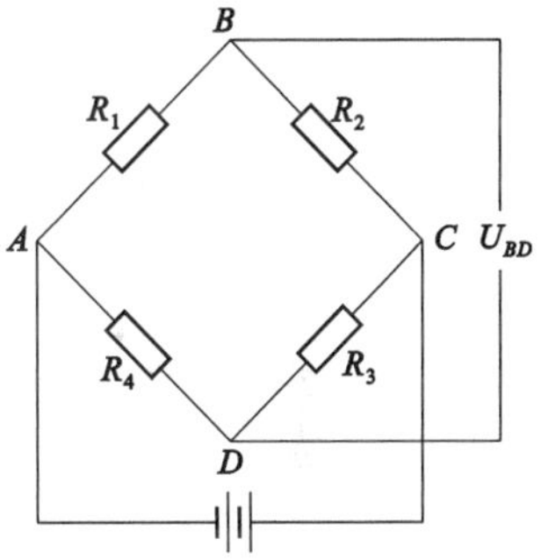

图 3.5　惠斯登电桥

由电工学原理可得，电桥的输出电压 U_{BD} 与 A、C 端的输入电压 U 的关系为：

$$U_{BD}=\frac{R_1R_3-R_2R_4}{(R_1+R_3)(R_2+R_4)}U \tag{3.6}$$

当式(3.6)中电阻满足 $R_1R_3=R_2R_4$ 时，则电桥的输出电压为零，这种状态称为电桥的平衡状态($U_{BD}=0$)。

若桥路电阻发生变化，电桥将失去平衡，设电阻 R_1、R_2、R_3、R_4 有微小的变化，分别为 ΔR_1、ΔR_2、ΔR_3、ΔR_4，且变化前桥路平衡，则输出电压：

$$U_{BD}=\left[\frac{R_2R_4}{(R_1+R_2)(R_3+R_4)}\left(\frac{\Delta R_1}{R_1}-\frac{\Delta R_2}{R_2}+\frac{\Delta R_3}{R_3}-\frac{\Delta R_4}{R_4}\right)\right]U \tag{3.7}$$

式(3.7)中若忽略分母项中的 ΔR 项，分子中则取 $\Delta R_i\Delta R_j=0(i,j=1,2,3,4)$，如果四个应变片规格相同($R_1=R_2=R_3=R_4$，$K_1=K_2=K_3=K_4$)，则有：

$$U_{BD}=\frac{1}{4}KU(\varepsilon_1-\varepsilon_2+\varepsilon_3-\varepsilon_4) \tag{3.8}$$

根据桥臂上实际投入工作应变片数量的不同，测量方式主要有：全桥电路、半桥电路和1/4桥电路。

全桥电路是指图 3.6(a)中的 R_1、R_2、R_3、R_4 全部接外部应变片，相邻臂上的工作片兼作温度补偿片，主要用于荷载传感器(参见 3.4.2 节)，一般在应变测量中应用不多。

半桥电路在结构试验中最常用，接法是 R_1、R_2 接工作片，R_3、R_4 是应变仪内部 2 个电阻，R_1、R_2 互为温度补偿，如图 3.6(b)所示。也可以是 R_1 接工作片，R_2 接温度补偿片，温度补偿片 R_2 的作用是抵消工作片由温度变化而引起的应变。

1/4 桥电路常用于测量应力场里的单个应变，在桥路中的 R_1 处接入一个工作片，R_2、R_3、R_4 都是应变仪内部电阻，如图 3.6(c)所示。这种接法测量方便，但由于没有温度补偿，要求测量环境温度不能变化太大。

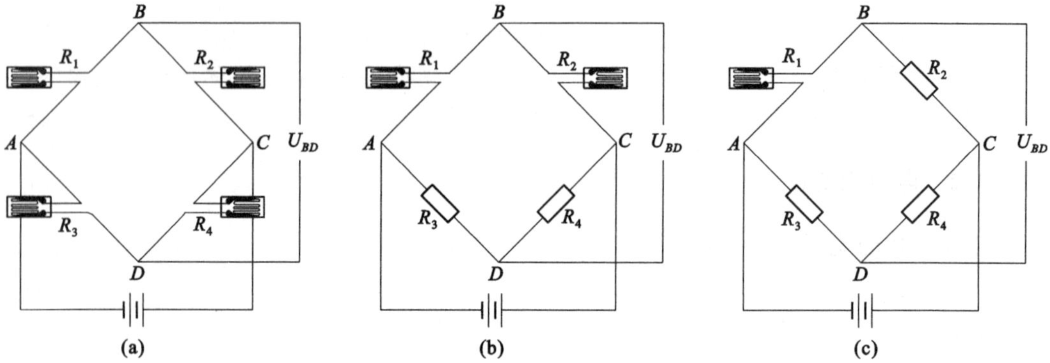

图 3.6 标准实用电路

(a) 全桥电路；(b) 半桥电路；(c) 1/4 桥电路

3.2.2.2 温度补偿技术

开展结构试验时，粘贴在试件上的应变片处于温度场中，若环境温度发生改变，会引起电阻应变片阻值发生变化，此现象称为温度效应。温度效应引起的应变是非受力引起的，因此必须设法将其消除，消除温度效应的方法称为温度补偿。常用的温度补偿方法有温度补偿片法和工作片互补法两种。

(1) 温度补偿片法

接法是将 R_1 粘贴在试验对象上作为工作片，R_2 单独粘贴在与试验对象材料相同的块体上，试验时不受力，只感受温度，称为温度补偿片。由于工作片与补偿片处于同一温度场，温度改变产生的应变相同，又由于工作片与补偿片接在桥臂的相邻位置，由式(3.7)可知，两个应变片产生的温度应变相互抵消，不会产生输出电压，从而使温度效应消除，如图 3.7 所示。

(2) 工作片互补法

当被测试验对象上存在应变大小相同、符号相反的成对测点时，可以将应变符号相反的两个测点应变片分别接在相邻的桥臂上，由式(3.7)可知，温度产生的应变相互抵消，这种接法称为工作片互补法，如图 3.8 所示。

(3) 多点测量温度补偿

结构试验实际测量时，往往进行的是多点测量，因而要求应变仪具有多个测量桥。为了节省应变片，往往用一个温度补偿片补偿几十个工作片(公共温度补偿片)，这种桥路称为半桥公共补偿。在结构试验的应变测量中，半桥公共补偿应用最多，其实质就是通过桥路电子切换开关使测量桥路中的多个 R_2 共用一个应变片，如图 3.9 所示。不同材料(如混凝土和钢筋)不能共用一个温度补偿。

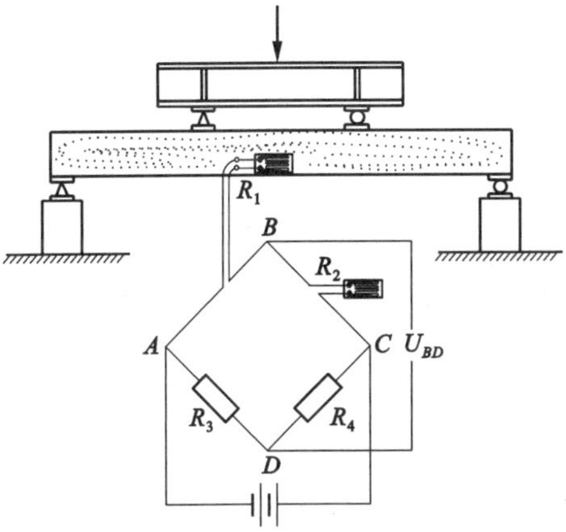

图 3.7 温度补偿片法

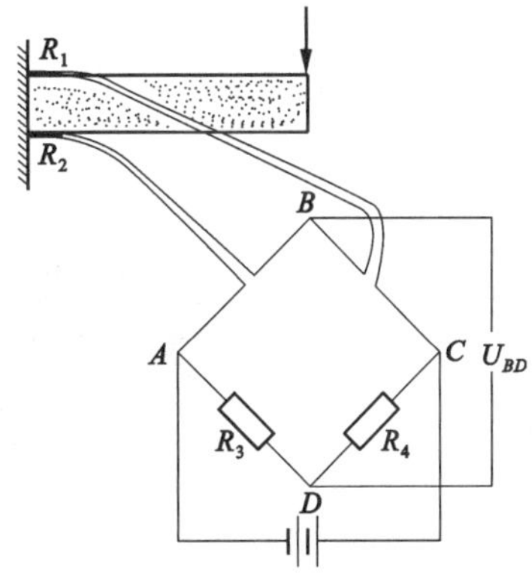

图 3.8 工作片互补法

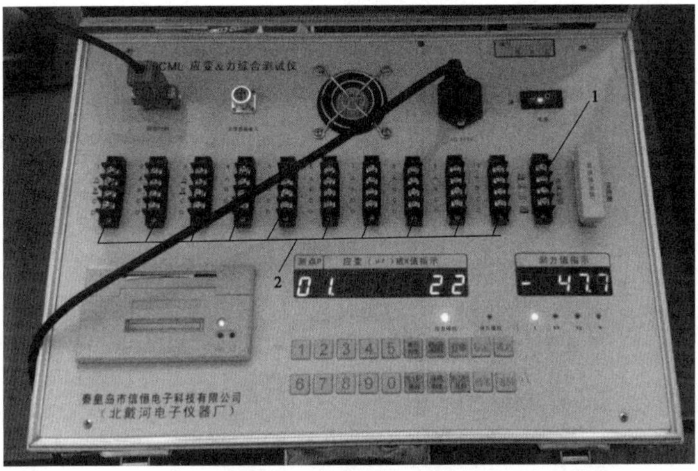

图 3.9 10 通道静态电阻应变仪

1—公共温度补偿接入点；2—工作片（10 个）接入点

3.2.3 电阻应变片粘贴技术

电阻应变片直接用黏结剂粘贴在试验结构测点上，与测点共同受力变形，以反映测点应变，因此粘贴质量的好坏直接影响测量结果的准确性，粘贴技术要求较为严格，具体的粘贴工艺和技术要求如表 3.1 所示。

表 3.1 电阻应变片粘贴工艺

顺序	内容	样例	粘贴工艺及要点
1	检查选片	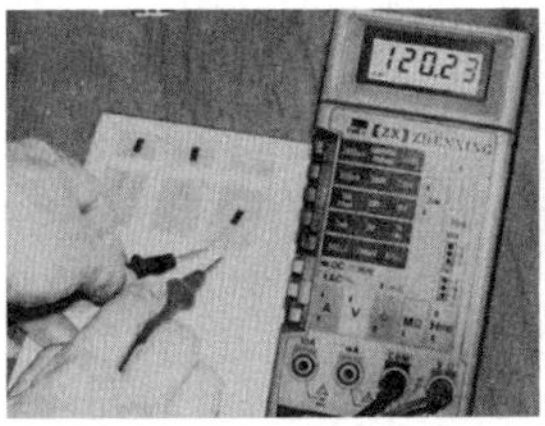	(1) 检查应变片外观是否平整，片内是否有气泡、霉点、断丝等； (2) 用万用表检查阻值，阻值偏差是否在允许范围内

续表 3.1

顺序	内容	样　例	粘贴工艺及要点
2	定位划线		(1) 在要粘贴应变片的测点划定位十字线，横平竖直； (2) 划线深度要适中； (3) 对于混凝土、砌体等表面，先进行表面处理，再划线定位
3	表面处理	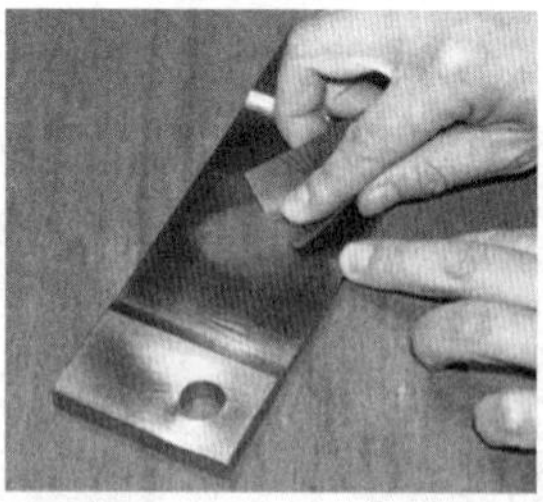	(1) 钢材表面，先除锈，再用 0 号砂纸打磨出 45 度交叉斜纹； (2) 螺纹钢筋，先用打磨机将测点局部磨平，再用砂纸打磨； (3) 混凝土和砌体表面，先用打磨机将测点局部磨平，再用环氧树脂胶(0.1 mm 厚)找平，待干燥后，用砂纸打磨平整
4	清洁表面	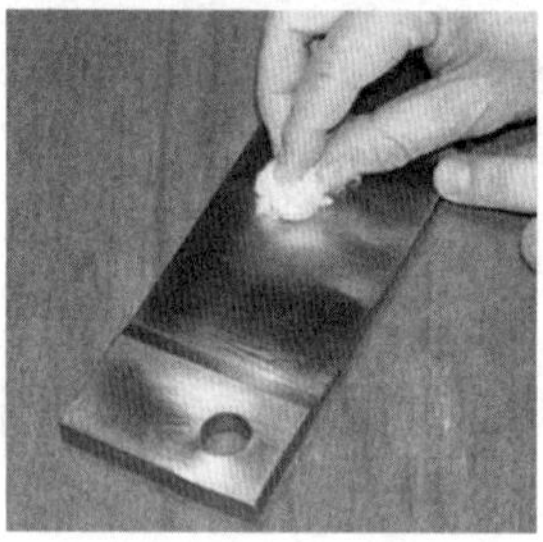	(1) 吹去浮尘，用棉球沾丙酮溶液清洁测点表面； (2) 丙酮擦洗后，不可以用手再触碰测点
5	粘贴应变片	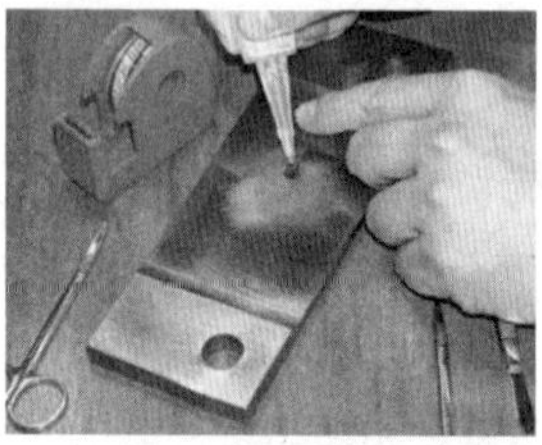	(1) 用手捏住应变片的引线，在应变片的背面(基底一侧)涂一层 502 胶水，胶水量不宜过多； (2) 将应变片放在测点上，方向对正
6	固化处理	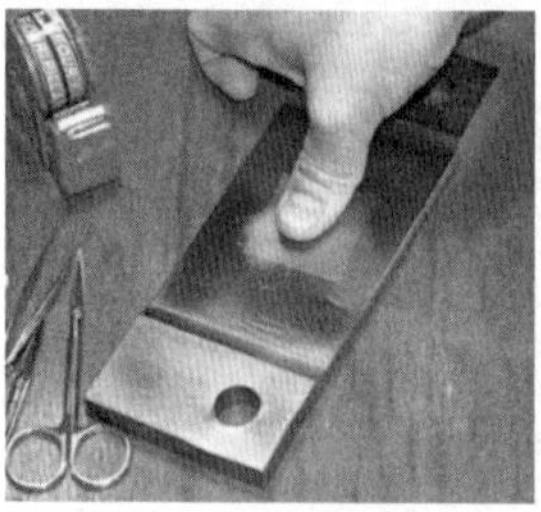	(1) 用小块塑料薄膜放在应变片上，用手指挤压出多余胶水和气泡； (2) 用手按 1 min，待胶水固化后，轻轻揭除塑料薄膜

续表 3.1

顺序	内容	样　　例	粘贴工艺及要点
7	引线焊接		(1) 固定焊接端子，端子应尽量靠近引线引出点，防止引线与测点表面接触； (2) 用烙铁和焊锡将引线焊接在端子上，剪去多余引线
8	导线连接	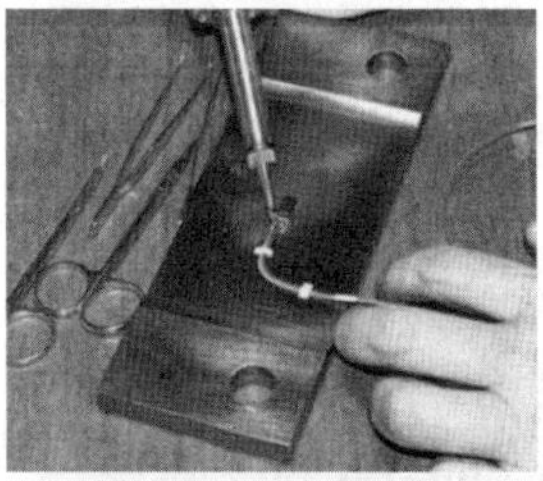	(1) 将导线焊接在端子上，保证焊接质量； (2) 用万用表在导线端部检查连接是否有短路或断路，粘贴前后电阻值近乎相等(需考虑导线长短)； (3) 用胶布在端子前部对导线进行固定
9	防潮 防护	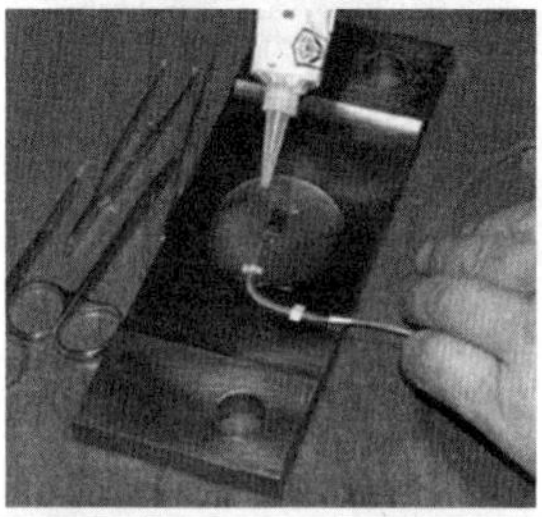	(1) 防潮一般用硅胶、凡士林或石蜡涂在应变片表面；防水一般用环氧树脂胶； (2) 对于混凝土中预埋的钢筋表面粘贴的应变片，在防水的基础上，用纱布条沾环氧树脂胶缠绕在钢筋测点周围，固化后形成保护层，防止浇筑振捣破坏应变片
	总结		综上所述，应变片粘贴用到的材料及工具有：应变片、万用表、丙酮、棉球、502 胶水、电烙铁、焊锡、松香、镊子、砂纸、导线、胶布、硅胶或石蜡、环氧树脂胶和纱布条等

3.2.4　应变的其他测量方法(机械法)

机械式应变仪的优点是标距大(250 mm)、携带方便、操作简单、可直接读取数据(无须采集仪)和可重复使用，适用于野外和现场测试，缺点是测量精度稍差。图 3.10 和图 3.11 所示是两种常用测量应变的设备。手持式应变仪测量时将插脚插入结构表面上预置的脚座(带孔金属)，测量结果由装在金属杆上的电子百分表读出。当手边没有手持式应变仪，又需完成应变测试时，除采用应变片，也可自制应变测量装置。自制应变测量装置有两个粘贴在试件表面的脚座，一个固定千分表，一个固定刚性杆，标距可以通过刚性杆任意确定，伸长量由千分表读出，经换算($\varepsilon=\Delta L/L$)得出应变值。由于脚座间距离较长，自制应变测量装置适用于测量有均匀变形的轴压短构件。图 3.12所示为短柱静载试验，采用应变片和自制机械式应变装置进行联合测量，便于相互校核。

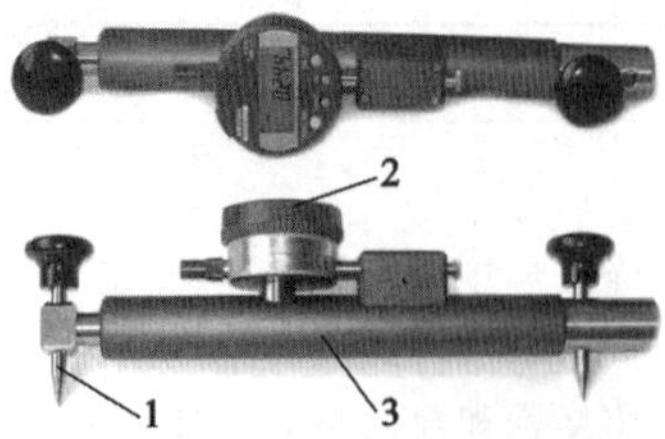

图 3.10　手持式应变仪

1—插脚；2—电子百分表；3—金属杆

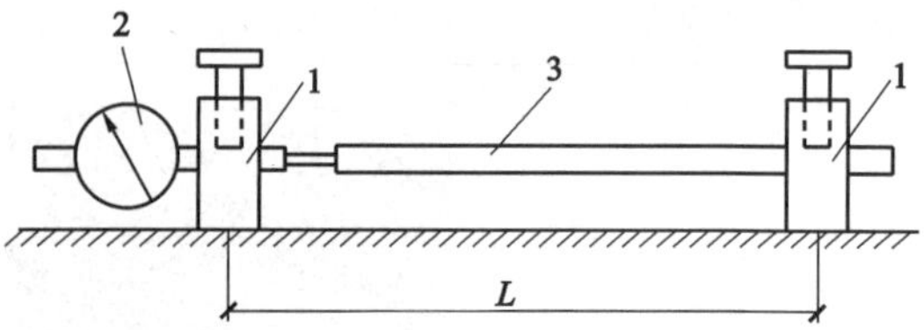

图 3.11　自制应变测量装置

1—脚座；2—千分表；3—金属杆

图 3.12　自制应变测量装置应用实例（短柱静载试验）

3.3　位移测量

位移是试验结构承受外部荷载作用后最直观的反应，是进行结构性能评定的重要参数之一。通过位移测量，可以了解结构的整体变形，还可区分结构的弹性和非弹性性质。总的来说，测量位移的仪表有机械式、电子式及光电式等多种。在结构试验中，广泛采用的有接触式位移计和差动变压器式位移传感器等。

3.3.1　线位移测量

线位移测量仪器很多，常用的有接触式位移计（百分表、千分表等）、应变梁式位移传感器、滑线电阻式位移传感器和差动变压器式位移传感器等。

（1）接触式位移计

接触式位移计，俗称百分表（或千分表），是一种机械式仪表，外观如图 3.13(a)所示。其工作原理是当测杆跟随被测结构测点线性滑动时，百分表内部的精密齿轮会随之发生转动，齿轮将微小的直线运动放大为齿轮的转动，从百分表的表盘中就可读出线位移量，电子式百分表可以直接显示读数。

百分表的量程一般为 10 mm、30 mm 和 50 mm，最小刻度值为 0.01 mm ；千分表的量程为1 mm，最小刻度值为0.001 mm。试验前，应预估测点的位移大小，选用合适量程的百分表。

百分表使用时，需要用磁力表架进行固定，如图 3.13(b)所示，用表架横杆上的颈箍夹住百分表的颈轴，将测杆顶住测点并与侧面保持垂直，打开磁力表架开关，固定在不动的金属杆上，如图 3.13(c)所示。

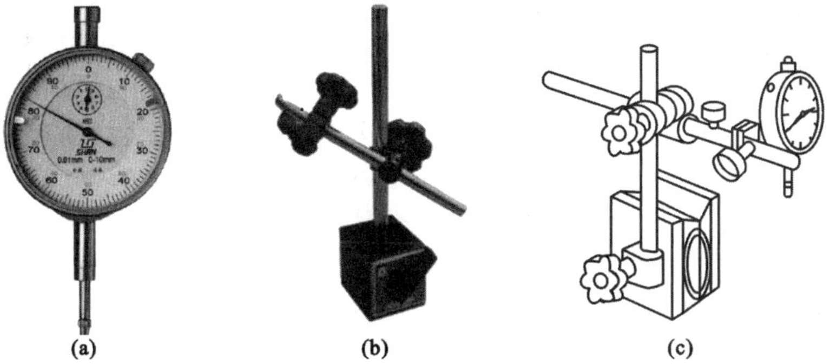

图 3.13　百分表与磁力表架

(a) 百分表；(b) 磁力表架；(c) 百分表与磁力表架的连接方法

(2) 应变梁式位移传感器

应变梁式位移传感器的主要元件是一块弹性好、强度高的悬臂弹簧片。弹簧片一端固定在仪器外壳上，在弹簧片固定端粘贴四片应变片，组成全桥或半桥电路，另一端固定有拉簧，拉簧与指针固结，当测杆随结构位移而移动时，传力弹簧使得弹簧片产生挠曲，弹簧片固定端产生应变，通过电阻应变仪即可测得应变与试验结构位移间的关系，如图 3.14 所示。

(3) 滑线电阻式位移传感器

滑线电阻式位移传感器是一种把机械线位移(或角位移)输入量转换为与它呈一定函数关系的电阻或电压输出的电子元件。其工作原理是：滑线电阻固定在传感器内，触片将电阻分为 R_1 和 R_2，与结构相接触的测杆在测点移动，从而带动传感器内与测杆相连的弹簧片在滑线电阻丝上移动，如图 3.15 所示，当测杆向下移动 δ 时，电阻 R_1 增加 ΔR_1，R_2 减小 ΔR_1，输出电压为：

$$U_{BD} = \frac{U}{4}\frac{\Delta R_1 - (-\Delta R_1)}{R} = \frac{U}{4}K\varepsilon \cdot 2 = \frac{U}{2}K\varepsilon \tag{3.9}$$

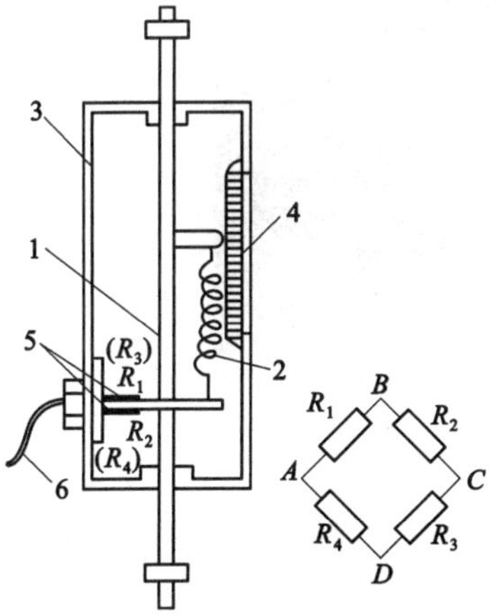

图 3.14　应变梁式位移传感器

1—测杆；2—弹簧；3—外壳；4—刻度；5—应变片；6—导线

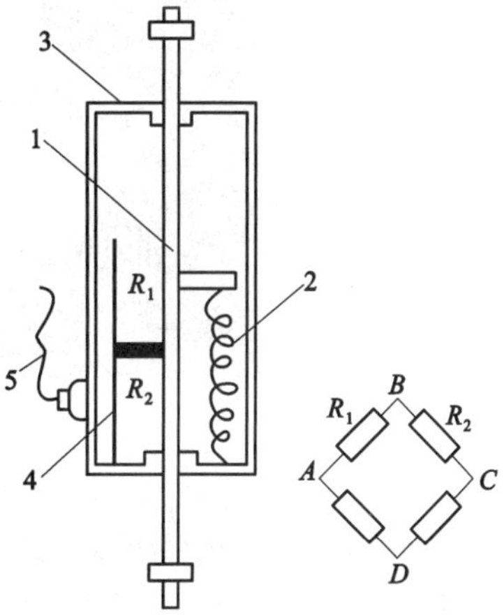

图 3.15　滑线电阻式位移传感器

1—测杆；2—弹簧；3—外壳；4—滑线电阻丝；5—导线

采用这样的半桥连接，其输出电量与电阻增量(或与应变)成正比，即也与位移成正比，量程可达 10～100 mm。

(4) LVDT 位移传感器

LVDT(Linear Variable Differential Transformer)是线性可变差动变压器的缩写，LVDT 位移传感器也可称为差动变压器式位移传感器，是目前位移测量中广泛应用的传感器之一。LVDT(差动变压器)位移传感器利用的是电磁感应原理，与传统的电力变压器不同，LVDT 是一种开磁路弱磁耦合的测量元件。LVDT 的结构由铁芯、衔铁、初级线圈和次级线圈组成，初级线圈和次级线圈分布在圆形筒上，线圈内部有一个可自由移动的铁芯，在圆形筒上绕制一组初级线圈，两组次级线圈，其工作方式依赖于线圈骨架内铁芯的移动，当初级线圈供给一定频率的交变电压时，铁芯在线圈内移动就改变了空间的磁场分布，从而改变了初、次级线圈之间的互感量，次级线圈就产生感应电动势，随着铁芯的位置不同，互感量也不同，次级线圈产生的感应电动势也不同，这样就将铁芯的位移量变成了电压信号输出，如图 3.16所示。通过标定，可确定感应电动势变化与位移量变化的关系。

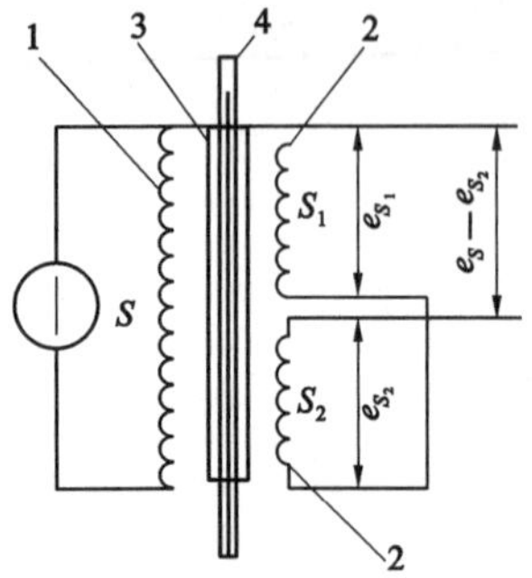

图 3.16 差动变压器式位移传感器

1—初级线圈；2—次级线圈；

3—圆形筒；4—铁芯

3.3.2 转动变形测量

除了应变和线位移外，结构试验中有时还需要测量结构某些部位的转角、曲率等转动变形。

(1) 转角

受力结构的节点、截面或支座都有可能发生转动，对转动角度进行测量的仪器很多，如水准式倾角仪、电子倾角仪等，也可以自行设计测量装置。例如在对长柱进行轴压试验时，为了测量柱端的转角情况，可以自行设计如图 3.17 所示的测量装置。

图 3.17 方钢管混凝土柱柱脚转角测定(百分表)

(2) 曲率

构件变形后曲率的测定，可以利用位移传感器(或百分表)先测出构件表面某一点及与邻近两点的挠度差，然后根据杆件变形曲线的形式，近似计算测区构件的曲率，图 3.18 所示即是测量曲率的装置。

电阻应变片粘贴实验参见附录 E。

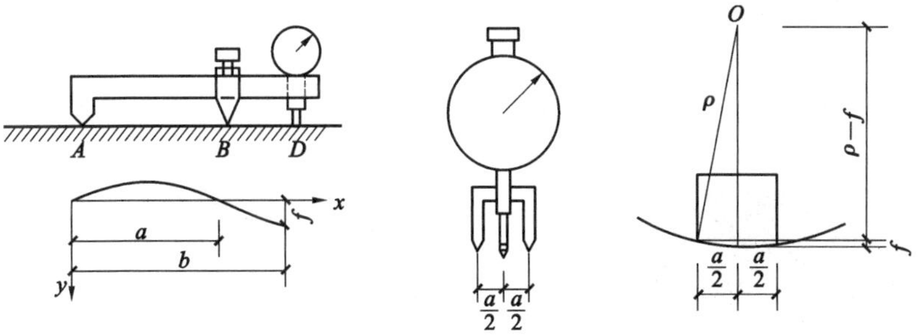

图 3.18　用位移计测量曲率的装置

3.4　力 值 测 量

结构静载试验中，力传感器主要用来测定试验结构所受的荷载和支座反力。力传感器分为机械式和电测式两类，其基本原理都是用弹性元件去感受拉力与压力，弹性元件在力的作用下，发生与外力呈对应关系的变形。

3.4.1　机械式力传感器

机械式力传感器是用机械装置把这些变形按规律进行放大并显示，力值可从传感器上直接读取。在结构试验中，常用到环箍式测力计，粗大的钢环在压力作用下发生变形，经过杠杆放大后推动表盘指针偏转，表盘读数与环箍变形关系应预先进行标定，如图 3.19 所示。日常生活中使用的弹簧测力计就属于机械式拉力传感器。

图 3.19　环箍式测力计

3.4.2　电阻应变式力传感器

电阻应变式力传感器的工作原理是在弹性元件上粘贴电阻应变片，把弹性元件在外力作用下的变形转换成电阻变化进行测量，通过电子测力仪显示测量结果，将此称为力传感器，俗称荷载传感器，其应用范围十分广泛。荷载传感器分为拉伸型、压缩型和拉-压型三种。各种荷载传感器的外形基本相同，其核心部件是一个厚壁筒，在筒壁上贴有应变片，将筒壁在外力作用下的受力变形转换为电量变化。为防止应变片发生损坏，筒壁外设有保护罩，如图 3.20所示。在筒壁的横向和轴向布置应变片，按全桥电路接法接入电阻应变仪电桥[图 3.6(a)]，根据桥路工作原理可求得：

$$U_{BD} = \frac{U_{AC}}{4}K\varepsilon(1+\gamma)\cdot 2 = \frac{U_{AC}}{4}K\varepsilon\cdot A \tag{3.10}$$

式中　A——电桥输出放大系数，$A=2(1+\gamma)$。

传感器的灵敏度可表达为每单位荷重下的应变，灵敏度与设计的最大应力成正比，而与最大负荷能力成反比，即灵敏度 K_0 为：

$$K_0 = \frac{\varepsilon A}{P} = \frac{\sigma A}{PE} \tag{3.11}$$

式中　P,σ——荷载传感器的设计荷载(kN)和设计应力(MPa);

　　　A——桥臂放大系数;

　　　E——荷载传感器材料的弹性模量。

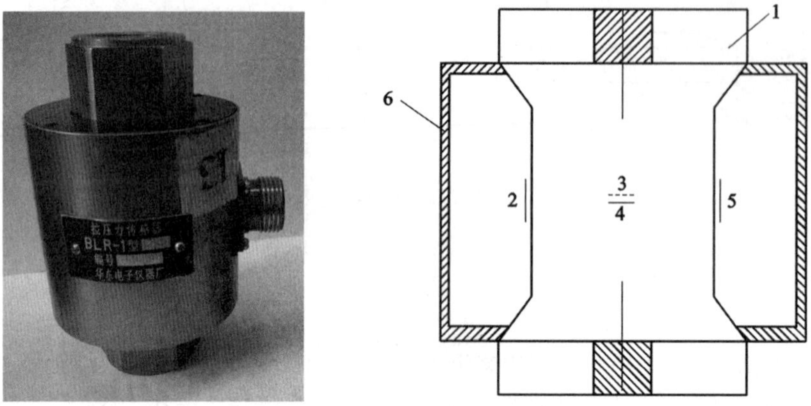

图 3.20　荷载传感器

1—传感器筒壁;2,3,4,5—应变片;6—保护罩

可见,对于一个给定的设计荷载和设计应力,荷载传感器的最佳灵敏度由 A 的最大值和 E 的最小值确定。

结构试验中利用荷载传感器的情况很多,例如当用千斤顶进行加载时,由于千斤顶本身并不能反映出所加荷载的大小,因此,需要和荷载传感器配合使用,对外加荷载进行测量,见【例 3.1】。

【例 3.1】　荷载传感器应用举例(图 3.21)

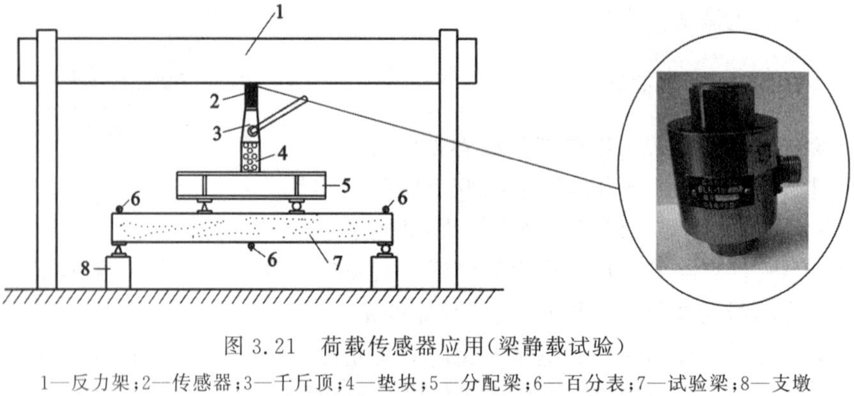

图 3.21　荷载传感器应用(梁静载试验)

1—反力架;2—传感器;3—千斤顶;4—垫块;5—分配梁;6—百分表;7—试验梁;8—支墩

3.5　裂缝测量

结构试验中,裂缝的产生与扩展、裂缝的位置与分布以及裂缝的长度与宽度是反映结构安全的重要性能指标,裂缝测量对确定开裂荷载、研究结构的破坏过程和抗裂性能具有重要的价值。

裂缝测量主要有两项内容:① 开裂,即裂缝发生的时刻和位置;② 度量,即裂缝的宽度和长度。

(1) 裂缝发生的时刻和位置

目前,发现开裂的简便方法是借助放大镜用肉眼观测。为了便于观察,试验前往往在结构或构件表面刷一层白色石灰浆或涂料。为了记录和描述裂缝发生的部位,可以在试验对象表面绘制方形栅格,便于分析和描绘裂缝的发展和走向,如图 3.22 所示。

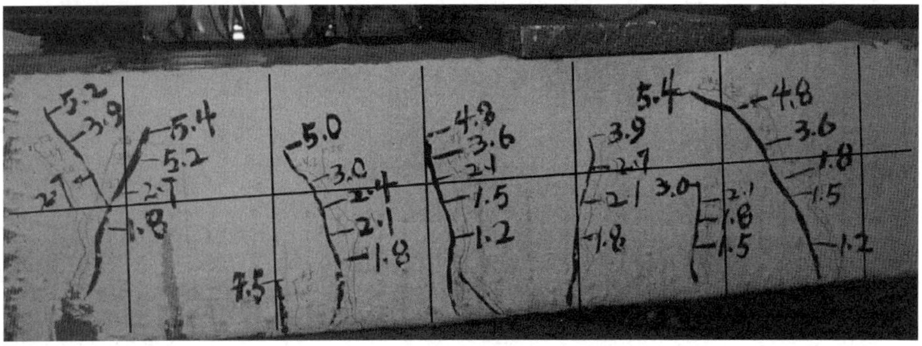

图 3.22　钢筋混凝土梁裂缝观测

如果需要监测某些材料或构件(钢材、岩石等)内部的裂纹扩展过程,可以采用声发射技术,其基本原理是将声发射探头埋入试件内部或粘贴在试件表面,运用仪器接收来自试验对象内部的声发射信号,反演裂纹的扩展过程,见【例 3.2】。

【例 3.2】　混凝土块水力压裂内部裂纹扩展监测(图 3.23)

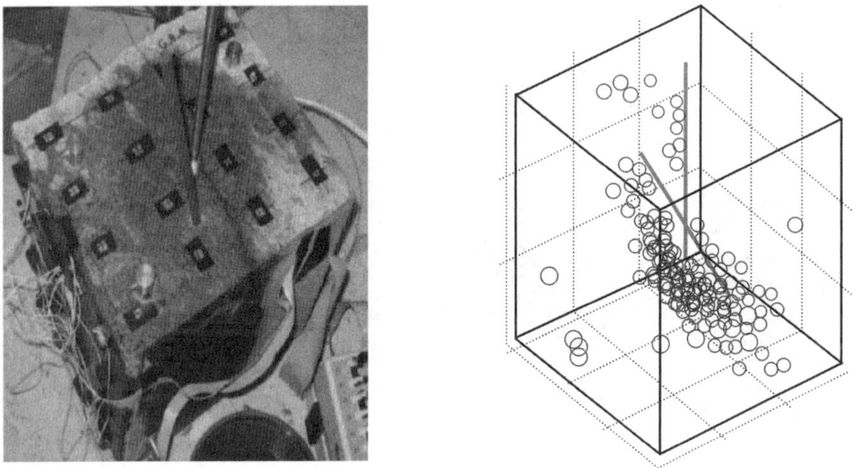

(a)　　　　　　　　(b)

图 3.23　混凝土块水力压裂内部裂纹扩展监测

(a) 混凝土块表面布置声发射探头;(b) 反演的内部裂纹空间扩展

(2) 裂缝的宽度和长度

对于裂缝宽度的观测方法主要有裂缝宽度显微镜法、塞尺或裂缝宽度比对卡法、裂缝宽度观测仪法等。

① 裂缝宽度显微镜法:用具有一定放大倍数的显微镜直接肉眼观测,观测精度为 0.02~0.05 mm,需要人工近距离调节焦距并读数和记录,如图 3.24(a)所示。此方法需要另外配置观测光源,测试速度较慢。

② 塞尺或裂缝宽度比对卡法：适用于粗略测量，如图 3.24(b)、图 3.24(c)所示，测试精度低。

③ 裂缝宽度观测仪法：采用电子成像技术，将被测物体表面裂缝原貌实时显示在屏幕上，分为裂缝宽度人工判读和自动判读两种，最高测试精度可达 0.01 mm，测试效率高，便于长期观测，图像可储存，便于查看，如图 3.25 所示。

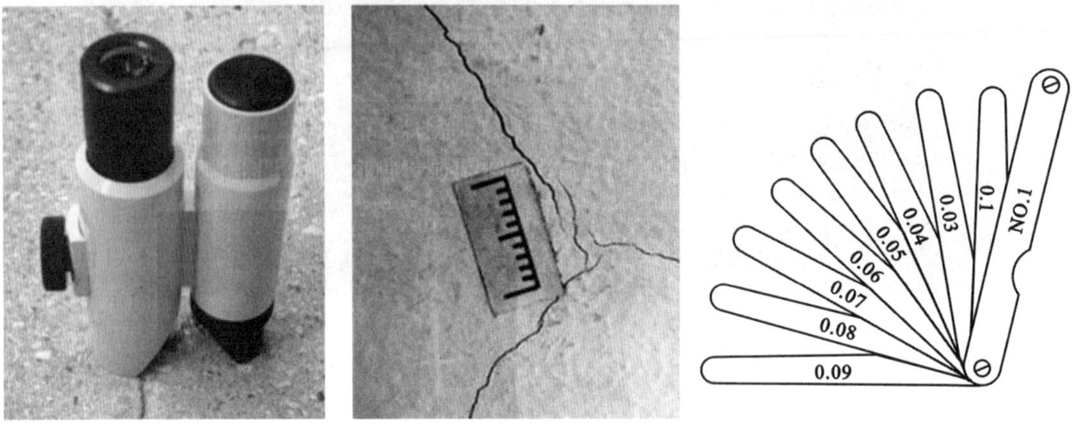

(a) (b) (c)

图 3.24　裂缝宽度测量

(a) 裂缝宽度观测用显微镜；(b) 裂缝宽度比对卡；(c) 塞尺

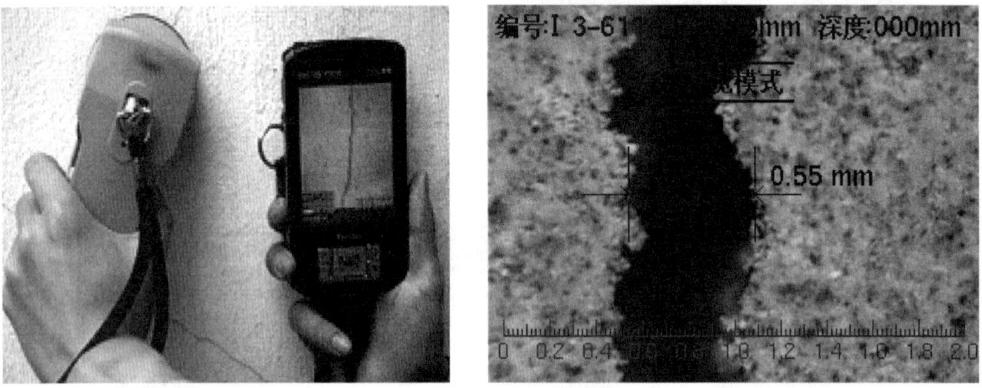

(a) (b)

图 3.25　裂缝宽度观测

(a) 裂缝宽度观测仪；(b) 测量裂缝显示

3.6　数据采集系统

数据采集系统能够实现试验数据的快速、多点、自动测量与记录，并可以进行数据的实时处理。系统根据采集仪的不同分为静态数据采集系统和动态数据采集系统。该系统为大型结构试验的顺利进行提供了技术支持。通常，系统由三个部分组成，即传感器部分、数据采集仪部分和计算机(控制器)部分，如图 3.26、图 3.27 所示。

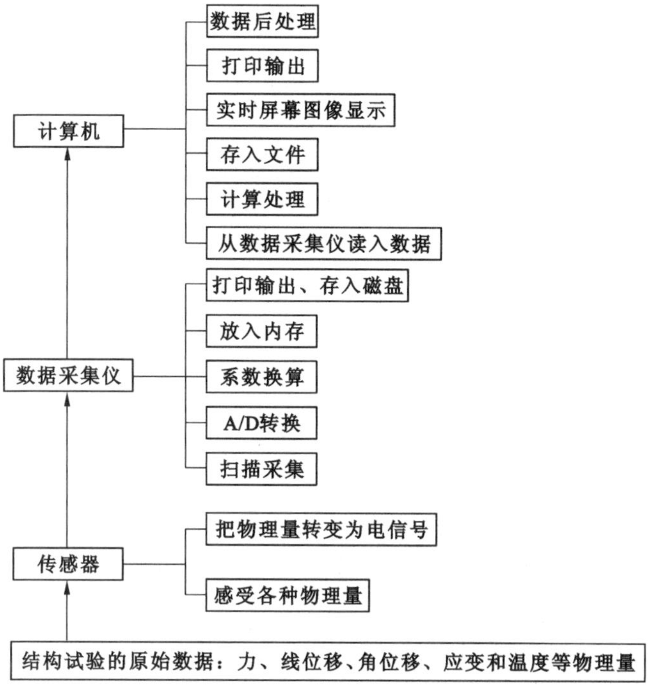

图 3.26　数据采集流程

图 3.27　数据采集系统基本组成

1—试验对象；2—传感元件(应变片)；3—数据采集仪；4—计算机；5—试验加载系统

本章小结

本章系统地阐述了应变、位移、力值和裂缝等参数的测量原理与方法，介绍了相应的测量仪器和数据采集系统。学习本章后，应了解测量仪器和数据采集系统的组成及采集过程，重点掌握应变、力值、位移和裂缝等参数的测量方法，为进行结构试验初步设计奠定基础。

思考题

(1) 电阻应变片的主要技术指标有哪些？

(2) 试简述电阻应变片的工作原理。

(3) 何谓全桥电路、半桥电路和1/4桥电路？

(4) 电测应变为什么要进行温度补偿？温度补偿的方法有哪几种？

(5) 试简述电阻应变片粘贴流程。

(6) 常用位移传感器有哪些？

(7) 力的测定方法有哪些？

(8) 裂缝测量主要有哪几项内容？裂缝宽度如何测量？

4 结构静载试验

4.1 概　　述

建筑结构静载试验是结构试验中最普通、应用最多的一种试验，试验的目的是通过物理力学方法，测定结构或构件在静载下的反应，分析结构的受力状态，对结构的工作性能进行评定。

结构静载试验中最常见的是单调静力加载试验，试验主要观测和研究结构或构件的承载力、刚度、抗裂性等基本性能和破坏机理。

建筑结构静载试验涉及的问题众多，本章主要通过常规基本构件的静载试验（案例全过程分析和讲解），使学生掌握静载试验的一般过程（试验设计、试验准备、试验加载和数据处理等）。

4.2 结构试验的主要环节

建筑结构试验主要包括结构试验设计、准备工作、试验实施和试验总结等环节，如图 4.1 所示。常规的钢筋混凝土梁正截面受弯性能试验、回弹法检测混凝土强度试验和混凝土构件裂缝宽度与深度检测试验等试验操作与分析参见附录 F、附录 G 和附录 H。下面结合两个研究性静载试验案例，对结构静载试验的关键环节进行讲解和分析。

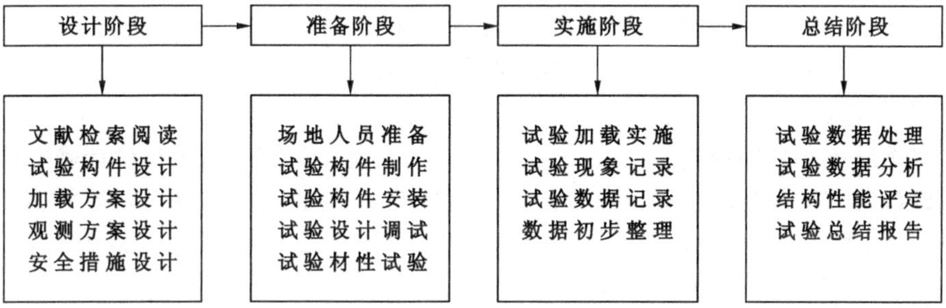

图 4.1　结构试验的一般过程

4.3 结构静载试验案例分析——受弯构件

4.3.1 确定试验内容

在进行任何一项试验前，首先需要确定研究内容，也就是选题工作。文献资料检索阅读对确定试验选题具有十分重要的作用。在查阅文献资料时，可以利用网络数据库进行检索，比较著名的中外文数据库有中国知网、万方数据、美国工程索引（EI Compendex）和美国科学引文索引数据库（Science Citation Index，SCI）等。现假定拟进行碳纤维布加固混凝土梁抗弯性能试验研究（利用环氧树脂胶将碳纤维布粘贴在钢筋混凝土梁的底面，以提高其抗弯能力），当有了这样的想法之后，首先需要确定的就是有没有人已经做过了类似的试验，如果没有，试验将具有原创性，这就需要查阅文献资料。

4.3.2 试件设计

4.3.2.1 试件尺寸

结构试验所用的试件尺寸，分为原型和模型两大类。试件尺寸应根据试验目的和试验条件综合确定。由于原型试件是足尺的，存在试验加载设备量程大、制作材料消耗多和搬运困难等问题，在进行研究性试验时，一般采用模型试验。模型的尺寸应按照相似条件进行确定，只有模型和原型结构满足相似条件，才能按相似条件由模型试验获得的试验结果推算到原型结构上去。

在静载试验中，合理地确定试件的尺寸非常重要，试件的尺寸太小，需要考虑尺寸效应，局部性的试件尺寸可取为原型的$\frac{1}{4}$～1，整体性的结构试验试件尺寸可取为原型的$\frac{1}{10}$～$\frac{1}{2}$。

本次试验选用的梁截面形状为矩形，截面尺寸为100 mm×200 mm，梁长2 m，净跨1.8 m。

4.3.2.2 试件数量

在进行结构试验时，除了需要按照相似理论确定试件尺寸以外，试件数量的多少也直接关系到能否达到试验要求以及整个试验的工作量问题，此外，试件数量的确定还需要考虑经费预算和时间期限等因素。

对于生产性试验，一般按照试验任务的要求有明确的试验对象。预制构件一般按照抽样检测的方法进行检验，对于混凝土结构，可以参见《混凝土结构工程施工质量验收规范》(GB 50204—2015)中的相关规定确定试件数量。

对于科研性试验，当试验研究的影响参数较多(3个及3个以上)时，采用正交设计法可以在大幅度减少试件数量的同时满足试验目标要求。正交试验设计简称正交设计，它是利用正交表科学地安排与分析多因素试验的方法，是最常用的试验分析方法之一。

不同因子和水平数的正交表可以参阅有关正交试验设计的专著。

下面以碳纤维布加固混凝土梁抗弯性能试验为例，说明如何利用正交设计确定试件数量。假设影响碳纤维布加固混凝土梁抗弯性能的因素有混凝土强度等级、纵筋配筋率、碳纤维布粘贴层数、端部锚固形式(分析因子为4)，如果每个因子各有3个水平数，若按单因素方法进行设计，则试件数量为$3^4=81$，也就是需要81个试件。

如果采用正交设计法，根据正交表$L_9(3^4)$，可将原来需要的81个试件综合为9个试件，试件数量正好等于水平数的平方。

4.3.3 试验加载设计

4.3.3.1 加载图式

试验加载图式需要根据试验目的来确定。试验结构或构件宜采用与其实际工作状态相一致的正位试验。当需要采用异位(卧位、反位)试验时，应防止试验结构构件在就位过程中产生裂缝、不可恢复的挠曲或其他附加变形，并应考虑构件自重的作用方向与实际作用方向不一致所产生的影响。

试验结构或构件的加载图式应符合计算简图。当试验条件受限制时，可采用在控制截面(或部位)上产生与某一作用效应相同的等效荷载进行加载，但应考虑等效荷载对结构或构件试验结果的影响。

本次碳纤维布加固混凝土梁抗弯性能试验采用三分点集中力方式,如图 4.2 所示。

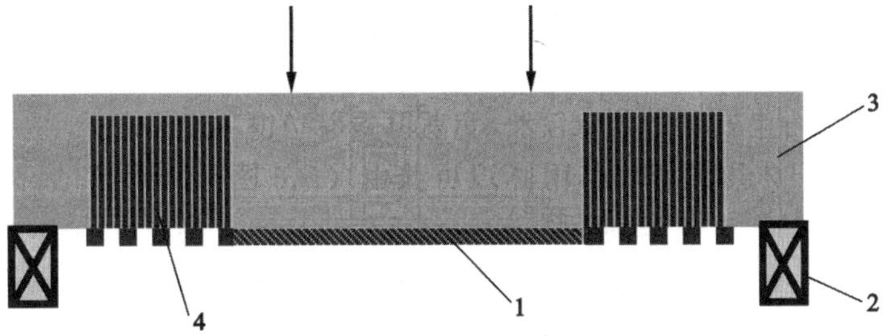

图 4.2　碳纤维布加固混凝土梁抗弯性能试验研究

1—碳纤维布;2—支座;3—钢筋混凝土梁;4—U 形箍

4.3.3.2　加载装置

为了保证试验工作的顺利进行,试验装置需进行专门的设计。《混凝土结构试验方法标准》(GB/T 50152—2012)对于试验装置的基本要求如下:

① 试验装置应有足够的强度和刚度储备。试验前需要对装置的强度、刚度进行计算,保证试验在加载到最大试验荷载时,试验加载装置的安全性和有效性;

② 试验结构构件的跨度、支承方式、支撑等条件和受力状态应符合设计计算简图,且在整个试验过程中保持不变;

③ 试验装置不应分担试验构件承受的试验荷载,且不应阻碍构件变形的自由发展。

按照上述原则,为了保证两点加载的同步性,本次试验采用分配梁来实现,加载点为试验梁的三分点。分配梁和钢筋混凝土梁的支座均采用一边是固定铰支座、另一边是滚动铰支座的形式(图 2.25)。由于加载量比较小,试验利用竖向反力架,采用普通千斤顶进行加载。

4.3.3.3　加载制度

试验加载制度是指结构试验进行期间控制荷载与加载时间的关系。不同性质的试验必须根据试验的要求制定不同的加载制度。对于结构静力试验,加载一般采用包括预加载、标准荷载和破坏荷载三个阶段的一次单调静力加载;拟静力试验采用控制荷载或变形的低周反复加载;地震模拟振动台试验则采用模拟地震地面加速度的随机激振试验。

《混凝土结构试验方法标准》(GB/T 50152—2012)中规定:

① 结构试验宜进行预加载,预加载值不宜超过结构构件开裂试验荷载计算值的 70%;在达到使用状态短期试验荷载值以前,每级加载值不宜大于使用状态短期试验荷载值的 20%;超过使用状态短期试验荷载值后,每级加载值不宜大于使用状态试验荷载值的 10%。

② 对于研究性试验,加载到开裂试验荷载计算值的 90%后,每级加载值不宜大于使用状态短期试验荷载值的 5%;加载到承载力试验荷载计算值的 90%以后,每级加载值不宜大于使用状态短期试验荷载值的 5%。

③ 当采用液压加载时,可连续慢速加载直至构件破坏。

④ 每级卸载值可取为使用状态短期试验荷载值的 20%～50%;每级卸载后在构件上的试验荷载剩余值宜与加载时的某一荷载值相对应;每级荷载加载或卸载后的持续时间不应少于 10 min,且宜相等。

按照上述要求,本次试验正式加载前,先预加载 5 kN,测读数据,观察试件、装置和仪表工作是否正常，如有故障应及时排除。在试件梁开裂前以每级 3 kN 进行加载，接近开裂荷载时采用每级 2 kN 加载直至梁发生破坏。为保证混凝土材料的塑性性能和裂缝的充分发展，从而得到准确的试验数据，每级荷载的级间停留时间为 10 min。

4.3.4 试验观测设计

4.3.4.1 观测项目

试验观测项目依据试验目的确定，对于鉴定性试验，主要测定荷载作用下试件的承载力、短期挠度和最大裂缝宽度；对于科研性试验，除了上述测定项目外，一般还要测量开裂荷载、截面应变大小及分布规律等。

本次试验需观测的项目包括：① 竖向承载力，用力传感器测量；② 各级荷载下碳纤维的最大拉应变，用电阻应变片测量；③ 各级荷载下混凝土的最大压应变，用电阻应变片测量；④ 各级荷载下纵向钢筋的最大拉应变，用电阻应变片测量；⑤ 跨中最大挠度，用位移计测量；⑥ 开裂荷载、最大裂缝宽度、裂缝开展过程和形态。

4.3.4.2 测点布置

测点的布置应有代表性，每一个测点的布置都应有其目的性，在满足试验要求的前提下，测点布置宜少不宜多，应有利于试验时操作与读数，也要妥善制定安全措施。

（1）挠度的测量

梁的挠度值是测量数据中最能反映其整体工作性能的一项指标，因为梁的任何部位的异常变形或局部破坏（开裂）都将通过挠度或在挠度曲线中反映出来。对于梁式结构，最主要的是测定跨中最大挠度值及梁的弹性挠度曲线。

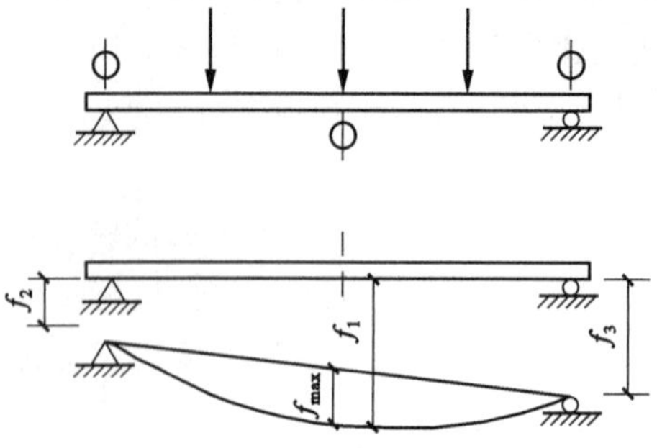

图 4.3 梁的挠度测点布置示意图

为了获得梁的实际挠度，试验时必须考虑支座沉陷的影响。对于图 4.3 所示的梁，在试验时由于荷载的作用，其两个端点处的支座常常会有沉陷，以致梁产生刚体位移，因此，如果跨中挠度是相对于地面进行测定的话，则同时还必须测定梁两端支承面相对于同一地面的沉陷值，所以最少要布置 3 个测点。对于跨度较大的梁，为了保证测量结果的可靠性，并求得梁在变形后的弹性挠度曲线，需要相应地增加测点。

（2）应变测量

梁属于受弯构件，要测量由弯曲产生的应变，一般在梁承受正负弯矩最大的截面或弯矩有突变的截面上布置测点。在梁的纯弯曲区域内，梁截面上仅有正应力产生，故在该处截面上可仅布置单向的应变测点。

本例中为了测量混凝土的最大压应变以及碳纤维布的最大拉应变，在混凝土梁跨中截面拉压区上下表面均粘贴应变片。为了监测端部锚固箍（粘贴玻璃纤维布条）受力状态，在玻璃纤维受拉方向粘贴 60 mm 的纸基应变片，梁应变测点的具体布置如图 4.4 所示。

（3）裂缝测量

裂缝测量主要包括测定开裂荷载和位置、描述裂缝的发展和分布、确定裂缝的宽度和深度等。开裂荷载测量的关键是及时发现第一条裂缝，因此，事先应估计裂缝可能出现的区段。

确定开裂荷载实测值主要有如下方法：

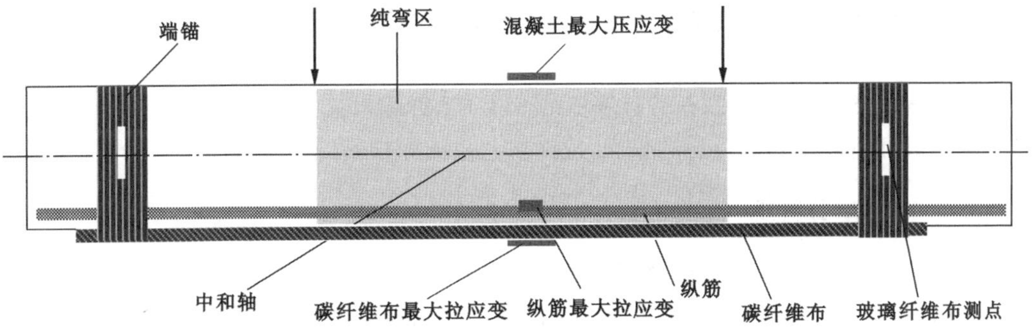

图 4.4　梁截面上的应变测点布置示意图

① 放大镜观察法

用放大倍率不低于四倍的放大镜观察裂缝的出现。当在加载过程中第一次出现裂缝时，应取前一级荷载值作为开裂荷载实测值；当在规定的荷载持续时间内第一次出现裂缝时，应取本级荷载值与前一级荷载值的平均值作为开裂荷载实测值；当在规定的荷载持续时间结束后第一次出现裂缝时，应取本级荷载值作为开裂荷载实测值。

② 荷载-挠度曲线判别法

测定试验结构或构件的最大挠度，取其荷载-挠度曲线上斜率首次发生突变时的荷载值作为开裂荷载实测值。

③ 连续布置应变片法

在截面受拉区最外层表面，沿受力主筋方向在拉应力最大区段的全长范围内连续布置应变片，监测应变值的发展，取任一应变片的应变增量有突变时的荷载值作为开裂荷载实测值。

描述裂缝的发展和分布，可以在梁出现裂缝的旁边用墨笔标出，当试验完成时，可以获得裂缝的分布。最大的裂缝宽度的测量，可选三条目测最大的裂缝并利用裂缝宽度观测仪进行测量。

4.3.5　试验安全措施

为了应对试验过程中可能出现的危险，制定安全与防护的技术措施如下：

① 试验前对试验人员进行安全交底。

② 试验时为了防止试验梁倒塌，应设置安全支墩，安全支墩和试验梁保持 10 cm 的距离，不得妨碍试验结构构件的变形，如图 4.5 所示。

图 4.5　试验安全措施

③ 试验加载用的千斤顶、荷载传感器和分配梁等利用铁丝吊在反力架上，防止意外掉落砸伤试验人员。

④ 当荷载达到承载力极限荷载计算值的85%时，拆除可能损坏的百分表，对于被保留下来测量结构破坏阶段的结构反应的仪表，应采取有效的保护措施。

4.3.6 试验准备阶段

结构试验准备阶段主要包括：将试验设计阶段确定的试件按要求制作、安装就位；对加载设备和测试仪器进行调试、安装就位；进行材性试验等内容。试验准备阶段的工作质量直接影响到试验结果的准确程度，切勿低估准备阶段的重要性。

4.3.6.1 构件制作

构件制作中受拉纵筋上需要粘贴钢筋应变片，为保证粘贴质量，粘贴应变片前用打磨机将需要粘贴应变片的钢筋表面磨平。为防止混凝土制作时可能产生的应变片失效，采用氯丁胶作防水软胶，然后用J39胶将玻璃布缠绕在应变片上作保护层，如图4.6所示。

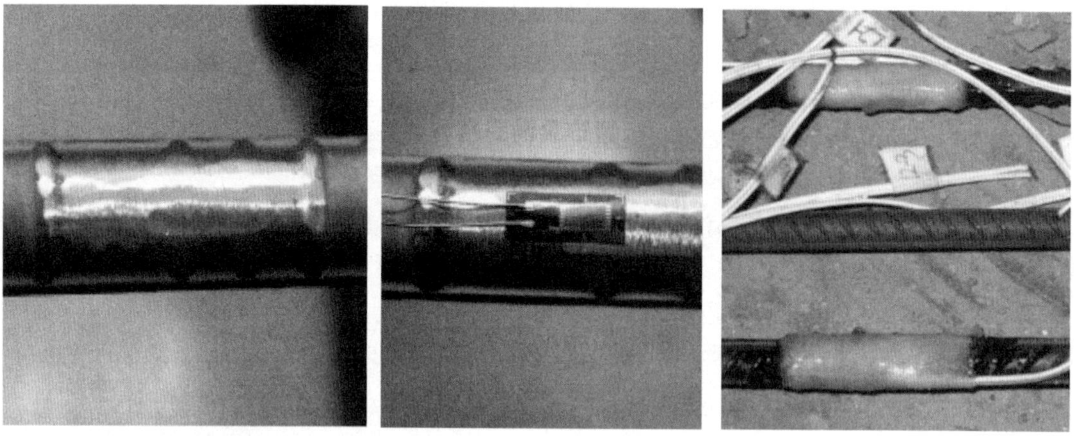

图4.6 钢筋应变片粘贴

完成钢筋笼绑扎后，进行支模，浇筑混凝土(注意保护层控制)。本例中制作混凝土采用的水泥为425#普通硅酸盐水泥，细骨料为普通中砂，粗骨料为细碎石，混凝土按一定的配合比制作，采用钢模作为模板，机械搅拌、机械振捣。标准养护后，粘贴碳纤维布。为使碳纤维布能与混凝土良好地进行协调工作，需要对梁底混凝土表面进行处理，用打磨机去除2～3 mm表面浮灰及疏松部分，并打磨平整。由于需要粘贴玻璃纤维U形箍来加强梁的端部锚固，因此要在梁底部转角处做倒角处理，将角部砍去15 mm×15 mm，用打磨机打磨成较光滑的圆弧状。表面打磨后，用吸尘器将表面粉尘彻底清除。表面有凹陷处，用黏结胶拌和水泥进行修补找平。

粘贴碳纤维布时，先用丙酮擦洗表面去除油脂，将调配好的胶均匀涂抹需粘贴部位的表面，再把已裁好的布敷在上面，用滚筒沿纤维方向多次滚压，使胶充分浸透到碳纤维布中，并使其平整、无气泡。多层粘贴时，应保证上一层纤维表面干燥后再进行下一层的粘贴，最后在表层碳纤维布表面再均匀涂抹一层黏结胶。

为了便于裂缝的观测，对试件侧面进行刷白处理。刷白干燥后，完成混凝土、碳纤维布、锚固箍(玻璃纤维布)应变片的粘贴工作，如图4.7所示。

图 4.7　梁端部锚固箍(玻璃纤维布)应变片粘贴

4.3.6.2　构件安装和加载及测试设备调试

试件安装就位、调平,注意控制加载分配梁和混凝土梁支座的位置。本次试验的梁长 2 m,净跨 1.8 m,且仅需测定梁跨中最大挠度 f_{max},因此采用如图 4.8 所示的布置方案,在梁两端支座中心处及梁底部跨中位置布置百分表,测量试件的跨中挠度。

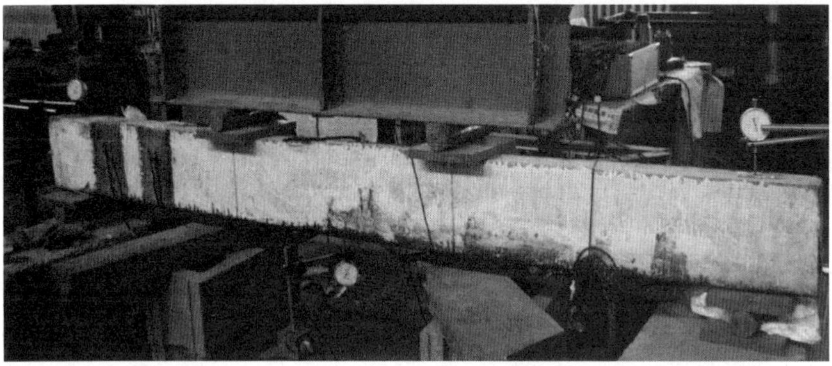

图 4.8　梁的挠度测点布置

安装千斤顶、压力传感器,连接数据采集仪,用铁丝将千斤顶、压力传感器固定在反力架上,试验加载及测试设备安装如图 4.9 所示。安装完成后对整个工作系统进行初步调试,一切正常后准备进行试验。

图 4.9　试验加载及测试设备安装

4.3.6.3 材性试验

结构材料的力学性能指标是结构计算的依据，试验中荷载分级、承载力的估算、试验后数据处理与分析都需要材料的力学性能指标。因此，正式试验前需要测定材料的力学性能。本试验中需要测定的材性有：碳纤维布的抗拉强度、混凝土的抗压强度和钢筋的抗拉强度。

4.3.7 试验实施阶段

按试验设计和试验准备阶段确定的加载制度对试件进行加载，加载和观测记录的全过程称为试验实施阶段。

4.3.7.1 加载

加载是整个试验过程的中心环节，应按规定的加载顺序和测量顺序进行。重要的测量数据应在试验过程中随时整理分析，与事先估算的数值进行比较，发现有异常情况时应查明原因或故障，把问题弄清楚后才能继续加载。

4.3.7.2 观测与记录

在试验过程中，结构所反映的外观变化现象是分析结构性能的重要资料，混凝土结构裂缝的出现和发展，特别是结构破坏过程中的试验现象都应有专门人员作详尽记录及描述。

试件破坏后要对破坏部位拍照并测绘裂缝简图，特别要注意的是试验测量数据的记录，数据经记录人员签名后都要作为原始数据存档，不得随便涂改。

本例试验进行中共有5名人员参加，1名负责千斤顶加载，1名负责记录试验现象、1名负责数据采集仪采集数据并做初步分析，1名负责读取3个百分表的读数（表4.1）、1名负责观测和记录裂缝的开展和对应荷载，裂缝记录如图4.10所示。

表4.1 本例试验中百分表数据记录结果

荷载(kN)	表1	表2	表3
0	190	470	191
5	190	474	191
8	190	497	191
11	188	519	190
14	187	552	188
16	185	586	187
18	183	640	185
20	181	686	183
22	179	738	181
25	177	790	179
28	174	845	176
31	174	894	174
34	173	948	173
37	172	1004	172
…			

图 4.10　某试件裂缝分布及发展记录(局部)

4.3.8　测量数据整理与分析

试验的原始资料包括:① 试验对象的考察与检查;② 材料的力学性能试验结果;③ 试验计划与方案及实施过程中的一切变动情况记录;④ 测读数据记录及裂缝图;⑤ 试验异常情况的记录;⑥ 破坏形态的说明及图例照片等。

试验原始资料包含着丰富的结构工作信息,但这些原始数据往往不能直接说明试验的结果或解答试验所提出的问题,需要将原始数据经过整理换算、分析及归纳后,才能得到能反映结构性能的数据、公式、图表等,才能找出结构的工作规律,才能对结构的工作性能进行评定,这样的过程就是数据整理与分析。

4.3.9　试验结果表达

4.3.9.1　表格方式

表格是最基本的数据表达方法,表格分为汇总表格和关系表格两大类。汇总表格把试验结果中的主要内容或某些数据汇集于一张表中,起摘要和结论的作用,行与行、列与列之间没有必然的联系,本次试验的结果汇总见表 4.2。关系表格是把相互有关系的数据按照一定的格式列于表中,表中行与行、列与列之间存在着一定的关系,其作用是使有一定关系的若干变量的数据更加清楚地表示出变量之间的关系与规律。表格的形式不拘一格,重点在于完整、清楚地显示数据内容。

表 4.2　本次试验结果汇总表

试件编号	混凝土强度	开裂荷载(kN)	极限荷载(kN)	跨中钢筋应变($\mu\varepsilon$)	纤维最大应变($\mu\varepsilon$)	混凝土压应变($\mu\varepsilon$)
1	C35	10.79	74.63	11020	13255	−3215
2	C35	10.64	70.93	9857	11424	−2975
3	C35	10.57	78.19	8606	14668	−3267
4	C30	9.30	60.36	9027	13077	−2850
5	C30	7.78	58.46	10544	14988	−2935
6	C30	7.86	59.23	8912	13698	−3156
…						

4.3.9.2　图形方式

表格的表达性不强，试验数据常用图形方式进行表达，结构试验中较常用的有曲线图、直方图、散点分布图和形态图等。

（1）曲线图

对于定性分析和整体分析来说，曲线图是最合适的表达方法，它可以直观表达数据的最大值、最小值、数据走势和转折等。试验中常用的曲线图包括：荷载-变形曲线、荷载-应力曲线、荷载-应变曲线和截面应变分布曲线等。根据图 4.4 所示的测点布置可以绘制相应曲线图，本次试验中试件荷载-应变曲线如图 4.11 所示。

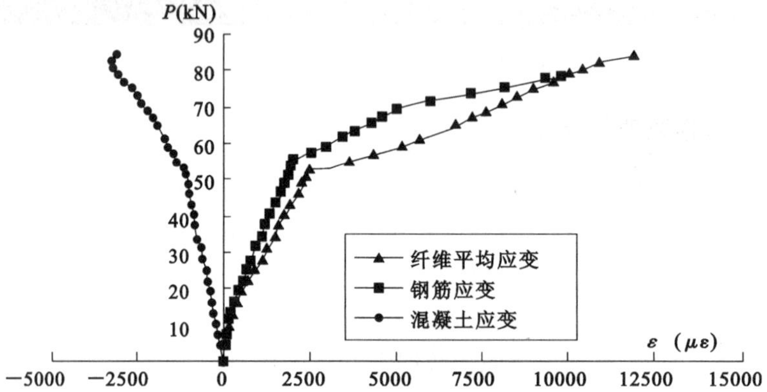

图 4.11　试件荷载-应变曲线

（2）形态图

试验过程中，在构件上绘制裂缝的开展过程并标注出现裂缝的荷载值，直到破坏，待试验结束后用相机或坐标纸按比例描绘记录。混凝土结构裂缝情况、钢结构屈曲失稳状态、结构变形及破坏状态常采用形态图进行表示。本例试验的裂缝分布如图 4.12 所示。

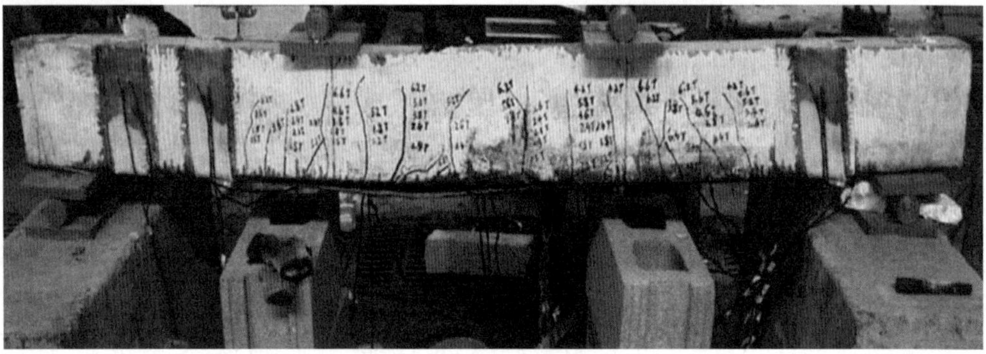

图 4.12　试件裂缝分布图

4.4　结构静载试验案例分析——受压构件

柱子是最常见的受压构件（其受压包括轴心受压和偏心受压两种情况），在建筑结构中主要承受竖向压力。下面以碳纤维布环向约束混凝土中长柱稳定承载力研究为例，讲解受压构件试验时的注意事项。为了便于分析讲解，与 4.3 节相同的内容不再叙述。

4.4.1 试件设计

影响碳纤维布约束混凝土轴压中长柱稳定承载力的因素包括：长细比、碳纤维布包裹层数、柱截面形状、混凝土强度、截面配筋率、钢筋强度等级和构件两端约束情况等诸多因素。考虑到试验的工作量，假定仅选用长细比、截面形状作为可变参数，其他参数均相同（包裹一层碳纤维布，混凝土强度等级 C30，两端铰接），试件截面尺寸及配筋如图 4.13 所示。

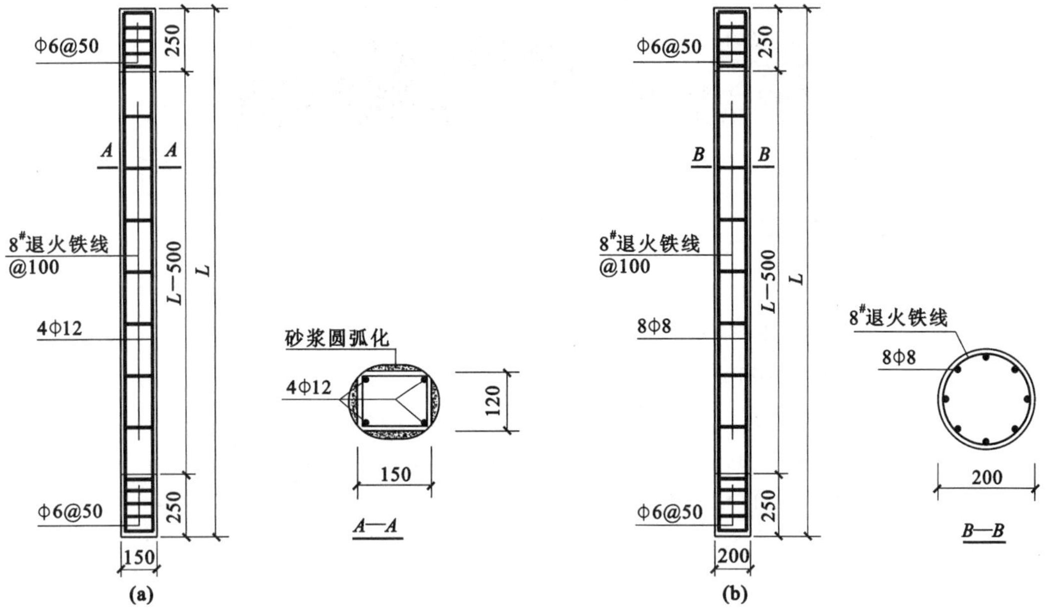

图 4.13 试件截面尺寸及配筋示意图

4.4.2 试验装置及加载方案

4.4.2.1 试验装置

试验利用结构实验室的 5000 kN 长柱液压试验机加载，为保证柱上下两端铰接，在构件两端放置球铰，试验装置如图 4.14 所示。如果进行偏压试验，则需要采用刀铰进行加载，如图 2.28所示。

4.4.2.2 加载方案

首先进行静态电阻应变仪的调试工作，然后由实验室吊车将试件吊在长柱试验机上就位，应变片导线与仪器和设备连接，柱端调平，柱垂直度校正，进行几何和物理对中，待正常运行后开始试验。试验中由于中长柱会发生整体失稳破坏，具有一定的危险性，为防止柱突然失稳倒塌对设备和人员造成伤害，试验中用较粗木方做成防护栏，以保证人员和设备的安全，如图 4.14所示。试验开始时首先进行预加载，并采集柱高 1/2 处纵向应变值进行对比，直至竖向对称位置上的应变值和百分表读数换算值相差不大于 10%时为止。正式加载时，加载采用分级加载制度，荷载在达到 $0.6N_u$（N_u 为相应对比试件按混凝土结构设计规范预估的极限承载力）前，每级按 $0.2N_u$ 值进行加载，超过 $0.6N_u$ 后，每级按 $0.1N_u$ 进行加载，每级荷载持载 10 min，在柱接近极限承载力时将所加荷载级别进一步缩小为 $0.05N_u$，在接近极限承载力时，由于柱侧向变形不断增大，采用应变采集仪进行连续采集。

图 4.14　试验加载装置图

4.4.3　试验观测方案

4.4.3.1　测量内容

试验过程中需测量的内容有：

① 竖向极限承载力，用长柱液压试验机测量；

② 柱混凝土纵向压应变，用应变片和百分表联合进行测量；

③ 柱高 1/2 处截面侧向挠度，用百分表测量；

④ 碳纤维布纤维环向拉应变，用应变片测量；

⑤ 钢筋应变，用应变片测量。

4.4.3.2　测点布置

试验测点布置如图 4.15 和图 4.16 所示，共设有 7 块百分表、8 个应变片。其中为测量约束混凝土纵向压应变，在柱高 1/2 截面处竖向对称粘贴 4 个长标距应变片，同时在柱高 1/2 截面处碳纤维布包裹区段内竖向对称布置 4 块百分表，测量标距长 350 mm，用于对纵向长标距应变片测量结果进行校核。为测量碳纤维布纤维环向拉应变，在碳纤维布表面沿环向粘贴 4 个

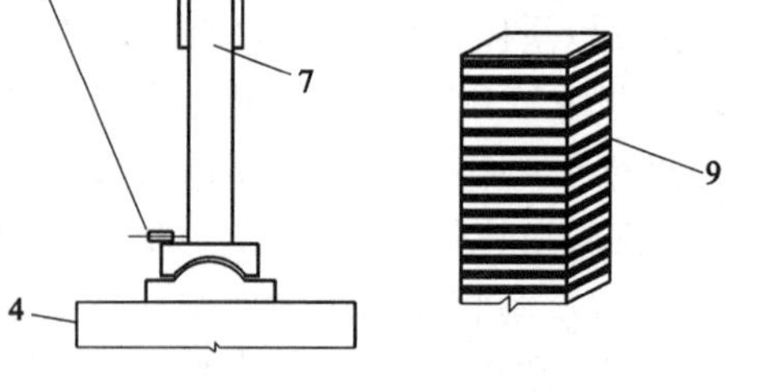

图 4.15　试验测点布置示意图

1,4—压力机；2,8—球铰；3—位移计；5—百分表；6—应变片；7,9—试件

图 4.16 试验测点布置图

长标距应变片。每根钢筋在柱高 1/2 截面处埋置 2 个钢筋应变片，沿柱高布置 3 块百分表，测定柱侧向挠度。

4.4.4 试验结果表达

4.4.4.1 试验破坏现象描述

(1) 普通混凝土柱

① 当长细比不大于 10 时，在开始加载阶段，混凝土和钢筋都处于弹性工作阶段，钢筋和混凝土的应力基本上按弹性模量的比值进行分配。随着荷载的增加，柱跨中附近开始出现细微纵向裂缝，在临近破坏荷载时，柱四周出现明显的纵向裂缝，箍筋间纵筋压屈，向外凸出，出现腰鼓，混凝土被压碎，跨中侧向挠度小，初始偏心距对柱承载力的影响并不明显，核心混凝土出现剪切破坏现象。

② 当长细比大于 10 时，初始偏心距的存在(由材料本身的不均匀性、试验加载对中误差等原因产生)导致柱在加载初期就开始产生跨中侧向挠度。破坏时，首先在凹侧出现纵向裂缝，随后混凝土被压碎，纵筋压屈向外凸出，凸侧混凝土出现垂直纵轴方向的横向裂缝，侧向挠度迅速增大。

(2) 碳纤维布约束混凝土柱

① 当长细比不大于 10 时，混凝土柱达到极限承载力破坏时，碳纤维布在柱中部区段较宽的范围内被拉断，柱的极限承载力和纵向、环向应变同时达到最大值，说明碳纤维布充分发挥了作用，极限承载力和极限变形相对于未约束混凝土柱均得到了较大幅度的提高。

② 当长细比大于 10 时，柱在加载初期就开始产生侧向挠度，挠度随荷载增加呈线性增大，当荷载加至极限承载力 70%左右时，柱挠度随荷载增加开始偏离线性关系，当荷载将要达到极限承载力时，柱的侧向挠度急剧增大，如图 4.17 所示。破坏时构件截面受压较大侧只有很少几束碳纤维布纤维丝被拉断，大部分均未发生断裂，柱的竖向和环向应变均较小，表明碳纤维布未充分发挥作用，不同长细比的柱子整体破坏如图 4.18 所示。

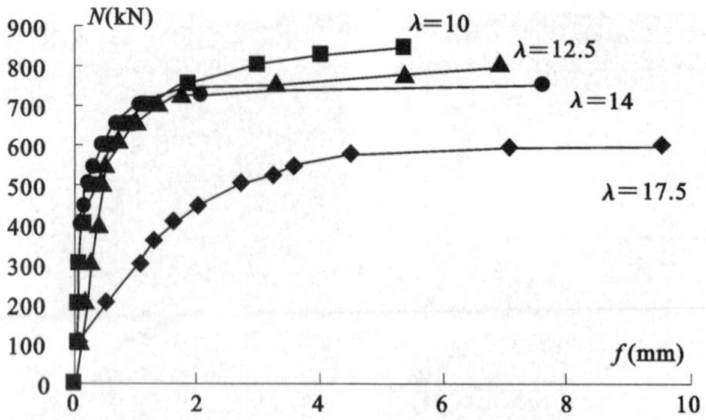

图 4.17　椭圆形截面柱不同长细比下的荷载-跨中侧移曲线

图 4.18　混凝土中长柱破坏图

(a) 长细比 $\lambda=5$ 普通混凝土柱；(b) 长细比 $\lambda=5$ 碳纤维约束普通混凝土柱；
(c) 长细比 $\lambda=10$ 普通混凝土柱；(d) 长细比 $\lambda=10$ 碳纤维约束普通混凝土柱

4.4.4.2　试验结果汇总表

试验结果汇总如表 4.3 所示。

表 4.3　试验结果汇总表

试件编号	极限荷载（kN）	跨中挠度（mm）	碳纤维环向最大应变（$\mu\varepsilon$）	混凝土最大压应变（$\mu\varepsilon$）	混凝土平均压应变（$\mu\varepsilon$）
Y-C30-0C-3-1	675	—	—	2962	2663
Y-C30-1C-3-2	1214	—	10845	11826	9463
Y-C30-0C-5-3	665	—	—	2853	2594
Y-C30-1C-5-4	1194	—	7423	9828	9046
Y-C30-0C-8-5	699	0.65	—	2897	2412
Y-C30-1C-8-6	1200	1.36	7986	8728	8149
Y-C30-0C-10-7	660	0.89	—	2932	2112
…					

4.4.4.3 试验结果绘图

由图 4.19 可看出，对于相同的长细比，与普通钢筋混凝土柱相比，碳纤维布约束钢筋混凝土柱可以大幅度提高柱子的承载力，但随柱子长细比的增大，提高幅度逐渐降低。

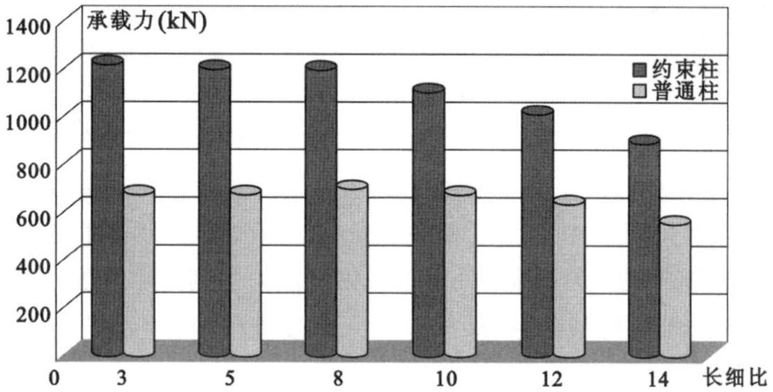

图 4.19 圆形截面柱承载力对比

4.5 结构性能评定

试验完成后，对结构的承载力、刚度、抗裂性、裂缝宽度等进行评定，给出评定结论，也是对试验数据进行整理的一项工作。对于鉴定性试验，需要按照相关设计规范的要求对结构进行评定，看其是否满足规范的要求；对于研究性试验，应对理论分析结果进行评定，看其与试验结果的吻合程度如何。

由于试验研究的任务和目的不同、各种结构设计规范的不同，试验结果的评定也有所不同。

4.5.1 结构承载力评定

4.5.1.1 鉴定性试验

当按设计规范进行检验时，结构构件的承载力检验系数实测值应按下式计算：

$$\gamma_u^0 = \frac{S_u^0}{S} \tag{4.1}$$

式中 γ_u^0——结构构件的承载力检验系数实测值；

S_u^0——结构构件达到破坏荷载时的内力实测值；

S——荷载效应组合的设计值。

要求 γ_u^0 满足：

$$\gamma_u^0 \geqslant \gamma_0[\gamma_u] \tag{4.2}$$

式中 γ_0——结构重要性系数，安全等级为一级、二级、三级时，γ_0 分别取 1.1、1.0、0.9；

$[\gamma_u]$——构件承载力检验系数允许值，按《预制混凝土构件质量检验标准》(DB11/T 968—2013)取用。

当设计要求按照实配钢筋的构件承载力进行检验时，应满足下式：

$$\gamma_u^0 \geqslant \gamma_0\eta[\gamma_u] \tag{4.3}$$

式中　η——构件承载力检验修正系数，$\eta=\dfrac{R(f_c,f_s,A_s^0,\cdots)}{\gamma_0 S}$，$R(f_c,f_s,A_s^0,\cdots)$是根据实配钢筋面积 A_s^0 确定的构件承载力值。

4.5.1.2　研究性试验

结构构件达到破坏荷载时的内力计算值应根据材料的实测强度、构件实测的几何参数进行计算。

《混凝土结构试验方法标准》(GB/T 50152—2012)中规定：对试验结构构件进行承载力试验时，在加载或持载过程中出现下列标志之一即认为该结构已达到或超过承载能力极限状态。

(1) 结构构件受力情况为轴心受拉、偏心受拉、受弯、大偏心受压时，其标志如下：

① 对有明显物理流限的热轧钢筋，其受拉主钢筋应力达到屈服强度，受拉应变达到0.01；对无明显物理流限的钢筋，其受拉主钢筋的受拉应变达到0.01；

② 受拉主钢筋拉断；

③ 受拉主钢筋处最大垂直裂缝宽度达到1.5 mm；

④ 挠度达到跨度的1/50(对悬臂结构，挠度达到悬臂长的1/25)；

⑤ 受压区混凝土压坏。

(2) 结构构件受力情况为轴心受压或小偏心受压时，其标志是混凝土受压破坏。

(3) 结构构件受力情况为受剪时，其标志如下：

① 斜裂缝端部受压区混凝土剪压破坏；

② 沿斜截面混凝土斜向受压破坏；

③ 沿斜截面撕裂形成斜拉破坏；

④ 箍筋或弯起钢筋与斜裂缝交会处的斜裂缝宽度达到1.5 mm。

当在加载过程中出现上述标志之一时，应取前一级荷载值作为结构构件的极限荷载实测值；当在规定的荷载持续时间内出现上述标志之一时，应取本级荷载值与前一级荷载值的平均值作为极限荷载实测值。

4.5.2　结构挠度评定

对于鉴定性试验，应满足下式要求：

$$a_s^0 \leqslant [a_s] \tag{4.4}$$

式中　a_s^0，$[a_s]$——正常使用极限状态下，构件的短期挠度实测值和短期挠度允许值。

对于混凝土结构：

$$[a_s]=\frac{Q_s}{Q_l(\theta-1)+Q_s}[f] \tag{4.5}$$

或

$$[a_s]=\frac{M_s}{M_l(\theta-1)+M_s}[f] \tag{4.6}$$

式中　Q_s，Q_l——荷载短期效应组合值、长期效应组合值；

M_s，M_l——按荷载短期效应组合值、长期效应组合值计算的弯矩；

θ——考虑荷载长期效应组合对挠度增大的影响系数，按《混凝土结构设计规范》取用；

$[f]$——挠度允许值。

对于研究性试验，比较计算挠度与实测挠度的符合程度。

4.5.3 结构抗裂性评定

正常使用极限状态不允许出现裂缝的混凝土构件，构件抗裂性应符合下式要求：

$$\gamma_{cr}^{0} \geqslant [\gamma_{cr}] \tag{4.7}$$

式中 γ_{cr}^{0}，$[\gamma_{cr}]$——构件抗裂检验系数实测值、构件抗裂检验系数允许值。

4.5.4 结构裂缝宽度评定

正常使用极限状态允许出现裂缝的混凝土构件，构件的裂缝宽度应符合下式要求：

$$w_{s,max}^{0} \leqslant [w_{s,max}] \tag{4.8}$$

式中 $w_{s,max}^{0}$，$[w_{s,max}]$——构件最大裂缝宽度实测值、构件最大裂缝宽度允许值。

本章小结

本章以案例讲解的形式系统地介绍了结构静载试验的全过程。学习本章后，应熟悉基本构件单调静力加载试验的各个环节，重点掌握试件加载设计、观测设计、数据处理和性能评定等内容。

思考题

(1) 建筑结构静力试验的目的和意义是什么？

(2) 什么是单调静力荷载试验？试简述单调静力荷载试验的加载程序。

(3) 静力试验正式加载前，为什么需要对结构进行预载试验？预载时应注意什么问题？

(4) 试说明钢筋混凝土受弯试验的主要测量项目。

(5) 混凝土裂缝观测的常用方法有哪些？

(6) 对结构或构件进行内力和变形测量时，对测点的选择和布置有哪些要求？

5 结构动力试验

5.1 概　　述

建筑结构在使用过程中，除了承受静载作用外，还常常承受各种动荷载的作用，如风荷载、地震作用、动力设备对工业建筑的作用、冲击及爆炸荷载等。动荷载除了增大结构受力外，还会引起结构的振动，甚至会引起结构发生疲劳、共振破坏。为了确定动荷载的特性、结构的动力特性、结构的动力反应以及结构的疲劳特性等，常常需要进行结构动力试验。动力与静力试验明显的区别在于荷载随时间连续变化、结构反应与自身动力特性相关。

5.2 结构动荷载特性试验

在对建筑结构进行动力分析、隔振设计或动力响应分析时，需要掌握动荷载的特性。动荷载的特性包括作用力、方向、频率和阻尼等参数。

在研究风荷载、地震作用、工业建筑内的设备动力响应时，需要确定振源的大小和作用规律，这些振源虽然可以根据统计值进行动力荷载特性计算，但有时实际动力特性与统计值有较大的差距，用计算方法往往不能获得振源的实际动力特性，因此，需要借助试验的方法进行确定。

对于动荷载特性的测定，可以采用直接测定法、间接测定法和比较测定法等。

(1) 直接测定法

直接测定法是指在测量对象上直接安装传感器，通过传感器的反应来测定动荷载的各项参数。这种方法简单可靠，并且随着现代测量技术的不断发展，各种传感器性能的逐步完善和提高，应用范围变得愈来愈广。

(2) 间接测定法

间接测定法是把要测定动力的设备安装在有足够弹性变形的专用结构上，例如带刚性支座的钢梁。弹性梁的刚度和跨度必须避免与设备发生共振，以保证所测结果的准确度。

(3) 比较测定法

若振源是可以开启、停止的，可以采用比较测定法。先开动振源，记录结构的振动情况，再开动激振器逐渐调节其频率和作用力的大小，使结构产生同样振动。由于激振器的作用力和频率已知，这样可求得振源的特性。

5.3 结构动力特性试验

结构动力特性是结构本身固有的动态参数，包括固有频率、振型和阻尼系数等，它们取决于结构的组成形式、刚度、质量分布、材料形式等，与外荷载无关。结构的动力特性是进行结构抗震计算、解决结构共振问题的基本依据。常用的结构动力特性试验方法有自由振动法、共振法和脉动法等。

5.3.1 自由振动法

自由振动法是使结构产生一初位移或初速度，然后释放使其产生自由振动，通过记录仪获得有衰减的自由振动时程曲线(图 5.1)，由此可以利用动力学知识求出结构的基本频率和阻尼系数。

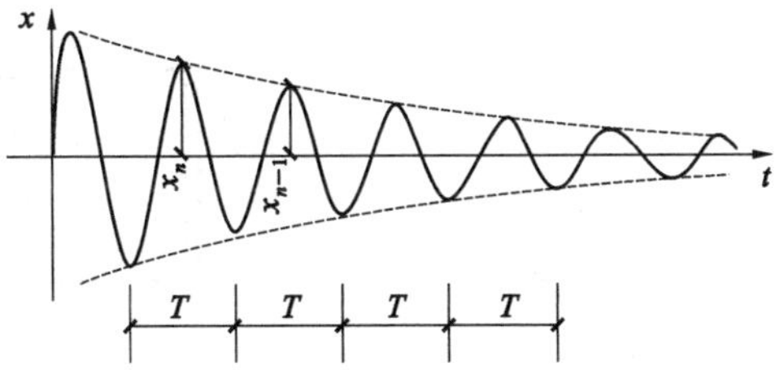

图 5.1 自由振动时程曲线

如果时程曲线上在 t 时间内包含若干个完整波形时，频率为：

$$f=\frac{1}{T}\quad(\mathrm{Hz})\tag{5.1}$$

由动力学可知，结构自由振动时，n 时刻的位移：

$$x_n=A\mathrm{e}^{-\xi\omega t_n}\tag{5.2}$$

式中 x_n——n 时刻的振动位移；

A——振幅；

ξ——阻尼比；

ω——被测振动的圆频率。

$n+1$ 时刻的位移：

$$x_{n+1}=A\mathrm{e}^{-\xi\omega t_{n+1}}\tag{5.3}$$

则有：

$$\frac{x_n}{x_{n+1}}=\frac{A\mathrm{e}^{-\xi\omega t_n}}{A\mathrm{e}^{-\xi\omega t_{n+1}}}=\mathrm{e}^{-\xi\omega(t_n-t_{n+1})}=\mathrm{e}^{\xi\omega T}\tag{5.4}$$

两边取自然对数，则有：

$$\ln\frac{x_n}{x_{n+1}}=\ln\mathrm{e}^{\xi\omega T}=\xi\omega T=\xi\omega\frac{2\pi}{\omega'}\approx2\pi\xi\tag{5.5}$$

阻尼比：

$$\xi=\frac{1}{2\pi}\ln\frac{x_n}{x_{n+1}}\tag{5.6}$$

阻尼系数：

$$c=2m\omega\xi\tag{5.7}$$

为了提高计算的精度，实际阻尼比计算时取 k 个周期的衰减进行计算：

$$\xi=\frac{1}{2\pi k}\ln\frac{x_n}{x_{n+k}}\tag{5.8}$$

对于实际测试曲线无零线的情形：

$$\xi=2\times\frac{1}{2\pi k}\ln\frac{x_n}{x_{n+k}}=\frac{1}{\pi k}\ln\frac{x_n}{x_{n+k}}\tag{5.9}$$

结构产生自由振动的办法较多，通常可采用突加荷载法和突然卸载法。突加荷载法也称初速度加载法，原理是利用锤击或落重物的方法使结构在瞬间受到冲击，产生一个初速度，使结构产生振动。突然卸载法也称初位移加载法，如图 5.2(a)所示在结构上拉一钢丝绳，使结构产生人为的初始位移，然后突然释放，使结构在静力平衡位置附近做自由振动。对于结构小模型可采用图 5.2(b)的方法，通过悬挂的重物对模型施加水平拉力，剪断钢丝绳产生突然卸载，使结构产生振动。这种方法的好处在于结构自振时荷载已不存在，重物本身对结构不会产生附加影响。利用自由振动法一般只能获得结构的基本频率及其阻尼。

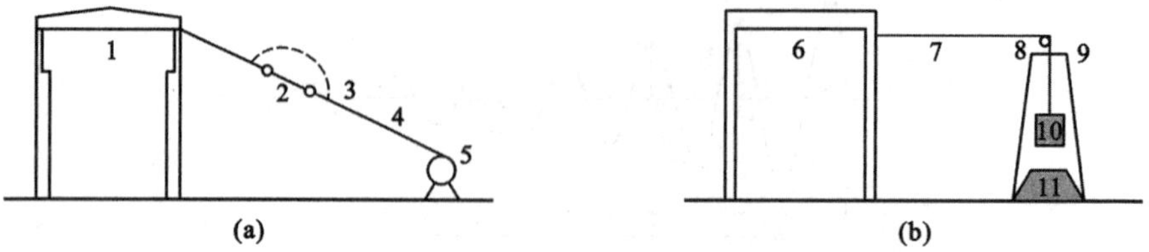

图 5.2 用突然卸载法对结构施加冲击力荷载

1—结构物；2—钢拉杆；3—保护索；4—钢丝绳；5—铰车；6—模型；7—钢丝；8—滑轮；9—支架；10—重物；11—减振垫层

5.3.2 共振法

共振法采用能够产生稳态简谐振动的起振机或激振器作为振源，使结构产生强迫简谐振动，借助对结构受迫振动的测定，求得结构动力特性的基本参数。

实验时，把激振器安装在结构的适当位置，加大激振器输出力量，可以迫使结构产生周期性强迫振动。当干扰力的频率与结构本身自振频率相等时，结构就会出现共振。因此，通过改变激振器的频率，可促使结构产生共振反应，记录共振时共振曲线(图 5.3)和振型曲线(图 5.4)，通过曲线分析，可以获得结构的自振频率和振型阻尼比。

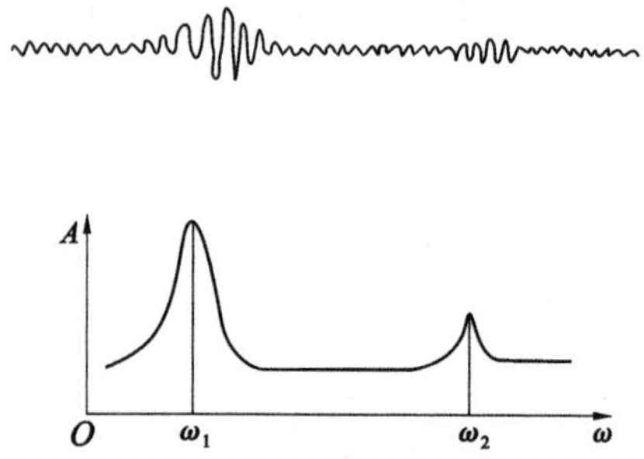

图 5.3 共振时的振动图形和共振曲线

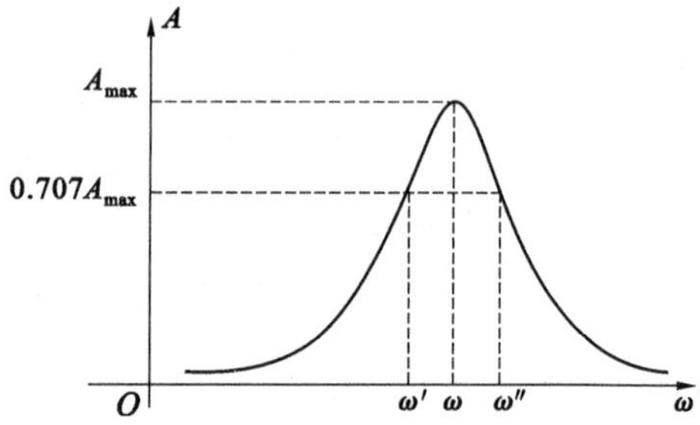

图 5.4 由共振曲线求阻尼系数和阻尼比

对于多层工程结构，其自振频率不是一个而有多个。对于一般的动力问题，确定其最低的基本频率 ω_1 是最重要的。若需要确定结构的第二阶频率、第三阶频率，可连续改变激振器的频率，迫使结构发生多次共振，从而得到结构相应的各阶频率。一般的激振器难以获得三阶以上的频率。

图 5.3 为对建筑物进行频率扫描试验时所得到的时间历程曲线。在共振频率附近逐渐调节激振器的频率，同时记录结构的振幅，就可作出频率-振幅关系曲线(共振曲线)。曲线上峰值所对应的频率值即为结构的自振频率。

从共振曲线上可以得到结构的阻尼系数，在图 5.4 中，在纵坐标 $0.707A_{max}$ 处画出一条水平线与共振曲线相交，交点对应的频率为 ω'、ω''，则可求得该阶频率阻尼比为：

$$\xi = \frac{\omega' - \omega''}{2\omega} \tag{5.10}$$

用共振法也可以测定结构的振型。所谓振型，是指结构在某一频率下做振动时形成的弹性曲线。对应基频、第二频率、第三频率的振型分别称为第一振型、第二振型、第三振型等。将若干个测振传感器沿结构的高度或跨度方向连续布置（至少 5 个），当结构自由振动或共振时，同时记录下结构各部位的振动情况，通过比较各点的振幅和相位，并将各测点同一时刻的位移值连接成一条曲线，即可绘出该频率的振型图。图 5.5 为用共振法测量某建筑结构振型的具体情况。绘制振型曲线时，要规定位移的正负值。在图 5.5 上规定，顶层的测振传感器（拾振器）1 的位置为正，与它相位相同的均为正，反之为负。将各点的振幅按一定的比例和正负值画在图上形成振型曲线。

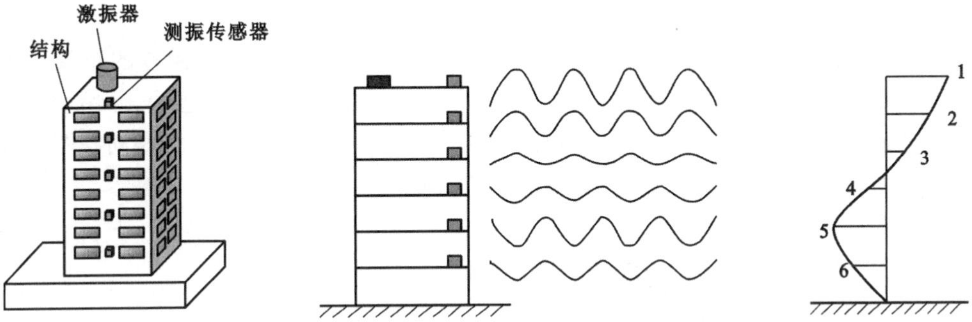

图 5.5　用共振法测建筑物振型

5.3.3　脉动法

建筑物由于受外界干扰而处于微小而不规则的振动中。通过测量建筑物的脉动反应波形来确定建筑物的动力特性，俗称脉动试验。当采用高灵敏度的传感器，借助放大记录设备，由数据采集仪采集时，可以清楚地观测和记录这种振动信号。由于环境引起的振动是随机的，因而又把这种方法称为环境随机激励法。

利用环境激励测量建筑物的响应，分析确定建筑结构的动力特性是一种简便而有效的测量方法。这种方法的优点是：测量中可以不用任何激振设备，对建筑物没有任何损伤，不影响建筑物的正常使用，在自然环境条件下，即可测量建筑结构的响应，经过数据分析确定其动力特性。该方法适用于测量整体结构的动力特性，是目前现场动力特性测试中广泛应用的一种方法。

5.4　结构动力反应试验

在实际工程中，经常需要对动荷载作用下结构产生的动力反应进行测定，包括测定结构在实际工作时的动力参数（振幅、频率、速度、加速度）、动应变、动位移等。结构动力反应试验与动荷载特性试验和结构动力特性试验的不同之处在于：动荷载特性试验测定的对象是产生动荷载的振源；结构动力特性试验测定的是结构自身的动力特性；结构动力反应试验测试的是动荷载和结构相互作用下结构产生的响应。例如工业厂房在动力机械作用下的振动、汽车荷载作用下桥梁的振动、风荷载作用下高耸结构的风振、冲击及爆炸荷载作用下结构的反应等，这些都与动荷载和结构动力特性有关。测定结构在动荷载作用下的动力效应，是确定结构是否安全的重要依据。

5.4.1 动应变测量

动应变测量是指测量结构在动力荷载作用下的动应变，确定动荷载在结构中引起的动应力，从而对结构强度进行验算。一般采用动态电阻应变仪配合高速记录仪（磁带记录仪或计算机）测量记录动态应变。采用的电桥及应变片与静态试验基本相同，测量时需要注意的基本要求有：① 选用疲劳寿命长的应变片；② 选用小标距应变片用以进行高频测量；③ 连接应变片的导线捆扎成束，消除电容；④ 仪器的工作频率范围大于被测动应变信号频率；⑤ 若测试时间较长，试验前后要对仪器进行标定。

5.4.2 动位移测量

在结构控制断面或在有特殊生产工艺要求的位置布置位移测点时，测点的布置原则与静挠度测量的布置原则相同，测量动挠度的传感器可以选用电阻应变式传感器，采用动态应变仪进行测量和记录。电阻应变式传感器的数据处理与应变转换和动应力测量相同。图 5.6 所示为一桥梁在动荷载作用下的动应变和动挠度测量布置。

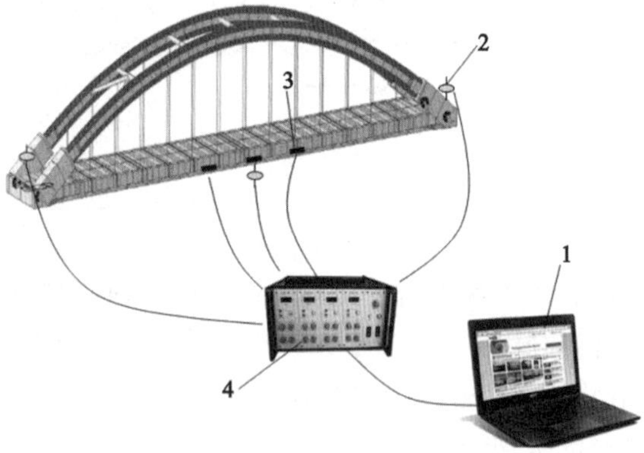

图 5.6　桥梁动应变和动挠度测量示意图

1—计算机；2—位移计；3—应变计；4—动态数据采集仪

5.4.3 动力系数测量

承受移动荷载的结构如桥梁、吊车梁等，试验检测时常常需要确定其动力系数，以判定结构的工作情况。移动荷载作用于结构上所产生的动挠度，往往比静荷载作用时产生的挠度大。动挠度和静挠度的比值称为动力系数。

结构动力系数一般用试验方法实测确定。为了求得动力系数，先使移动荷载以最慢的速度驶过结构，测得最大静挠度 y_j，如图 5.7(a)所示，然后使移动荷载按某种速度驶过，这时结构产生最大动挠度 y_d 如图 5.7(b)所示。利用最大静挠度 y_j 和最大动挠度 y_d，即可求得动力系数。

$$1+\mu=\frac{y_d}{y_j} \tag{5.11}$$

上述方法只适用于一些有轨的动荷载，对无轨的动荷载（如汽车）不可能使两次行驶的路线完全相同。这时可以采取一次高速行驶测试，记录图形如图 5.7(c)所示。取曲线最大值为 y_d，同时在曲线上绘出中线，相应于 y_d 处中线的纵坐标即为 y_j，按式(5.11)即可求得动力系数。

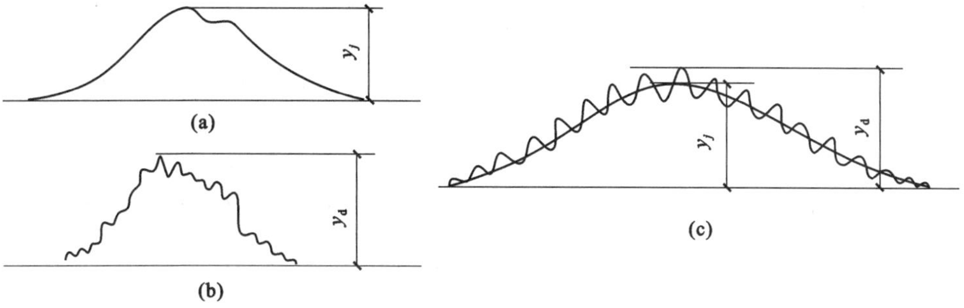

图 5.7　动力系数测量示意图

5.5　结构风洞试验

风对人类造成的灾害，有相当一部分是通过对构筑物的破坏而产生的。仅就建筑物而言，人类在挑战高度和跨度的实践中取得了显著的成就，但在这一过程中失败或事故时有发生，事实上，也正是这些失败或事故反过来促使人们进行进一步的创新研究。

在对风荷载进行研究的早期，风对结构的作用一直仅被当作静力作用来处理，直到 1940 年美国塔科马海峡大桥（Tacoma Narrow Bridge）发生风振坍塌后人们才开始逐步研究并认识风对结构的动力作用。塔科马海峡大桥倒塌前后对比如图 5.8 所示。

图 5.8　塔科马海峡大桥风毁前后对比图

20 世纪 50 年代开始，结构风洞试验开始成为结构抗风设计和检验的重要手段。我国的风工程研究起步较晚，20 世纪 70 年代初开始对实际高层建筑物进行风压观测，从 1984 年北京大学建成了我国首座风洞以来，国内众多科研院所陆续建成了二十几个风洞实验室，经过近三十年的努力，我国的抗风试验技术和风工程研究水平已进入与世界同步的轨道。国内比较著名的土木工程风洞实验室有同济大学风洞实验室、湖南大学风洞实验室、哈尔滨工业大学风洞与波浪模拟实验室和汕头大学风洞实验室等。

风荷载是建筑结构设计荷载之一，对于超高层建筑、大跨度结构和高耸结构而言，风荷载是主要的作用，例如在结构抗风设计时需要知道结构的体型系数和风振系数，但仅依靠荷载规范，往往很难得到精确数值。在实际中，常采用风洞试验来准确获得体型复杂结构的体型系数和风振系数。

我国《高层建筑混凝土结构技术规程》(JGJ 3—2010)中 4.2.8 条规定，房屋高度大于 200 m 或有下列情况之一时，宜进行风洞试验确定建筑物的风荷载：① 平面形状不规则，立面形状复杂；② 立面开洞或连体建筑；③ 周围地形和环境较复杂。

确定风荷载的方法主要有风洞试验、现场实测和数值模拟等，风洞试验是目前较为准确、可靠且应用最为广泛的研究方法。

风洞是指一个按一定要求设计的、具有动力装置的、用于各种气动力试验的可控气流管道系统。虽然实际风洞有多种多样的形式，以适应不同的研究要求，但是从流动方式来看，总体上可划分为两个基本类型，即开口直流式风洞(图 5.9、图 5.10)和闭口回流式风洞(图 5.11、图 5.12)。而从风洞试验段的构造来看，又有封闭式和敞开式之分。封闭式试验段以矩形断面最为常见，是由顶板、底板、两侧板面围成的与四周隔离的封闭试验空间。敞开式试验段四周没有隔离板，试验空间与外界相通。对于使用外支式天平的敞开式试验段，为了避免风直接吹到天平而造成测试结果不准确，一般在天平和模型之间设置一块底板。由于底板的壁面效应，这种敞开式试验段的流场比较符合地面交通工具的实际情况。相对于航空风洞来说，用于土木工程结构的风洞一般都是风速较低的低速风洞，并且通常采用封闭式试验段。为了能在风洞中对建筑结构所处的大气边界层风场进行合理的模拟，其试验段长度一般较长，因此，通常被称为边界层风洞。

风洞是进行试验的主要设备，除此以外，进行试验还需要风速、风压、气动力等测量设备。风洞试验的设计及实施是一项十分复杂的系统工程，更多关于结构抗风试验的知识，可以查阅张相庭、孙天风和朱乐东等作者的相关书籍和讲义。

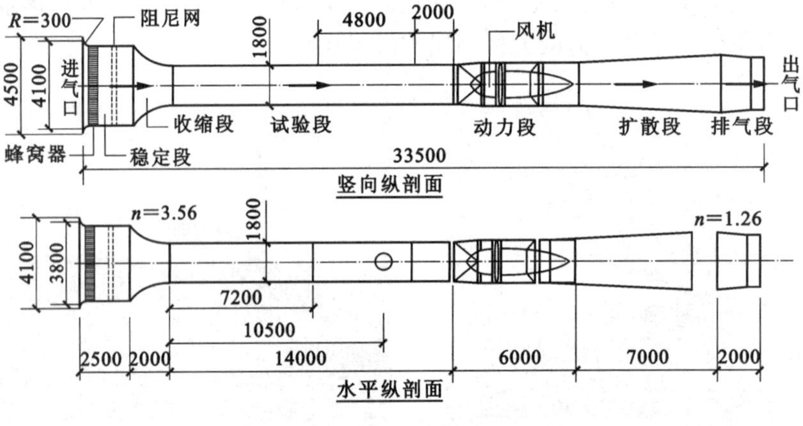

图 5.9 典型开口直流边界层风洞示意图(同济大学 TJ-1 风洞)(尺寸单位：mm)

图 5.10 中国建筑科学研究院直流式风洞

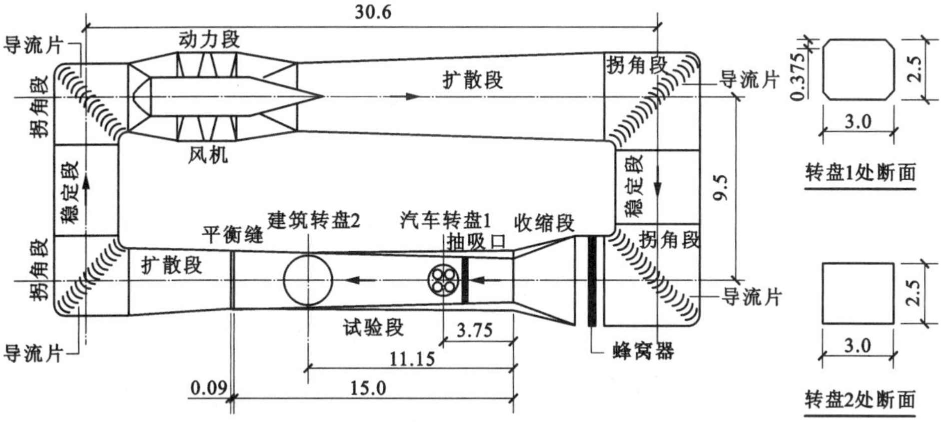

图 5.11　典型水平布置闭口回流边界层风洞示意图(同济大学 TJ-2 风洞)(尺寸单位:m)

图 5.12　回流式风洞安装现场

本 章 小 结

本章系统地介绍了结构动荷载特性试验、结构动力特性试验、结构动力反应试验以及结构风洞试验等内容。学习本章后,应重点掌握测定结构固有频率、阻尼、振型的基本方法和结构动应变、动位移的测量方法。

思 考 题

(1) 结构动荷载特性的测定有哪些方法?
(2) 结构动力特性有哪些? 如何测定?
(3) 采用自由振动法如何测得结构的自振频率和阻尼比?
(4) 如何测定结构的振型?
(5) 结构的动力试验包括哪些内容?
(6) 结构动力系数的概念是什么? 如何测定?
(7) 如何测量结构的动应变和动挠度?
(8) 什么叫风洞试验? 风洞试验的作用是什么? 风洞的类型有哪些?

6 结构抗震试验

6.1 概　　述

6.1.1 结构抗震试验的任务

地震是一种自然现象，中国是一个多地震国家，每一次大的地震都会造成大量的人员伤亡和财产损失，如表 6.1 所示。

表 6.1 中国典型地震损失统计

名称	时间	震级	人员伤亡	房屋损失	经济损失
唐山地震	1976 年	7.8 级	死亡 24.2 万人 重伤 16.4 万人	倒塌 530 万间	100 亿元
汶川地震	2008 年	8.0 级	死亡 6.9 万人 重伤 3.7 万人	倒塌 795 万间 损坏 2418 万间	8451 亿元

地震工程研究的内容十分广泛，跟建筑结构相关的有地震超前预报和结构抗震等，如图 6.1所示。鉴于地壳运动的复杂性以及目前人类对于地球深部了解的程度，地震超前预报仍非常困难，要想降低地震中的伤亡人数和财物损失，唯一的途径就是进行建筑结构抗震设计。我国现行的《建筑抗震设计规范(附条文说明)(2016 年版)》(GB 50011—2010)中明确要求建筑结构应具备“小震不坏、中震可修、大震不倒”的抗震能力。对于如何提高建筑物的抗震性能，除了在地震过后进行现场调查、吸取国内外多次大地震恢复重建的经验以外，只能借助于进行结构抗震试验，因此此项试验非常重要，责任重大。结构抗震试验就是利用现有的试验手段，研究结构或构件的抗震能力，具体任务包括：

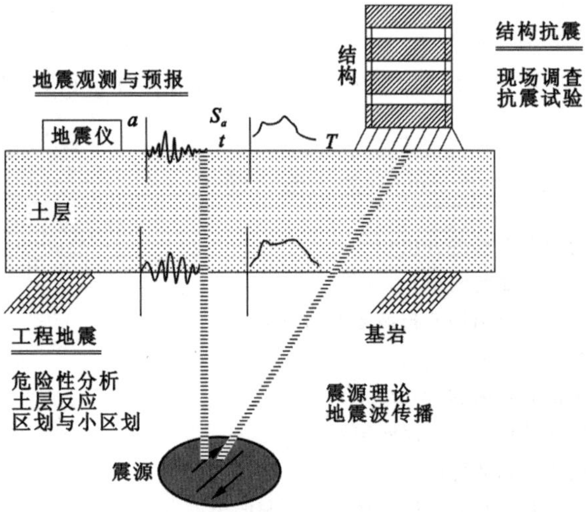

图 6.1 地震工程主要研究内容示意图

(1) 研究新型建筑材料的抗震性能,为材料推广提供依据;

(2) 研究新型结构的抗震能力,提出新型结构的抗震设计方法;

(3) 对实际结构模型进行抗震研究,验证结构的抗震性能;

(4) 获取大量结构抗震试验数据,为制定和修订抗震设计规范提供科学依据。

6.1.2 结构抗震试验的分类

结构抗震试验分类如图 6.2 所示。本章仅对实验室试验进行介绍。

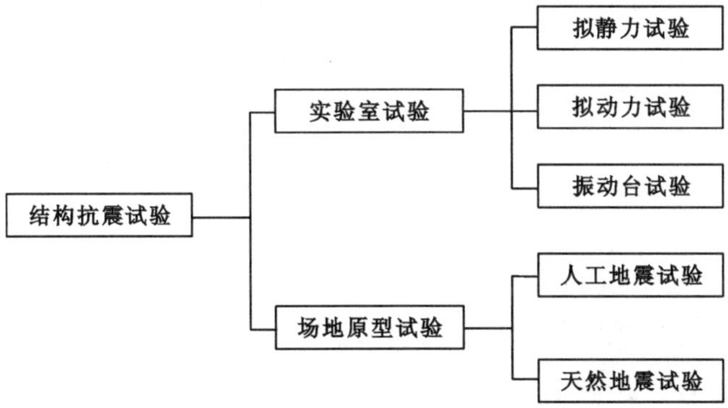

图 6.2 结构抗震试验分类

(1) 低周反复加载试验

该试验方法是假定在第一振型条件下,对试验结构施加低周反复循环荷载或位移,由于低周反复加载时每一加载的周期远远大于结构自身的基本周期,实质上还是用静力加载方法来近似模拟地震作用,因此称为低周反复静力加载试验,俗称伪静力或拟静力试验。

由于受到设备和试验条件的限制,国内外大量的结构抗震试验都是采用低周反复加载的试验方法。低周反复加载静力试验的优势在于:由于试验进程较慢,在试验进行中随时可以停下来观察结构的裂缝开展和破坏情况,并且可以根据试件破坏发展状况改变原定加载历程。劣势在于:由于试验的加载历程是事先由试验人员主观确定的,荷载是按位移或作用力对称反复施加的,因此与任何一次确定性的非线性地震反应相差很远,另外由于加载周期长,不能反映出应变速率对结构的影响。

(2) 拟动力试验

拟动力试验是一种联机试验,通过计算机控制加载模拟地震过程。拟动力试验方法最早于 1969 年由日本学者 M. Hakuno 等人提出,是一种在静力试验台上实时模拟地震动力反应的试验。

拟动力试验的加载过程是静力的,但它与拟静力试验存在本质的区别,简单来说,拟静力试验每一步的加载目标(作用力或位移)是已知的,而拟动力试验每一步的加载目标是由上一步的测量结果和计算结果通过递推公式得到的,这种递推公式基于的是被试验结构的离散动力方程,因而试验结果代表了结构的真实地震反应,这也是拟动力试验和拟静力试验的不同之处。

拟动力加载方法的优势在于:有利于分析结构弹塑性阶段的受力性能,可以进行大比例尺试件的抗震试验。劣势在于:不能反映实际地震作用时材料应变速率的影响,试验只能通过几个加载器进行加载，不能完全模拟地震作用时结构实际受力分布。

拟动力试验可用于研究结构的恢复力特性，结构的加速度反应、位移反应，以及结构的开裂、屈服和破坏过程。

与拟静力试验系统相比，拟动力试验系统的动载频率一般可达 5～20 Hz，静力或拟静力试验系统的频率一般不超过 1 Hz。

(3) 地震模拟振动台试验

地震模拟振动台模拟天然地震记录，通过振动台台面对试验对象输入地面运动，使试验结构经历类似于天然地震的作用，从而再现结构在地震作用下的全过程。地震模拟振动台试验可以再现结构开裂、破坏全过程，能反映应变速率的影响。振动台的局限性在于一般的振动台台面尺寸都比较小，只能进行模型试验，且比例尺较小，容易产生尺寸效应，试验费用很高。

6.2 低周反复加载试验

低周反复加载试验适用于混凝土结构、钢结构、砌体结构、组合结构的构件及节点的抗震基本性能试验，以及结构模型或原型在低周反复荷载作用下的抗震性能试验。

6.2.1 低周反复加载试验的加载制度

6.2.1.1 单向反复加载制度

单向反复加载制度常用的有位移控制加载、作用力控制加载以及作用力-位移混合控制加载三种加载方法。

(1) 位移控制加载

位移控制加载法是结构抗震恢复力特性试验中使用最为普遍的一种加载方法。这种加载方法在加载过程中以屈服位移的倍数作为加载的控制值。这里位移的概念是广义的，它可以是线位移，也可以是转角、曲率或应变等相应的参数。

当试验对象具有明确的屈服点时，一般都以屈服位移的倍数为控制值。当构件不具有明确的屈服点(如轴力大的柱子)或干脆无屈服点时(如无筋砌体)，往往需要研究人员主观制定一个认为恰当的位移值来控制试验加载。

根据控制位移值规律的不同，位移控制加载法又可分为变幅加载、等幅加载和变幅等幅混合加载三种。

① 变幅加载

位移控制的变幅加载如图 6.3(a)所示。图中纵坐标是位移值或延性系数 μ，横坐标为反复加载的周次。这种加载制度每加载一周后，都会增加位移的幅值。当对一个构件的性能不太了解，作为探索性的研究或者在确定恢复力模型的时候，多用变幅加载来研究构件的强度、变形和耗能。

② 等幅加载

位移控制的等幅加载如图 6.3(b)所示。这种加载制度在整个加载试验过程中始终按照等幅位移施加荷载，主要用于研究结构或构件的刚度退化规律和强度降低率。

③ 变幅等幅混合加载

变幅等幅混合加载是将变幅、等幅两种加载制度结合起来运用，如图 6.3(c)所示，可以综合地研究构件的性能，其中包括等幅加载法的强度和刚度变化，以及变幅加载时，特别是大变形增长情况下强度和耗能能力的变化。采用这种加载制度时，等幅部分的循环次数应随研究对象和要求的不同而异，一般可选 3～6 次。

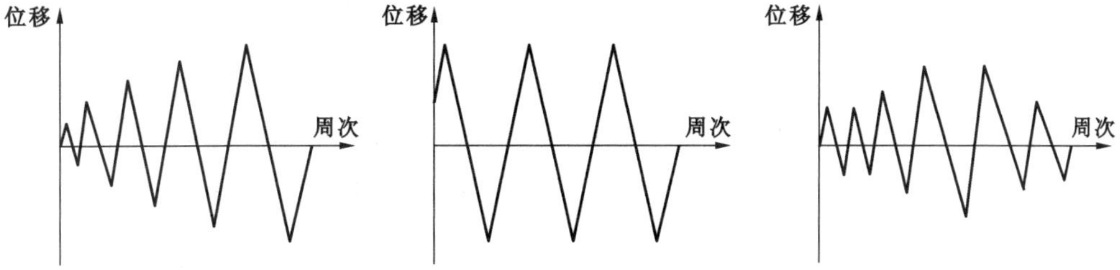

图 6.3　位移控制加载制度

(a) 变幅加载；(b) 等幅加载；(c) 变幅等幅混合加载

(2) 作用力控制加载

作用力控制加载法是通过控制施加于结构或构件上的作用力数值的变化来实现低周反复加载的要求。它与位移控制加载方法不同，位移控制加载法可以直观地根据试验对象屈服位移的倍数来研究结构的恢复特性。

(3) 作用力-位移混合控制加载

作用力-位移混合控制加载法是在试验中先控制作用力后控制位移的加载方法。用作用力控制法加载时，并不考虑实际位移是多少，由初始设定的控制力值开始加载，逐级增加控制力，经过结构开裂阶段后，一直加到试件屈服，再用位移控制加载，直到结构破坏。

《混凝土结构试验方法标准》(GB/T 50152—2012)中对于低周反复加载试验的加载方法和加载程序要求应根据结构构件特点和试验研究目的确定，并应符合下列规定：

① 试验时应首先施加轴向荷载，并在施加反复试验荷载时保持轴向荷载值稳定；反复试验荷载的加载程序宜采用荷载-变形双控制加载法；在结构构件达到屈服荷载前，宜采用荷载(或应力)控制；在结构构件达到屈服荷载后，宜采用变形(应变)控制。

② 在结构构件的荷载达到屈服荷载前，宜取屈服荷载值的 0.5 倍、0.75 倍和 1.0 倍作为回载控制点；在结构构件的荷载达到屈服荷载后，宜取屈服变形的倍数点作为回载控制点。

③ 反复加载次数应根据试验目的确定。一般情况下，每一级控制荷载或控制变形下的反复加载次数宜取为 3 次。若在某一级控制荷载下结构构件的残余变形很小，则可在该级控制荷载下进行一次反复加载；当研究承载力退化率时，在相应的某一位移延性系数下进行反复加载次数不宜少于 5 次；当研究刚度退化率时，在选定的荷载作用下进行反复加载次数不宜少于 5 次；试验中应保证反复加载过程的连续性，每次循环时间宜一致。

《建筑抗震试验规程》(JGJ/T 101—2015)尚有如下注意事项：

① 正式试验前，应先进行预加反复荷载试验 2 次；混凝土结构预加载值不宜超过开裂荷载计算值的 30%；砌体结构不宜超过开裂荷载计算值的 20%。

② 正式试验时的加载方法应根据结构的特点和试验目的确定。宜先施加结构预计开裂荷载的 40%～60%，并重复 2～3 次，再逐步加至 100%。

③ 试验过程中，应保持反复加载的连续性和均匀性，加载或卸载的速度宜一致。

④ 当进行承载能力和破坏特征试验时，应加载至试件极限荷载下降段；对混凝土结构试件，下降值应控制到最大荷载的 85%。

6.2.1.2　双向反复加载制度

为了研究地震作用对试验结构的空间组合效应，克服试验结构在采用单方向（平面内）加载时，不考虑另一方向（平面外）地震作用对结构影响造成的局限性，可在 x、y 两个主轴方向同时施加低周反复荷载。对于框架柱的空间受力情况，框架梁柱节点在两个主轴方向所在平面内采用梁端加载方案施加反复荷载试验，均可采用双向同步或非同步的加载制度。

（1）x、y 轴双向同步加载

与单向反复加载制度相同，低周反复荷载在与构件截面主轴成 α 角的方向进行斜向加载，使 x、y 两个主轴方向的荷载分量同步作用。双向同步加载同样可以采用位移控制加载法、作用力控制加载法或作用力-位移混合控制加载法。

（2）x、y 轴双向非同步加载

双向非同步加载是在构件截面的 x、y 两主轴方向分别施加低周反复荷载。由于 x、y 两个方向可以不同步地先后或交替加载，因此，它可以有如图 6.4 所示的各种不同加载方案。图 6.4(a)所示的是在 x 轴方向不施加荷载，y 轴方向施加反复荷载。如果情况相反，就是前文所述单向加载模式。图 6.4(b)所示的是在 x 轴方向施加一定荷载后保持恒载，在 y 轴方向施加反复荷载。图 6.4(c)所示的是在 x、y 轴方向先后施加反复荷载。图 6.4(d)所示的是在 x、y 两轴方向交替施加反复荷载。此外，还有图 6.4(e)所示的 8 字形加载制度以及图 6.4(f)所示的方形加载制度等。

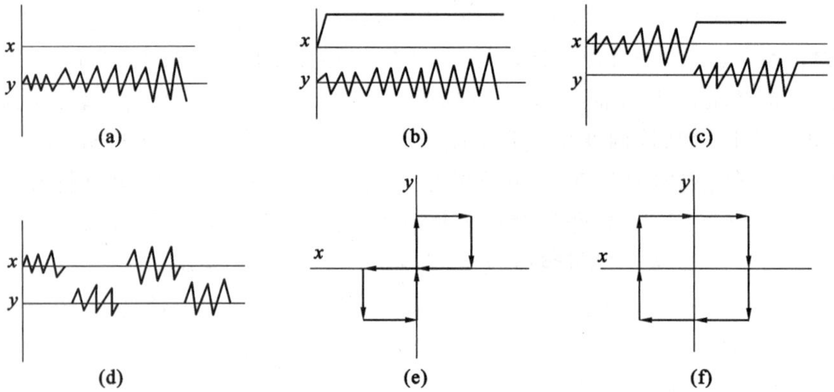

图 6.4　双向低周反复加载制度

6.2.2　低周反复加载试验的加载装置

拟静力试验加载装置多采用反力墙或专用抗侧力构架组成的低周反复荷载试验装置。加载设备主要有推拉千斤顶和电液伺服作动器等。加载设备和试验装置应根据结构或构件产生的荷载效应和变形条件来控制。根据试验结构构件的类型，加载装置有所不同。

6.2.2.1　墙体试验加载装置

砖砌体房屋是建筑结构的主要形式之一，2008 年汶川地震震后调查结果表明，砌体结构的抗震性能相对较差。砖或砌块墙体作为地震作用的主要承受构件，地震时往往首先发生破坏，进而引起整栋建筑的倒塌。因此，墙体的抗震试验研究对于改进抗震设计方法、提高砖砌体房屋的抗震性能均有重要的意义。

砖及砌块墙体抗震试验中，墙体同时承受竖向荷载及水平地震作用，试验常常需要测定墙体的抗侧力强度和变形等有关参数，绘制滞回特性曲线，研究墙体的恢复力特性，进行非线性分析。砌体结构的墙体试体与原型的比例不宜小于原型的1/4。

墙体低周反复加载试验中典型的试验加载装置是固定端平移式试验装置，这个装置最早是由日本建设省建筑研究所设计并使用，所以现在也常称之为日本建研式试验装置。装置为了模拟墙体实际受力情况与边界条件，试验中只允许墙体顶部产生水平位移而不允许产生转动，如图6.5、图6.6所示。装置主要由底座、水平反力装置、竖向反力架、液压千斤顶、L形横梁和四连杆机构等部分组成。

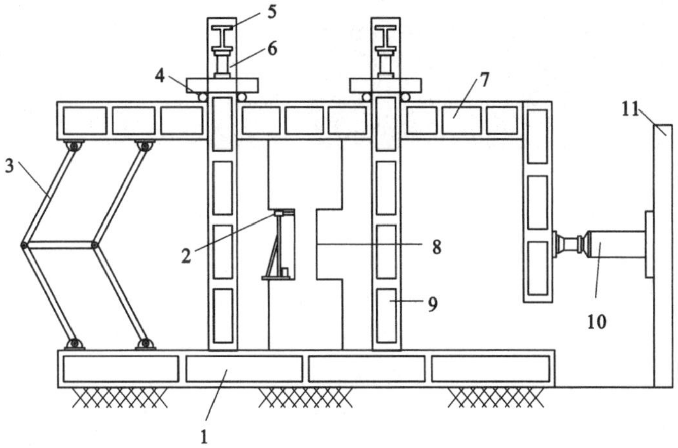

图6.5　固定端平移式试验装置示意图

1—底座；2—位移传感器；3—四连杆机构；4—滚轴；5—反力梁；6—液压千斤顶；7—L形横梁；8—试件；9—竖向反力架；10—电液伺服作动器；11—水平反力装置

图6.6　实验室中的固定端平移式试验装置

图6.7所示为某配筋砌体剪力墙抗震性能研究。试件安装就位后，墙体上下端利用螺栓与L形横梁和底座大梁牢固相连，墙体的竖向荷载利用竖向反力架、液压千斤顶通过L形横梁施加在墙体上端，保证墙体在水平荷载作用下产生位移的过程中，竖向荷载的大小和位置不发生变化，水平荷载通过安装在水平反力装置（反力墙或水平反力架）上的电液伺服作动器或推拉千斤顶进行施加，如图6.7(a)所示。图6.7(b)所示是试件破坏后的情况，墙体破坏的明

显特征是具有交叉型裂缝。

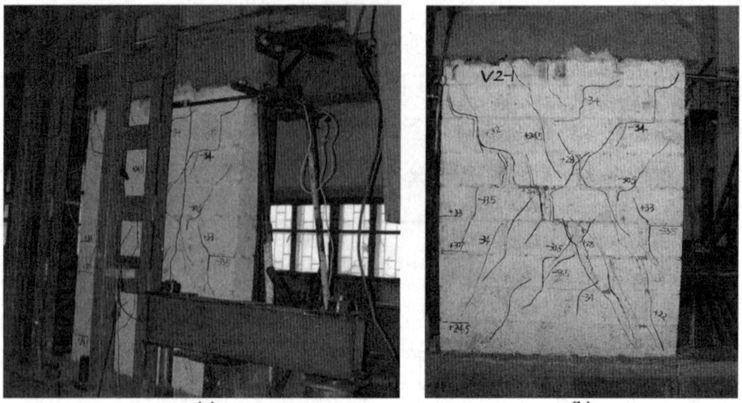

(a)　　　　　　　　(b)

图 6.7　配筋砌体剪力墙抗震性能研究

(a) 试验加载；(b) 试件破坏图

墙体进行试验时，竖向荷载通过试件上部的压梁[图 6.7(b)试件上部混凝土梁]均匀地作用在墙体上，竖向荷载往往一次加到试验设计控制值并保持恒定不变。

水平往复荷载，在弹性阶段即墙体开裂以前采用荷载控制，为了便于及时发现墙体开裂并确定开裂荷载，荷载的分级应尽可能小一点，通常取极限荷载的 1/10～1/5，墙体开裂后按位移进行控制。由于砖、砌块墙体没有明显的屈服点，因此位移的控制标准由试验人员按研究要求加以确定。在进行低周反复加载试验时，要求每级荷载反复循环的次数取决于研究目的。

按位移控制进行加载时，试验应进行到骨架曲线出现下降段，至少应加载到荷载值下降为极限荷载值的 85%时，方可停止试验。

6.2.2.2　*框架节点试验加载装置*

随着建筑科学技术的不断发展，新型结构形式不断涌现，结构中节点性能直接影响了整个体系性能的好坏。目前对于一些新型节点的认识，主要是通过低周反复加载试验来实现。试验中节点形状的选取跟结构形式有关，这里以框架结构为例，进行相关讲解。

对于框架节点试验，试件主要受轴力、弯矩和剪力的作用，这样的复合应力使节点部分发生复杂的变形，其中主要以剪切变形为主，导致节点部分由于剪力作用而发生剪切破坏。为了探求节点的刚度和强度，使其应力状态能充分反映，避免在试验中梁柱部分先于节点发生破坏，在试件设计时必须先对梁柱部分进行加固，以便整个试验能达到预期效果。在进行图 6.8(a)所示水平荷载作用下框架结构内力分析时，中柱节点一般取成十字形，节点两侧梁柱的长度一般均取 1/2 梁跨和 1/2 柱高，如图 6.8(c)所示，边柱节点可采用 T 形试件，如图 6.8(b)所示。

由于框架结构是超静定结构，因此在梁柱节点的试件及选择试验加载装置时应特别注意边界条件的模拟。在实际结构中，当横向荷载作用时，节点上端柱反弯点可视为可以水平移动的铰，节点下端柱可视为固定铰，节点两侧梁的反弯点均可视为可水平移动的铰，这种边界条件比较符合实际受力情况。试验中如果要模拟这种边界条件，加载设备和支座装置较为复杂，为了使加载装置简便，往往采用梁端施加反向对称荷载，这时的边界条件是上、下柱反弯点均为不动铰，梁两侧反弯点则为自由端。

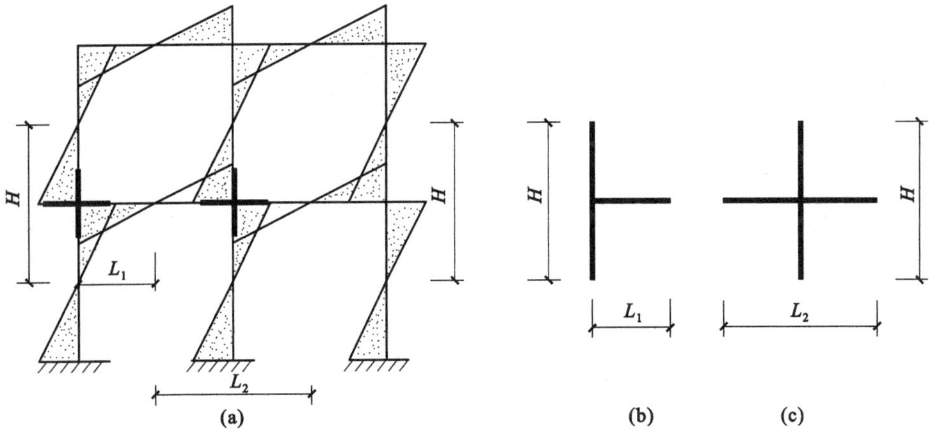

图 6.8　框架结构节点试件形式

(a) 水平荷载作用下框架结构内力；(b) T形节点；(c)十字形节点

典型的框架节点加载装置如图 6.9 所示，装置主要由反力台座、竖向反力架和液压加载器等组成。

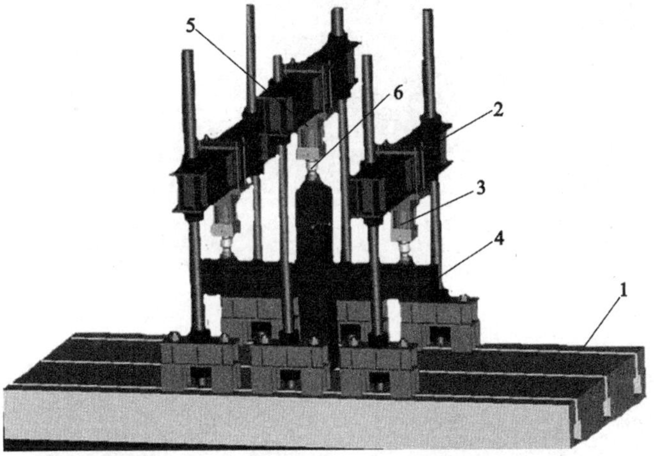

图 6.9　典型的框架节点试验加载装置示意图

1—反力台座；2—竖向反力架；3—拉压液压加载器；4—试件；5—液压加载器；6—铰

试验时，节点试件安装在荷载反力架内，柱的上下端都安装有铰支座，柱顶自由端通过液压加载器施加恒定的竖向荷载。梁两端用四个单向液压加载器或两个拉压液压加载器(图 6.9)施加同步反向对称低周反复荷载。

梁端反向对称加载将在柱顶产生水平推力，上柱自由端与反力架之间设有球铰装置，保证水平推力的形成，水平推力数值可由测力传感器进行测量。

【例 6.1】　钢筋混凝土框架节点拟静力试验

2011 年 11 月，中国建筑学会建筑结构抗倒塌专业委员会组织举办了钢筋混凝土框架节点拟静力试验分析竞赛，清华大学基于前期发布的三层钢筋混凝土框架试验模型，完成了一个边柱节点和一个中柱节点的拟静力试验(图 6.10、图 6.11)，并向社会公布了试验的柱端竖向轴压力和梁端位移数据，邀请结构工程领域抗震研究者利用软件或自编程序参与预测梁端竖向力-位移滞回曲线。

图 6.10　混凝土框架边柱节点试验图

图 6.11　混凝土框架中柱节点试验图

【例 6.2】 钢框架结构半刚性节点试验加载装置(图 6.12、图 6.13)

图 6.12　钢框架半刚性节点试验加载装置图(实验室现场)

(a)　　(b)

图 6.13　钢框架半刚性节点试验

(a) T 形节点;(b) 十字形节点

为了能够真实反映框架结构节点受地震作用时的实际受力特点，也可以采用专门设置的几何可变框式试验加载架进行加载，如图 6.14 所示。

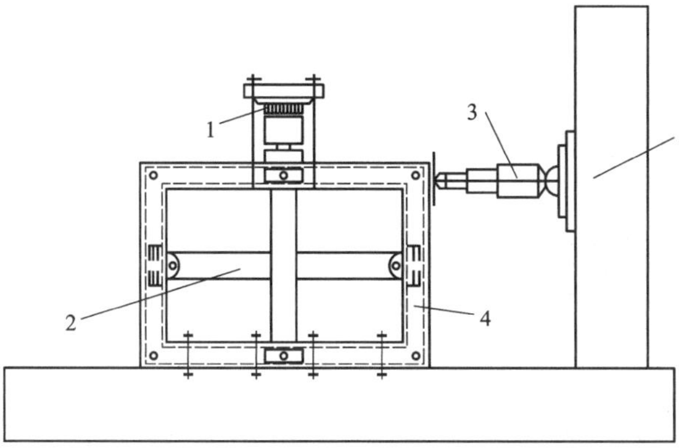

图 6.14　框架梁柱节点试件柱端加载试验装置示意图

1—竖向加载装置；2—试件；3—水平荷载加载器；4—几何可变框式试验架；5—水平反力装置

6.2.3　低周反复加载试验的观测方案

拟静力试验测量内容可根据试验研究的目的确定，不同试验结构或构件有不同的测量内容，以框架梁柱节点为例，通常需要测量的项目有：荷载及支座反力，荷载-变形曲线，塑性铰区段曲率或转角，节点核心区剪切角，梁柱纵筋、节点表面混凝土应力，节点核心区箍筋应力，梁内纵向钢筋滑移和裂缝等，常规测点布置如图 6.15 所示。

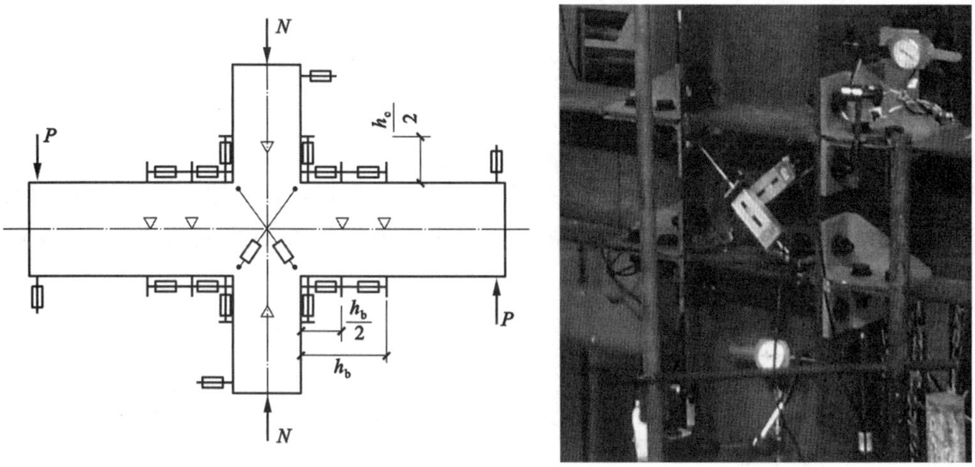

图 6.15　钢框架半刚性节点试验

（1）荷载及支座反力

荷载及支座反力通过测力传感器测定，对于在梁端加载的试验，需要测量柱端水平反力；反之，如采用柱端加载的方案，则必须测量梁端的支座反力。

（2）荷载-变形曲线

变形的测量主要采用位移传感器，通过数据采集仪进行采集，或利用 x-y 函数记录仪记录整个试验荷载-变形过程。

(3) 塑性铰区段曲率或转角

对于梁试验,测点一般可布置在距柱$\frac{1}{2}h_b$(梁高)或h_b处;对于柱,一般在距梁面$\frac{1}{2}h_c$(柱宽)处布置测点。

(4) 节点核心区剪切角

节点核心区剪切角可通过测量核心区对角线的位移量来计算确定,如图 6.15 所示。

(5) 梁柱纵筋、节点表面混凝土应力

梁柱纵筋、节点表面混凝土应力是利用电阻应变片进行测量的,测点布置时应以梁柱相交处截面为主,在试验中为了测定塑性铰区段的长度或钢筋锚固应力,还可根据要求沿纵向钢筋布置更多的测点,如图 6.16、图6.17所示。

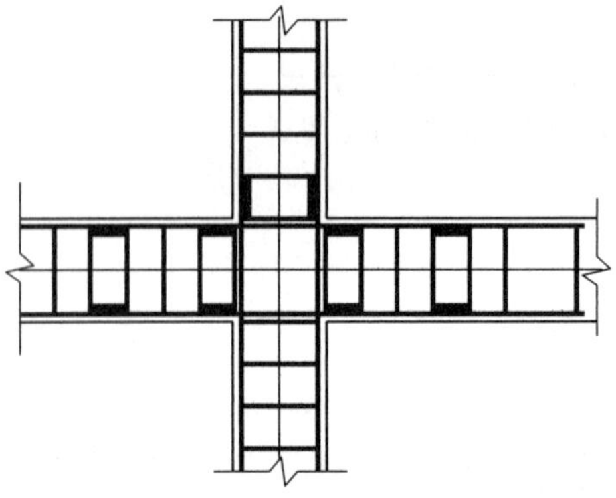

图 6.16 混凝土节点梁柱纵筋应变测点布置

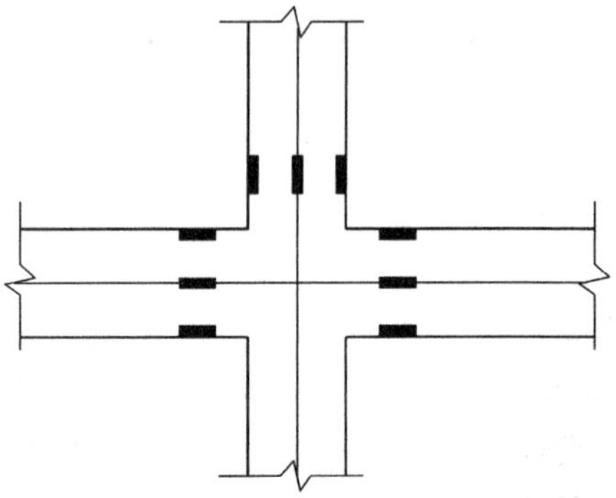

图 6.17 混凝土节点梁柱混凝土应变测点布置

(6) 节点核心区箍筋应力

测点可按核心区对角线方向布置,一般可测得箍筋最大应力值;如果测点沿柱的轴线方向布点(图 6.18),则可测得的是沿轴方向垂直截面上的箍筋应力分布规律。

(7) 梁内纵向钢筋滑移

梁内纵向钢筋通过核心区的滑移量Δ可以通过测量靠近柱面处梁主筋上B点相对于柱表面混凝土C点之间的位移Δ_1,及B点相对于柱表面处钢筋A点之间的位移Δ_2得到($\Delta=\Delta_1-\Delta_2$),如图 6.19 所示。

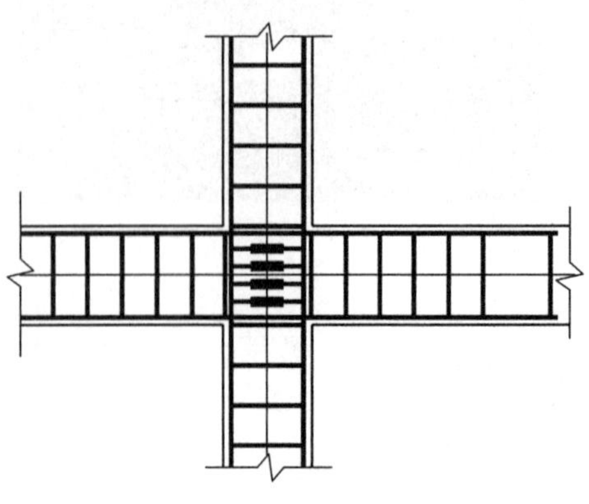

图 6.18 混凝土节点核心箍筋应变测点布置

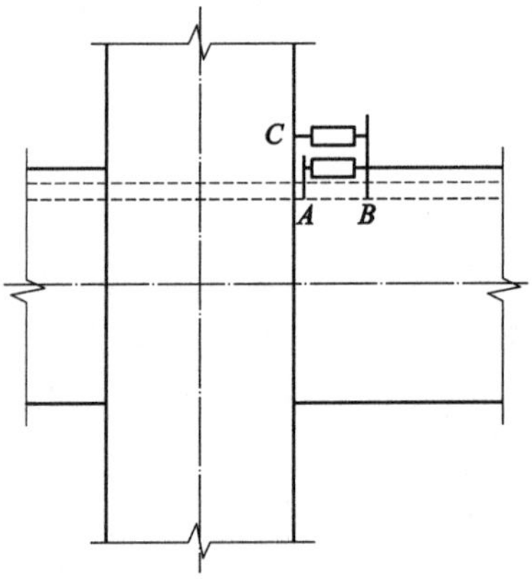

图 6.19 混凝土节点钢筋滑移测点布置

（8）裂缝

试验中，应认真观察裂缝的开展情况，及时记录。

6.2.4 低周反复加载试验的数据整理

低周反复加载试验的目的是研究结构在地震作用下的恢复力特性，确定恢复力模型；判定和鉴定结构的抗震性能（强度、变形、能量）；研究结构或构件的破坏机理，改进结构抗震设计方法。低周反复加载试验的试验结果一般用滞回曲线以及相关参数进行描述，它们是研究结构抗震性能的基础数据。

滞回曲线：反复荷载作用下结构的荷载-变形曲线，它反映结构在反复受力过程中的变形特征、刚度退化及能量消耗，是确定恢复力模型和进行非线性地震反应分析的依据，又称恢复力特性曲线。

结构或构件滞回曲线的典型形状一般有四种，即梭形、弓形、反S形和Z形，如图6.20所示。

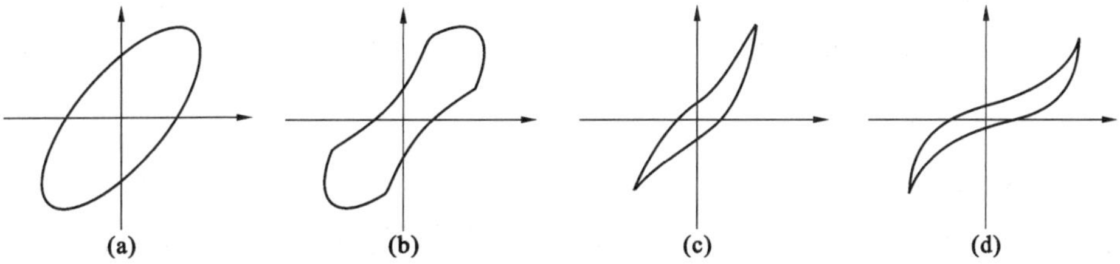

图6.20 滞回曲线的典型形状

（a）梭形；（b）弓形；（c）反S形；（d）Z形

梭形表明滞回曲线的形状非常饱满，反映出整个结构或构件的塑性变形能力很强，具有很好的抗震性能和耗能能力；弓形具有“捏缩”效应，显示出滞回曲线受到了一定的滑移影响，滞回曲线的形状比较饱满，但饱满程度比梭形要低，反映出整个结构或构件的塑性变形能力比较强；反S形表明滞回曲线受到了更多的滑移影响，滞回曲线的形状不饱满，说明该结构或构件延性和吸收地震能量的能力较差；Z形反映出滞回曲线受到了大量的滑移影响，具有滑移性质。

（1）开裂荷载

对于混凝土构件，开裂荷载应取试体受拉区出现第一条裂缝时相应的荷载值。

（2）屈服荷载及变形

对钢筋屈服的试件，其屈服荷载及变形应取受拉区主筋达到屈服应变时相应的荷载和相应变形。

（3）极限荷载

极限荷载应取试件所承受的最大荷载。

（4）破坏荷载及极限变形

破坏荷载应取试件在最大荷载出现之后随变形增加而荷载下降至最大荷载的85%时的相应荷载，破坏荷载对应的变形为极限变形，如图6.21所示。

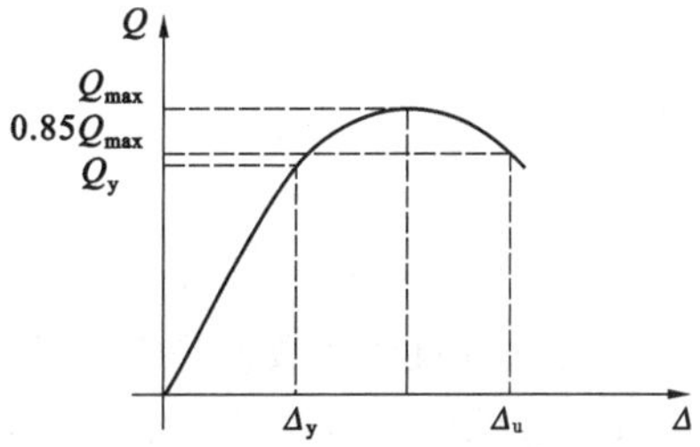

图6.21 荷载-变形关系曲线

（5）骨架曲线

低周反复加载试验中，每一级荷载第一次循环的峰点（卸载顶点）所连接的包络线称为骨架曲线。骨架曲

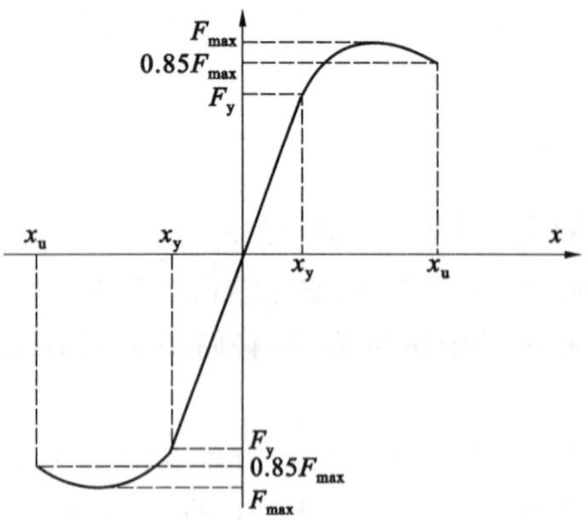

图 6.22 结构骨架曲线

线是每次循环加载达到的水平力最大峰值的轨迹，如图 6.22 所示，它反映了结构受力与变形的各个不同阶段及特性（强度、刚度、延性、耗能及抗倒塌能力等）。

(6) 延性系数

延性系数是试验结构构件塑性变形能力的一个指标，反映了结构构件抗震性能的好坏，按下式计算：

$$\mu = \frac{\Delta_u}{\Delta_y} \tag{6.1}$$

式中 μ——试验结构或构件的延性系数；

Δ_u——试验结构或构件的极限位移；

Δ_y——试验结构或构件的屈服位移。

(7) 退化率

反映试验结构构件抗力随反复加载次数增加而降低的指标。

当研究强度退化时，退化率用强度降低系数表示并按下式计算：

$$\lambda_i = \frac{Q_{j,\min}^i}{Q_{j,\max}^1} \tag{6.2}$$

式中 λ_i——强度降低系数；

$Q_{j,\min}^i$——位移延性系数为 j 时，第 i 次加载循环的峰点荷载值；

$Q_{j,\max}^1$——位移延性系数为 j 时，第 1 次加载循环的峰点荷载值。

当研究刚度退化时，即在位移不变的条件下，随反复加载次数的增加而刚度降低的情况，退化率用环线刚度表示并按下式计算：

$$K_i = \frac{\sum_{i=1}^{n} Q_j^i}{\sum_{i=1}^{n} \Delta_j^i} \tag{6.3}$$

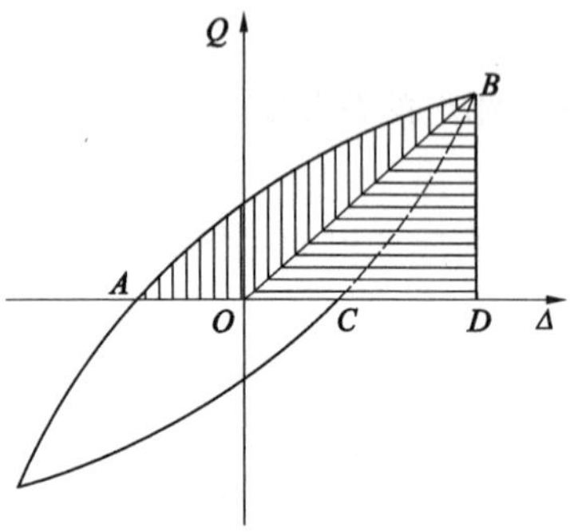

图 6.23 等效黏滞阻尼系数计算

式中 K_i——环线刚度；

Q_j^i——位移延性系数为 j 时，第 i 次加载循环的峰点荷载值；

Δ_j^i——位移延性系数为 j 时，第 i 次加载循环的峰点位移值；

n——循环次数。

(8) 能量耗散

结构构件吸收能量能力的好坏，可由滞回曲线所包围的滞回环面积和它的形状来衡量。由滞回曲线的面积可以求得等效黏滞阻尼系数 h_e（图 6.23），即：

$$h_e = \frac{1}{2\pi} \frac{S_{ABC}}{S_{OBD}} \tag{6.4}$$

等效黏滞阻尼系数也是衡量结构抗震能力的一项指标。由式(6.4)可知，ABC 面积越大，则 h_e 的值越高，结构的耗能能力也越强。

6.3 拟动力试验

拟动力加载试验是一种计算机-加载器联机试验。从 1969 年日本学者 M. Hakuno 等人提出联机试验以来，随着计算机技术和数值分析方法的不断进步，拟动力试验获得了快速长足的发展。我国从 20 世纪 80 年代开始进行拟动力试验研究，中国建筑科学研究院先后于 1981 年、1983 年分别进行了 12 层钢筋混凝土剪力墙结构 1∶6 比例模型试验和底部大空间剪力墙 1∶4 结构模型试验，此后，拟动力试验逐渐在全国各科研院所广泛开展。

拟动力试验是指将地震实际反应所产生的惯性力作为荷载加在试验结构上，使结构所产生的非线性力学特征与结构在实际地震作用下所经历的真实过程一致，由于试验是用静力方式进行的而不是在振动过程中完成的，故称拟动力试验。

6.3.1 拟动力试验的加载流程

（1）对计算机系统输入某一个确定性的地面地震运动加速度，地震波的地面加速度时程曲线如图 6.24 所示。加速度示值随时间变化而改变，为了便于计算，首先将地震记录地震波的加速度时程曲线按一定的时间间隔数字化，即按 Δt 划分为许多微小的时间段，Δt 可以取为 0.01 s 或 0.02 s，假定在 Δt 时间段内加速度是按直线变化的，这样就可以用数值积分方法来求解微分方程，微分方程为：

$$m\ddot{x}_n + c\dot{x}_n + F_n = -m\ddot{x}_{0n} \tag{6.5}$$

式中 $\ddot{x}_n$——n 时刻的结构加速度；

$\dot{x}_n$——n 时刻的地面运动速度；

c——阻尼系数；

F_n——n 时刻的结构恢复力；

m——n 时刻的结构质量；

$\ddot{x}_{0n}$——n 时刻的地面运动加强度。

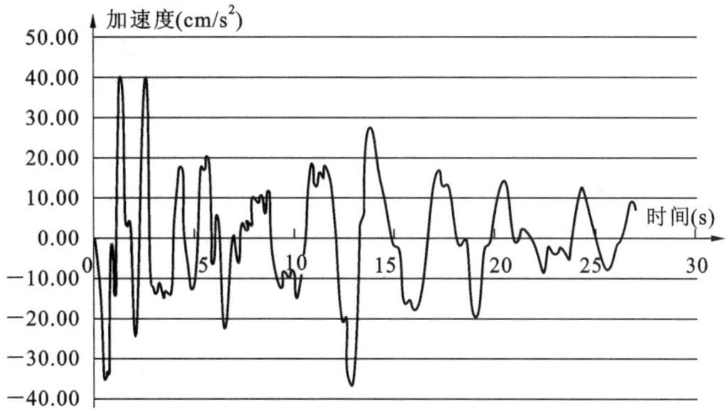

图 6.24 地震波的地面加速度时程曲线

（2）把 n 时刻的地震加速度值代入运动方程，解出 n 时刻对应的地震反应位移 x_n。

（3）将计算位移 x_n 作为指令位移，利用计算机控制的电液伺服加载系统施加到结构上，实现这一步的地震反应。由加载系统的计算机将位移转化为电压信号，输入电液伺服加载器，对结构施加与位移相对应的荷载。

(4) 测量此时试验结构的恢复力和加载后的位移(利用荷载传感器和位移传感器在结构上测量),并代入运动方程,按地震反应过程的加速度进行 $n+1$ 时刻的位移 x_{n+1} 的计算,测量试验结构恢复力 F_{n+1}。

(5) 重复上述步骤,按输入的地面加速度求解位移和恢复力,连续进行加载试验,直到试验结束。

如上所述,整个试验加载连续进行,全部由计算机自动控制操作进行。试验中每一个加载步长需要 60～120 s,试验过程可以看作是静态的,此时可以忽略运动方程中的阻尼力,运动方程简化为:

$$m\ddot{x}_n + F_n = -m\ddot{x}_{0n} \tag{6.6}$$

在这种情况下,若采用中心差分法,同样可以采用上述的工作流程,利用计算机进行分析、计算并控制整个试验过程。

6.3.2 拟动力试验的加载设备

拟动力试验的加载设备与低周反复加载试验装置类似,由电液伺服加载器、计算机、传感器和试验加载架等组成。常用拟动力试验加载装置如图 6.25 所示。

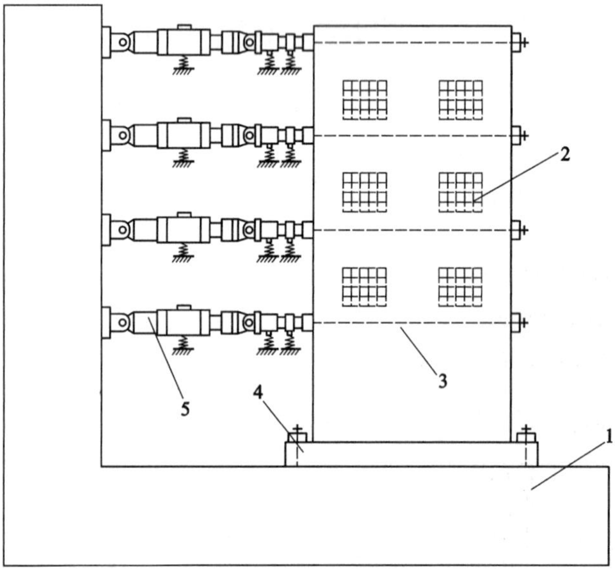

图 6.25 拟动力试验加载装置

1—试验台;2—试验结构;3—拉杆;4—固定螺栓;5—电液伺服作动器

6.3.2.1 电液伺服加载器

低周反复加载试验对加载器要求较低,可以采用单向或双向千斤顶。拟动力试验由于加载全程采用计算机控制,加载器必须具有电液伺服功能。目前建筑结构试验中常用的电液伺服加载器主要是电液伺服作动器。图 6.26 所示为某三层砌体房屋拟动力加载试验。

6.3.2.2 计算机

拟动力试验中,计算机是整个试验系统的核心,加载过程的控制和试验数据采集都由计算机来实现,同时计算机还要对试验结构的其他反应参数,如力、位移、速度、加速度等进行演算和处理,因此计算机应具有足够的运算速度和足够的硬盘储存空间。

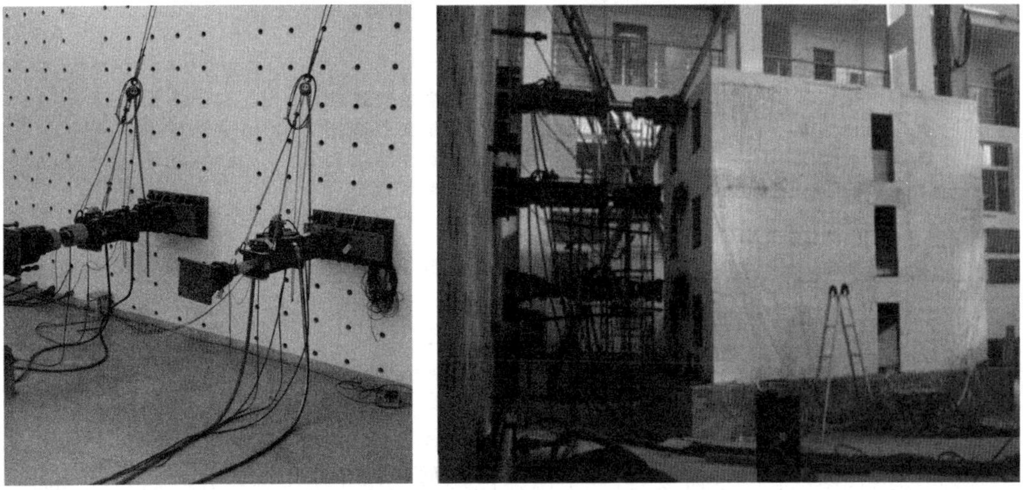

图 6.26 某三层砌体房屋拟动力加载试验

6.3.2.3 传感器

与动力反应直接有关的控制参数仪表不宜采用非传感器式的机械直读仪表，一般采用电测传感器，常用的传感器主要有位移传感器、应变传感器等。

6.3.2.4 加载装置与台座

试验可以采用与低周反复加载试验一样的台座，试验装置的承载力应大于试验设计荷载的150%。试件安装时，反力架或反力墙与试件底部宜通过刚性拉杆进行连接，保证两者之间不发生相对位移。

6.3.3 拟动力试验的数据处理

对采用不同的地震加速度记录和最大地震加速度进行的每次试验，均应对试验数据进行图形处理，各图形应考虑计入结构模型进入弹塑性阶段后各次试验依次产生的残余变形影响。主要图形数据应包括下列内容：

(1) 基底总剪力顶端水平位移曲线图、层间剪力层间水平位移曲线图、试件各质点的水平位移时程曲线图和恢复力时程曲线图；

(2) 最大加速度时的水平位移图、恢复力图、剪力图、弯矩图、抗震设计的时程分析曲线与试验时程曲线的对比图；

(3) 结构开裂时的基底总剪力、顶端位移和相应的最大地震加速度，应按试件第一次出现裂缝且该裂缝随地震加速度增大而开展时的相应数值确定，并应记录此时的地震反应时间。

6.4 地震模拟振动台试验

利用地震模拟振动台对结构模型进行试验研究，从模型的设计制作、试验方案制定、试验前的准备、试验实施、数据记录与处理到试验总结，整个过程历时较长，环节也较多，如图6.27所示。本节仅对地震模拟振动台试验设计中需要注意的问题进行介绍。

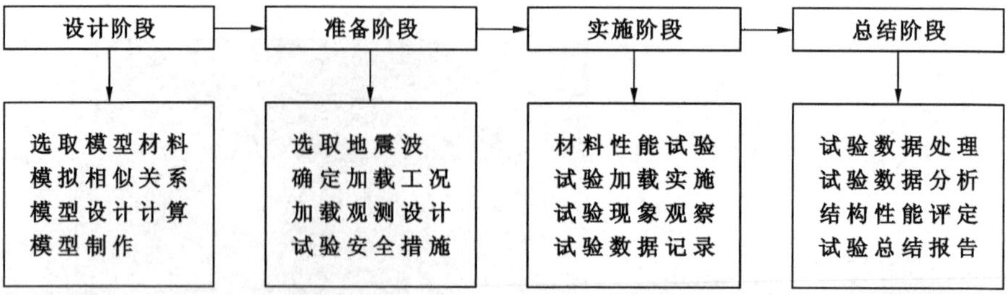

图 6.27　地震模拟振动台试验的一般过程

6.4.1　试验模型设计与制作

6.4.1.1　模型材料的选择

模型试验应根据试验目的和原型结构特点，选择合理的模型类型及使用材料。

当研究范围仅局限在弹性阶段时，可采用弹性模型。弹性模型的制作材料不必与原型结构材料完全相似，只需在满足刚度分布和质量分布相似的基础上，保证模型材料在试验过程中具有完全的弹性性质即可。

当试验目的是研究原型结构在不同水准地震作用下的抗震性能时，通常要采用强度模型。强度模型的准确与否取决于模型与原型材料在整个弹塑性性能方面的相似程度，微粒混凝土整体结构模型通常属于这一类。在强度模型中，对钢筋混凝土部分的模拟多由微粒混凝土、镀锌铁丝和镀锌铁丝网制成，其物理特性主要由微粒混凝土来决定，有时也采用细石混凝土直接模拟原型混凝土材料；模拟钢结构的材料可采用铜材、白铁皮，有时也可直接利用钢材。

总之，模型材料的选用要综合就近取材及经费等因素，同时要注意强度、弹性模量的换算等。

6.4.1.2　模型相似设计

正确地确定模型结构与原型结构之间的相似关系是模型振动台试验的关键环节之一。目前常用的相似关系确定方法有方程分析法和量纲分析法两种。量纲分析法的原理依据相似理论，建筑结构地震模拟振动台试验由于研究中包含诸多的物理量，各物理量之间无法写出明确的函数关系，故多采用量纲分析法。关于量纲分析法的具体内容，可以查阅相关书籍，这里不再详细叙述。

在设计模型的过程中，由于技术和经济方面的原因，一般很难完全满足相似条件，即做到模型与原型完全相似，因此模型的设计中要抓住主要影响因素，简化或减少次要的相似条件。例如对于钢筋混凝土结构的小比例模型试验，强度模型还只能做到不完全相似的程度。从量纲分析角度讲，构件的截面应力、混凝土的强度、钢筋的强度应该具有相似关系，然而即使是混凝土的强度能够满足这样的相似关系，也很难找到截面和强度分别满足几何相似和材料相似关系的材料来模拟钢筋，这时通常要把握的原则是：对于正截面承载力控制，依据抗弯能力等效的原则；对于斜截面承载力控制，依据抗剪能力等效的原则。这样就可以根据原型结构的配筋面积按照相似关系计算出模型的配筋面积，使得模型设计更加合理。

6.4.1.3　模型刚性底座设计

建筑结构振动台整体模型通常从结构±0.000 或地下室底板开始制作，基础在试验过程中可以为整个结构提供固端约束。因此，模型底部要制作一个刚性底座。

刚性底座设计时应考虑的因素有：

(1) 平面尺寸：考虑其在振动台许可范围内，且留有安装螺孔的位置。

(2) 上部结构：考虑上部结构在自重、起吊、试验输入地震波等情况下，底座结构的抗弯能力、抗冲切能力、锚固能力及整体刚度。

(3) 吊点：考虑模型起吊的抗倾覆、强度及刚度要求，并要保证吊点合力中心尽量与模型质量中心一致。

(4) 安装孔：考虑可以将模型刚性固定在振动台上，且安装孔在经历较大振动时，不滑移、变形或开裂。

刚性支座通常有以下几种形式：

(1) 当模型整体较轻但底层平面形式复杂时，可采用 300～400 mm 厚钢筋混凝土板制成的刚性底座，此时，底座重量虽然较大，但可以保证主要构件底端的锚固；

(2) 当模型整体较重而底层平面形式较规则时，可以选用由钢筋混凝土底梁和板构成的刚性底座；

(3) 当模型整体较重时，为满足相似关系和起吊条件的要求，可以选择由钢底梁和钢筋混凝土板构成的刚性底座。

6.4.2 试验方案制定

6.4.2.1 模型定位

模型定位即明确模型最终试验时在振动台上的摆放位置及方向。其原则是：尽量使结构质心位于振动台中心，且宜限定在距台面中心半径为 600 mm 的范围内；尽量使结构的弱轴方向与振动台的 x 方向重合，以对模型结构最不利情况进行试验。

6.4.2.2 传感器布置

传感器主要包括三种：加速度传感器、位移传感器和应变片。加速度传感器除特殊部位需适当增加测点外，为保证试验最终图线的真实和圆滑，通常结合模型结构总层数沿楼层高度方向每隔 5～10 个标准层布置一个测点，测点处的加速度传感器沿 xy 向(二向试验时)或 xyz 向(三向试验时)分别布置；位移传感器通常布置在 xy 方向上的最主要楼层处或结构位移反应最大部位；应变片宜贴在一些应力较大较复杂的重要部位。

6.4.2.3 地震波的选取

结合原型结构的场地情况、设防烈度以及结构自身的特点，选取合适的台面输入地震激励，其数目根据现行《建筑抗震设计规范》(GB 50011—2010)的相关规定进行选取。

6.4.2.4 试验安全措施

(1) 试件吊装时，防止坠物伤人。

(2) 由于试验具有不确定性，在试验期间应考虑防倒塌措施，为防止结构整体性倒塌，需在振动台上沿振动方向两边各设一道防倒塌钢支架。

(3) 试验记录与观察期间戴好安全帽，做好防护工作。

地震模拟振动台试验设计的内容众多，感兴趣的同学可以查阅由周颖、吕西林编著的《建筑结构振动台模型试验方法与技术》。

本章小结

本章介绍了结构抗震试验分类、试验中常用的仪器及加载方法，重点分析了低周反复加载试验、拟动力试验、地震模拟振动台试验的试验特点及试验要求。学习本章后，应重点掌握结构抗震拟静力试验的加载制度、测试项目、测量仪器和资料整理；了解拟动力试验和地震模拟振动台试验的测试内容和试验方法。

思考题

(1) 低周反复静力加载试验、拟动力试验的区别是什么？

(2) 低周反复静力加载试验的加载制度是什么？

(3) 拟动力试验的特点是什么？

(4) 结构动力系数的概念是什么？如何测定？

(5) 地震模拟振动台试验在抗震研究中有什么作用？

7 混凝土结构现场检测技术

建筑结构检测与加固按照不同的标准有不同的分类方法。按照结构材料不同分类，有砌体结构检测与加固、混凝土结构检测与加固、钢结构检测与加固和木结构检测与加固。限于篇幅，本书第 7 章和第 8 章主要结合国家最新颁布的相关规程、规范，对与混凝土结构检测与加固相关的内容进行介绍。

7.1 混凝土结构检测的相关规范

目前国家颁布的工程结构检测方面的规范、规程已有几十本，现仅列出与本章内容直接相关的主要规范：

(1)《回弹法检测混凝土抗压强度技术规程》(JGJ/T 23—2011)，简称《回弹法规程》；

(2)《超声法检测混凝土缺陷技术规程》(CECS 21∶2000)，简称《超声法规程》；

(3)《超声回弹综合法检测混凝土强度技术规程》(CECS 02∶2005)，简称《超声回弹法规程》；

(4)《拔出法检测混凝土强度技术规程》(CECS 69∶2011)，简称《拔出法规程》；

(5)《钻芯法检测混凝土强度技术规程》(JGJ/T 384—2016)，简称《钻芯法规程》；

(6)《混凝土强度检验评定标准》(GB/T 50107—2010)，简称《强度评定标准》；

(7)《混凝土结构现场检测技术标准》(GB/T 50784—2013)，简称《现场检测标准》；

(8)《混凝土中钢筋检测技术规程》(JGJ/T 152—2008)，简称《钢筋检测规程》。

7.2 混凝土结构检测

混凝土结构检测的内容很广，从整体上看，凡是有可能影响到结构可靠性的因素都可以成为检测的内容。检测地点分为现场检测和实验室检测，本节重点介绍关于混凝土结构现场检测的内容。

为了统一混凝土结构现场检测工作程序，合理选择检测方法，正确评价混凝土结构基本性能，保证检测工作质量，国家制定了《混凝土结构现场检测技术标准》(GB/T 50784—2013)，为混凝土结构现场检测和工程质量评定提供依据。

7.2.1 现场检测的范围和分类

混凝土结构现场检测分为工程质量检测和结构性能检测。

工程质量检测的定义：为评定混凝土结构工程质量与设计要求或施工质量验收规范规定的符合性所实施的现场检测。

结构性能检测的定义：为评估混凝土结构安全性、适用性、耐久性或抗灾害能力提供数据所实施的现场检测。

当遇到下列情况之一时，应进行工程质量的检测：

(1) 涉及结构工程质量的试块、试件以及有关材料检验数量不足；

(2) 对结构实体质量的抽测结果达不到设计要求；

(3) 对结构实体质量有怀疑或有争议；

(4) 发生工程质量事故，需要分析事故原因、确认事故责任；

(5) 相关标准要求进行的工程质量第三方检测；

(6) 相关行政主管部门要求进行的工程质量第三方检测。

当遇到下列情况之一时，应进行结构性能检测：

(1) 混凝土结构改变用途、改造、加层或扩建；

(2) 混凝土结构达到设计使用年限要继续使用；

(3) 混凝土结构使用环境改变或受到环境侵蚀；

(4) 混凝土结构的可靠性鉴定；

(5) 灾害后的鉴定或应急检查；

(6) 相关标准规定的结构运行期间的性能鉴定。

7.2.2 现场检测工作程序

混凝土结构现场检测工作的基本程序如图 7.1 所示，检测机构应向委托方提供真实的检测数据、准确的检测结果和明确的检测结论。

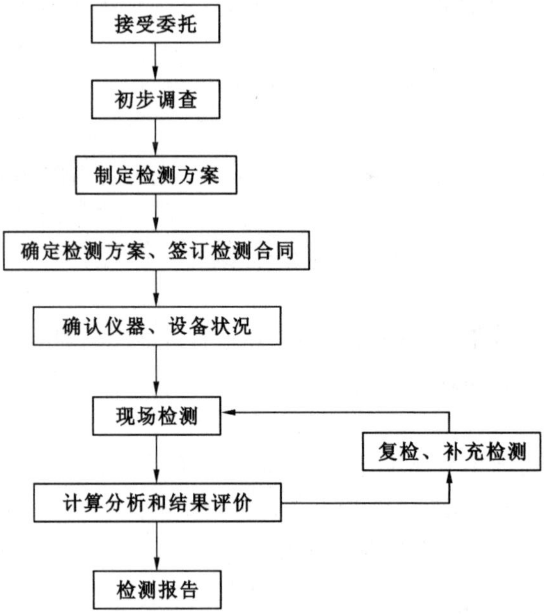

图 7.1 混凝土结构现场检测工作程序框图

7.2.3 现场检测项目和检测方法

混凝土结构现场检测应依据委托方提出的检测目的合理确定检测项目。混凝土结构现场检测包括下列项目，可根据实际需要选择一项或多项进行检测：

(1) 结构混凝土力学性能；

(2) 结构混凝土长期耐久性能；

(3) 结构混凝土有害物质含量及其效应分析；

(4) 构件尺寸及其偏差检测；

(5) 构件缺陷检查与检测；

(6) 构件中钢筋的检测；

(7) 构件损伤的识别与检测；

(8) 结构或构件剩余使用寿命推定；

(9) 结构或构件位移与变形的检测；

(10) 结构性能荷载检验；

(11) 其他特种参数的专项检测。

混凝土结构现场检测，应根据检测类别、检测目的、检测项目、结构实际状况和现场具体条件选择适用的检测方法。工程质量检测时，应选用直接测试方法或间接方法与直接方法相结合的综合检测方法进行。

7.3 混凝土力学性能检测

混凝土力学性能现场检测包括混凝土抗压强度、抗拉强度、抗弯强度、静力受压弹性模量和表面硬度等检测项目，本节重点介绍混凝土抗压强度的几种常用检测方法。

7.3.1 回弹法测定混凝土强度

1948年，瑞士人施密特(E. Schmidt)发明了回弹仪，该仪器由于具有构造简单、操作方便、测试迅速、方法简便、不破坏原有混凝土，以及在一定条件下测试值与混凝土强度有较好的相关性等众多优点，在国内外得到了广泛的应用。我国于2001年颁布了回弹法检测混凝土抗压强度技术规程，并于2011年进行了修订，现为《回弹法检测混凝土抗压强度技术规程》(JGJ/T 23—2011)。

7.3.1.1 回弹仪的基本原理

回弹法是基于混凝土表面硬度和强度之间存在相关性而建立的一种检测方法，属于非破损检测方法。混凝土回弹仪用弹簧驱动弹击锤，通过弹击杆弹击混凝土表面所产生的瞬时弹性变形的恢复力，使弹击锤带动指针弹回并指示出弹回的距离，以回弹值作为混凝土抗压强度相关的指标之一，来推定混凝土的抗压强度。回弹值实际反映的是混凝土的表面硬度，混凝土强度越高，表面硬度也越高，二者之间有一定相关性。因此，使用回弹仪测定混凝土表面硬度，就可以根据测区混凝土强度换算表，推测出混凝土的强度。

7.3.1.2 回弹仪的类型及内部构造

随着回弹仪在工程界的广泛应用，回弹仪的种类和型号也在不断增加，有L型、N型、P型和M型等，分为数字式和指针直读式两大类，目前工程中以N型应用较为广泛，这种回弹仪采用指针直读式的示值系统，水平弹击时，在弹击锤脱钩的瞬间，回弹仪的标准冲击能量为2.207J。回弹仪分类见表7.1，回弹仪内部构造如图7.2所示。

表 7.1 回弹仪分类

类别	名称	冲击能量	主要用途	备　　注
L 型（小型）	L 型	0.735 J	小型构件及刚度稍差的混凝土或胶凝制品	
	LR 型	0.735 J	同上	有回弹值自动画线装置
	LB 型	0.735 J	烧结材料和陶瓷	
N 型（中型）	N 型	2.207 J	普通混凝土构件	
	NA 型	2.207 J	水下混凝土构件	
	NR 型	2.207 J	普通混凝土构件	有回弹值自动画线装置
	ND-740 型	2.207 J		高精度数显式
	NP-750 型	2.207 J		数字处理式
	MTC-850 型	2.207 J		有专门电脑，能自动处理和记录数值
	WS-200 型	2.207 J		远程自动显示并记录
P 型（摆式）	P 型	0.883 J	轻质建筑材料、砂浆、饰面等	
	PT 型	0.883 J	用于 0.5～5.0 MPa 的低强胶凝制品	冲击面较大
M 型（大型）	M 型	29.40 J	大型实心块体、机场跑道及公路路面的混凝土	

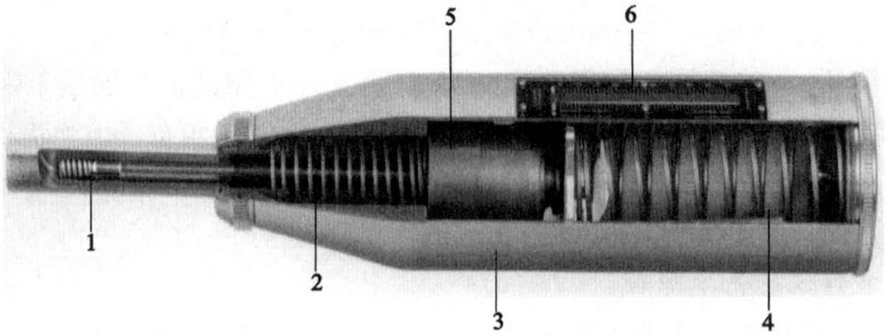

图 7.2　回弹仪内部构造及主要零件名称

1—弹击杆；2—拉力拉簧；3—机壳；4—压力弹簧；5—弹击锤；6—回弹值指示区

7.3.1.3　测强曲线

测强曲线是用标准方法测得的混凝土试块的抗压强度值与其回弹仪回弹读值，经碳化系数修正后所得到的关系曲线。测强曲线一般通过大量试验数据编制而成，并经过了工程实践的验证。混凝土强度换算值可采用以下三类测强曲线计算：

（1）统一测强曲线：由全国有代表性的材料、成型养护工艺配制的混凝土试件，通过试验所建立的曲线。

（2）地区测强曲线：由本地区常用的材料、成型养护工艺配制的混凝土试件，通过试验所建立的曲线。

（3）专用测强曲线：由与结构或构件混凝土相同的材料、成型养护工艺配制的混凝土试件，通过试验所建立的曲线。

7.3.1.4　回弹仪的适用范围

由于受到回弹法统一测强曲线代表性的限制，回弹法只适用于自然养护且龄期在 14～1000 d、抗压强度为 10～60 MPa 的普通混凝土的检测，不适用于表层与内部质量有明显差异或内部存在缺陷以及遭受冻害、化学侵蚀、火灾、高温损伤的混凝土结构及构件的检测。

7.3.1.5　混凝土强度检测方式

结构或构件混凝土强度检测可采用单个检测和批量检测两种方式。

单个检测：适用于单个结构或构件的检测。

批量检测：适用于在相同的生产工艺条件下，混凝土设计强度等级相同，原材料、配合比、成型工艺、养护条件基本一致且龄期相近的同类结构或构件的检测。按批进行检测的构件，抽检数量不得少于同批构件总数的 30%且构件数量不得少于 10 件。抽检构件时，应随机抽取并使所选构件具有代表性。

7.3.1.6　回弹法检测混凝土强度的基本步骤

(1) 检测前准备工作

了解工程名称及设计、施工、监理和建设单位名称；结构或构件名称、外形尺寸、数量及混凝土强度等级；水泥品种、强度等级、安定性；砂石种类、粒径；外加剂或掺合料品种、掺量；混凝土配合比；结构或构件所处的环境类别等。其中若水泥安定性不合格，则不能采用回弹法检测。

回弹仪在工程检测前，应在钢砧上进行率定试验(图 7.3)，测定回弹值时，取连续向下弹击三次的稳定回弹平均值。在洛氏硬度 HRC 为 60±2 的钢砧上，中型回弹仪的率定平均值应为 80±2。

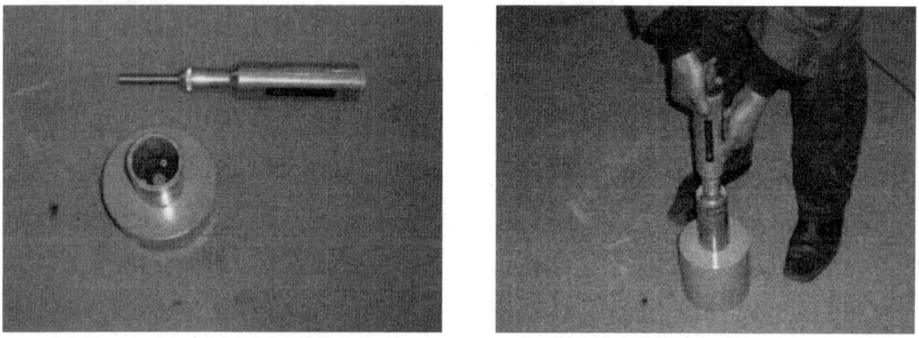

图 7.3　回弹仪率定操作现场

(2) 测区要求及布置

每一结构或构件测区数原则上不应少于 10 个，对某一方向尺寸小于 4.5 m 且另一方向尺寸小于 0.3 m 的构件，其测区数量可适当减少，但不应少于 5 个。相邻两测区的间距应控制在 2 m 以内，测区离构件端部或施工缝边缘的距离不宜大于 0.5 m ，且不宜小于 0.2 m。测区应选在使回弹仪处于水平方向检测的混凝土浇筑侧面，测区布置如图 7.4 所示。当不能满足这一要求时，可使回弹仪处于非水平方向检测混凝土浇筑侧面、表面或底面，泵送混凝土测区必须选择在浇筑混凝土的侧面。测区宜选在构件的两个对称可测面上，也可选在一个可测面上，且应均匀分布。在构件的重要部位及薄弱部位必须布置测区，并应避开预埋件。测区的面积不宜大于 0.04 m^2(测区面积一般取为200 mm×200 mm)，检测面应为混凝土表面，并应清洁、平整，不应有疏松层、浮浆、油垢、涂层以及蜂窝、麻面，必要时可用砂轮清除疏松层和杂物，且不应有残留的粉末。

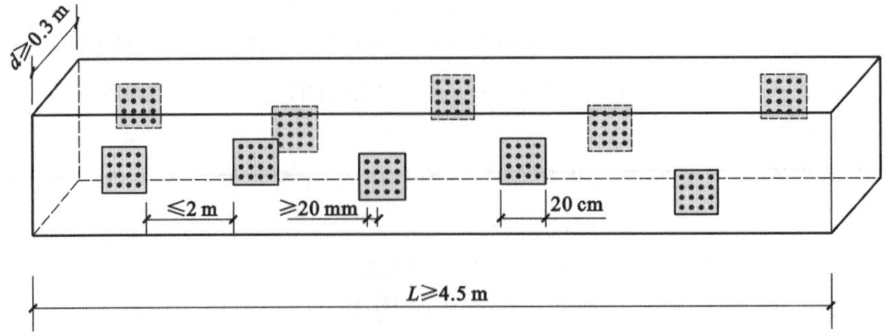

图 7.4　混凝土构件回弹测区布置示意图

（3）回弹值测量

检测时，回弹仪的轴线应始终垂直于结构或构件的混凝土检测面，缓慢施压，准确读数，回弹测量操作如图 7.5 所示。测点宜在测区范围内均匀分布，相邻两测点的净距不宜小于 20 mm，测点距外露钢筋、预埋件的距离不宜小于 30 mm。测点不应在气孔或外露石子上，同一测点只可以弹击一次，每一测点的回弹值读数估读至 1，每一测区应读取 16 个回弹值。

图 7.5　混凝土构件回弹测量操作

（4）碳化深度测定

回弹值测量完毕后，选择不少于构件 30%的测区数，应在有代表性的位置上测量碳化深度值。碳化深度值测量，可采用适当的工具在测区表面形成直径约 15 mm 的孔洞（孔洞深度应大于混凝土的碳化深度）。孔洞中的粉末和碎屑应除净，并不得用水擦洗。同时，用浓度为 1%～2%的酚酞乙醇溶液滴在孔洞内壁的边缘处，当已碳化（碳化部分不变色）与未碳化（未碳化部分变为红色）界线清楚时，再用深度测量工具测量已碳化与未碳化混凝土交界面到混凝土表面的垂直距离，测量不应少于 3 次，取其平均值。每次读数精确至 0.5 mm。碳化深度 $d<0.4$ mm时，按 0 考虑；$d>6$ mm 时，取为 6 mm。

（5）数据处理及回弹值计算

① 测区平均值计算，从每一个测区的 16 个回弹值中剔除其中 3 个最大值和 3 个最小值，剩余 10 个回弹值应按下式计算：

$$R_{m} = \frac{\sum_{i=1}^{10} R_i}{10} \tag{7.1}$$

式中　R_m——测区平均值，精确至0.1；

R_i——该测区第 i 个测点的回弹值。

② 回弹值角度修正，对于非水平方向检测混凝土浇筑侧面时，应按下式修正：

$$R_m = R_{m\alpha} + R_{a\alpha} \tag{7.2}$$

式中　$R_{m\alpha}$——非水平方向状态检测时测区的平均回弹值，精确至0.1；

$R_{a\alpha}$——非水平方向状态检测时回弹值的修正值，见附录C。

③ 水平方向检测混凝土浇筑表面或底面时，应按下列公式修正：

$$R_m = R_m^t + R_a^t \tag{7.3-1}$$

$$R_m = R_m^b + R_a^b \tag{7.3-2}$$

式中　R_m^t，R_m^b——水平方向检测混凝土浇筑表面、底面时，测区的平均回弹值，精确至0.1；

R_a^t，R_a^b——混凝土浇筑表面、底面回弹值的修正值，按附录D采用。

当回弹仪为非水平方向且测试面为非混凝土的浇筑侧面时，应先对回弹值进行角度修正，并应对修正后的回弹值进行浇筑面修正。

④ 结构或构件第 i 个测区混凝土强度换算值，可根据修正后的测区平均回弹值（R_m）和平均碳化深度查附录A或附录B得出。

（6）强度推定值（$f_{cu,e}$）计算

当各测区混凝土强度换算值均未超出所用测强曲线的适用强度范围（10～60.0 MPa）时，结构或构件的混凝土强度推定值 $f_{cu,e}$ 应按下列公式确定：

① 当该结构或构件测区数少于10个时：

$$f_{cu,e} = f_{cu,min}^c \tag{7.4}$$

式中　$f_{cu,min}^c$——构件中最小的测区混凝土强度换算值（MPa）。

② 当该结构或构件测区数不少于10个或按批量检测时：

$$f_{cu,e} = m_{f_{cu}^c} - 1.645 s_{f_{cu}^c} \tag{7.5}$$

其中，平均值及标准差应按下列公式计算：

$$m_{f_{cu}^c} = \frac{\sum_{i=1}^{n} f_{cu,i}^c}{n} \tag{7.6}$$

$$s_{f_{cu}^c} = \sqrt{\frac{\sum_{i=1}^{n} (f_{cu,i}^c)^2 - n(m_{f_{cu}^c})^2}{n-1}} \tag{7.7}$$

式中　$m_{f_{cu}^c}$——结构或构件测区混凝土强度换算值的平均值（MPa），精确至0.1 MPa；

n——对于单个检测的构件，取一个构件的测区数；对批量检测的构件，取被抽检构件测区数之和；

$s_{f_{cu}^c}$——结构或构件测区混凝土强度换算值的标准差（MPa），精确至0.01 MPa。

7.3.1.7　工程实例训练

根据7.3.1.6节回弹法检测混凝土强度相关知识，补全【例7.1】和【例7.2】相关表格空白处的数据。

【例7.1】　现由于工程需要，拟采用回弹法对某根跨度为7.2 m的现浇框架梁KL-1进行强度检测，回弹数据如表7.2所示。已知，混凝土设计强度为C30，施工采用现场搅拌，龄期为

6个月，自然养护，梁截面尺寸为300 mm×700 mm。其中，水泥品种、强度等级、安定性，砂石种类、粒径，外加剂或掺合料品种、掺量等均符合国家相关标准，部分数据如表7.3所示。

表7.2 回弹法检测原始记录表

编号		回弹值 R_i																	碳化深度 d_i(mm)
构件	测区	1	2	3	4	5	6	7	8	9	10	11	12	13	14	15	16	R_m	
KL-1	1	38	43	40	42	44	35	39	46	43	41	38	37	40	42	41	43	40.9	3.0
	2	39	35	42	37	44	41	35	42	43	39	38	38	37	40	42	43	39.8	2.5
	3	43	41	34	38	46	40	34	38	45	39	40	37	36	36	38	40	38.7	3.5
	4	41	39	38	45	39	43	38	43	42	39	41	39	36	34	44	35	39.9	3.0
	5	35	39	38	42	35	40	36	44	42	45	41	38	40	41	35	40	39.5	3.5
	6	39	38	38	41	38	42	39	36	41	38	38	43	40	36	38	42	39.0	2.5
	7	35	37	32	41	39	40	43	46	40	41	43	39	40	42	41	39	40.2	3.0
	8	41	40	42	42	41	40	39	40	39	40	36	37	45	42	36	45	40.4	2.5
	9	40	36	38	39	37	35	41	39	38	40	39	40	41	38	37	44	38.8	3.5
	10	39	38	40	42	39	41	37	43	34	42	35	44	39	40	44	37	39.7	3.0
测面状态		侧面、表面、底面；干、潮湿								回弹仪	型号：ZC3-1					回弹仪校验证号			
											编号：381								
测试角度		水平、向上、向下									率定值：80					测试人员上岗证号			

测试：　　　　记录：　　　　计算：　　　　测试日期：　　年　　月　　日

表7.3 KL-1强度计算表(一)

项目 \ 测区号		1	2	3	4	5	6	7	8	9	10
回弹值	测区平均值	33.1	39.8	38.7	39.9	39.5	39.0	40.2	40.4	38.8	39.7
	角度修正值	—	—	—	—	—	—	—	—	—	—
	角度修正后	—	—	—	—	—	—	—	—	—	—
	浇筑面修正值	—	—	—	—	—	—	—	—	—	—
	浇筑面修正后	—	—	—	—	—	—	—	—	—	—
平均碳化深度(mm)		3.0									
测区强度值 f_{cu}^{c}(MPa)		31.3	31.4	30.3	31.6	31.1	30.6	32.0			
强度计算(MPa) $n=10$		$m_{f_{cu}^{c}}=$			$s_{f_{cu}^{c}}=$			$f_{cu,e}=$			
计算依据		《回弹法检测混凝土抗压强度技术规程》(JGJ/T 23—2011)									

【例7.2】 回弹数据同表7.2，现假定【例7.1】中回弹仪测试角度改为垂直向上，测试混凝土梁底面，表面干燥，混凝土设计强度C20，部分已知数据如表7.4所示。

表 7.4　KL-1 强度计算表(二)

项　目 \ 测区号		1	2	3	4	5	6	7	8	9	10
回弹值	测区平均值	40.9	39.8	38.7	39.9	39.5	39.0	40.2	40.4	38.8	39.7
	角度修正值	−4.0	−4.0		−4.0	−4.0		−4.0	−4.0		−4.0
	角度修正后	36.9	35.8		35.9	35.5		36.2	36.4		35.7
	浇筑面修正值	−1.3	−1.4		−1.4	−1.4		−1.4	−1.4		−1.4
	浇筑面修正后	35.6	34.4		34.5	34.1		34.8	35.0		34.3
平均碳化深度(mm)		3.0									
测区强度值 f_{cu}^{c}(MPa)		25.7	24.1		24.2	23.8		24.5	24.8		24.0
强度计算(MPa)　$n=10$		$m_{f_{cu}^{c}}=$			$s_{f_{cu}^{c}}=$			$f_{cu,e}=$			
计算依据		《回弹法检测混凝土抗压强度技术规程》(JGJ/T 23—2011)									

7.3.2　超声法测定混凝土强度

由于超声波在混凝土中的传播速度能反映混凝土的密实度，而混凝土的密实度又与混凝土的强度有关，因而超声波在混凝土中的声速与混凝土的强度之间存在相关关系。超声法就是通过测出超声波在混凝土中传播的时间和距离，算出超声波在混凝土中的传播速度，然后依据测定的声速来推断混凝土强度的一种检测方法(图 7.6)。简单来说，混凝土越密实，声波在混凝土中的传播时间越短，声速越大，混凝土强度就越高；反之，混凝土越疏松，声波在混凝土中的传播时间越长，声速越小，混凝土强度也就越低。

图 7.6　超声法检测混凝土强度

由于混凝土是一种非均匀介质，其强度与声速之间的定量关系受到骨料品种、骨料粒径、水泥品种、混凝土龄期、钢筋种类及配筋率等众多因素的影响，具有一定的随机性，尚未建立起统一的声速与混凝土强度的定量关系曲线(测强曲线)，且目前国内还没有关于超声法检测混凝土强度的规范，同时单一地采用超声法测定混凝土强度，误差往往也比较大，目前较好的做法是用较多的综合指标来测定混凝土强度。

7.3.3 超声回弹综合法测定混凝土强度

超声回弹综合法是一种根据实测声速值和回弹值综合推定混凝土强度的方法，该方法可以弥补单一参数法的不足，具有测试精度高、操作较简便等优点，因而在国内外得到普遍推广应用。我国于 1988 年颁布了超声回弹综合法检测混凝土强度技术规程，后修订为《超声回弹综合法检测混凝土强度技术规程》(CECS 02:2005)。

7.3.3.1 测区基本要求

① 按单个构件检测时，测区数原则上不应少于 10 个；

② 同批构件按批抽样检测时，构件抽取数不得少于同批构件的 30%，且不应少于 10 件；

③ 测区宜优先布置于构件混凝土浇筑方向的侧面；

④ 测区宜均匀布置，相邻测区的间距不宜大于 2 m；

⑤ 测区宜避开预埋件；

⑥ 测区尺寸宜为 200 mm×200 mm，采用平测时宜为 400 mm×400 mm；

⑦ 对结构或构件的每一测区，应先进行回弹测试，后进行超声测试；

⑧ 计算混凝土抗压强度换算值时，非同一测区内的回弹值和声速值不得混用。

7.3.3.2 回弹测试及回弹值计算

回弹测试，应遵循回弹法的相关测试要求，测量回弹值应在构件测区内超声波的发射和接收面各弹击 8 点，如图 7.7 所示。若采用超声波单面平测时，可在超声波的发射和接收测点之间弹击 16 点。测点在测区范围内宜均匀布置，但不得布置在气孔或外露石子上。相邻两测点的间距不宜小于 30 mm；测点距构件边缘或外露钢筋、铁件的距离不应小于 50 mm，同一测点只允许弹击一次。测区回弹值数据处理参见 7.3.1.6 节。

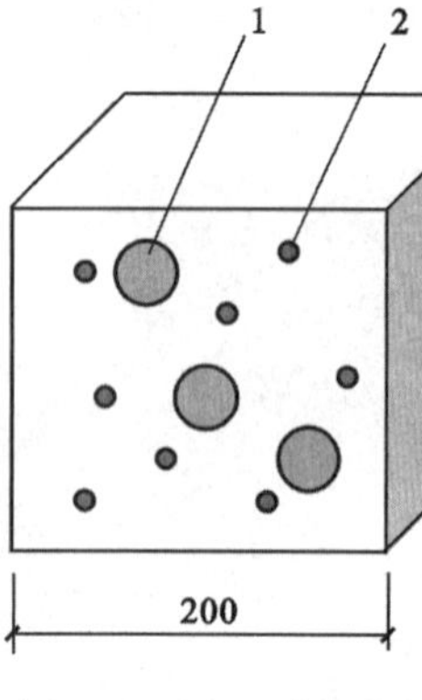

图 7.7 测区测点分布

1—超声测点；2—回弹测点

7.3.3.3 超声测试及声速值计算

超声测点应布置在回弹测试的同一测区内，每一测区布置 3 个测点，如图 7.7 所示。超声测试宜优先采用对测或角测，当被测构件不具备对测或角测条件时，可采用单面平测。

声时测量应精确至 0.1 μs，超声测距测量应精确至1.0 mm，且测量误差不应超过±1%。声速计算应精确至0.01 km/s。

当在混凝土浇筑方向的侧面对测时，测区混凝土中声速代表值应根据该测区中 3 个测点的混凝土中声速值，按下列公式计算：

$$v = \sum_{i=1}^{3} \frac{l_i}{t_i - t_0} \tag{7.8}$$

式中 v——测区混凝土中声速代表值(km/s)；

l_i——第 i 个测点的超声测距(mm)，角测时测距参见《超声回弹综合法检测混凝土强度技术规程》(CECS 02:2005)计算；

t_i——第 i 个测点的声时读数(μs)；

t_0——声时初读数(μs)。

当在混凝土浇筑的顶面或底面测试时，测区混凝土中声速代表值应按下列公式修正：

$$v_a = \beta v \tag{7.9}$$

式中 v_a——修正后测区混凝土中声速值(km/s)；

β——测试面修正系数，在混凝土浇筑的表面和底面间对测或角测时，$\beta=1.034$，其他情况参见《超声回弹综合法检测混凝土强度技术规程》(CECS 02:2005)。

7.3.3.4 测区混凝土强度换算值计算

结构或构件中第 i 个测区的混凝土抗压强度换算值，可按第 7.3.1.6 节相关要求，求得修正后的测区回弹值 R_m 和声速代表值 v_a 后，优先采用专用测强曲线或地区测强曲线进行换算，也可以按《超声回弹综合法检测混凝土强度技术规程》(CECS 02:2005)所列全国统一测区混凝土抗压强度换算公式计算：

当粗骨料为卵石时：

$$f_{cu,i}^{c}=0.0056v_{ai}^{1.439}R_{ai}^{1.769} \tag{7.10}$$

当粗骨料为碎石时：

$$f_{cu,i}^{c}=0.0162v_{ai}^{1.656}R_{ai}^{1.410} \tag{7.11}$$

式中 $f_{cu,i}^{c}$——第 i 个测区混凝土抗压强度换算值(MPa)，精确至 0.1 MPa。

7.3.3.5 结构或构件混凝土强度推定值计算

用超声回弹综合法测定混凝土强度时，结构或构件混凝土强度推定值($f_{cu,e}$)的计算方法与回弹法相同，参见第 7.3.1.6 节。

7.3.4 钻芯法测定混凝土强度

钻芯法就是使用专用的取芯钻机，从被检测结构或构件上钻取芯样，如图 7.8 所示，根据芯样的抗压试验结果，推定混凝土立方体抗压强度的方法。由于取样会对原有混凝土造成一定的损伤，因此属于半破损检测方法。

(a)

(b)

图 7.8 混凝土钻芯取样现场

(a) 钻芯机；(b) 芯样

钻芯法在国内外的应用已有几十年的历史，1988 年我国工程建设标准委员会批准发行《钻芯法检测混凝土强度技术规程》(CECS 03:88)，后由中国建筑科学研究院等单位进行了多次修订，2016 年发布《钻芯法检测混凝土强度技术规程》(JGJ/T 384—2016)。规程适用于从施工工程和已有结构中钻取混凝土芯样，检测普通混凝土的抗压强度、劈裂抗拉强度和抗折强度，现就规程中的抗压强度检测相关规定做简要的介绍。

7.3.4.1 取芯基本要求

（1）芯样尺寸

抗压强度检测芯样宜使用标准芯样（公称直径为 100 mm，高径比为 1∶1 的混凝土圆柱体芯样），且其公称直径不宜小于骨料最大粒径的 3 倍；也可采用小直径的芯样试件，但其公称直径不应小于 70 mm 且不得小于骨料最大粒径的 2 倍。

劈裂抗拉芯样的高与直径比（H/d）宜为 2，且任何情况下不应小于 1；抗折芯样的高与直径比宜为 3.5。

芯样应进行标记，当所取芯样高度和质量不能满足要求时，则应重新钻取芯样。

图 7.9 某构件混凝土钻芯检测取样数量（直径 75 mm）

（2）取芯的数量

对于单个抗压强度构件检测时，有效芯样个数不应少于 3 个，对于较小构件，有效芯样的数量不得少于 2 个；对于抗压强度批量检测，芯样的数量应根据检验批的容量确定，标准芯样的最小样本量不宜少于 15 个，小直径芯样的最小样本量不宜少于 20 个，如图7.9 所示。

（3）取芯位置

取芯位置为：结构或构件受力较小的部位；混凝土强度质量具有代表性的部位；便于钻芯机安放与操作的部位；避开主筋、预埋件和管线的位置。

7.3.4.2 芯样加工处理

① 加工处理后的抗压芯样试件的高度与直径之比（H/d）宜为 1.0。

② 抗压芯样内不宜含有钢筋，也可有一根直径不大于 10 mm 的钢筋；芯样内的钢筋应与芯样试件的轴线垂直并离开端面 10 mm 以上。

③ 锯切后的芯样应进行端面处理，可采取在磨平机上磨平端面的处理方法，也可采取硫黄胶泥或环氧胶泥补平，补平层厚度不宜大于 2 mm。抗压强度低于 30 MPa 的芯样试件，不宜采用磨平端面的处理方法；抗压强度高于 60 MPa 的芯样试件，不宜采用硫黄胶泥或环氧胶泥补平的处理方法。

④ 芯样试件尺寸偏差及外观质量超过下列数值时，相应的测试数据无效：芯样试件的实际高径比（H/d）小于 0.95 或大于 1.05；沿芯样试件高度的任一直径与平均直径相差超过 1.5 mm；抗压芯样试件端面的不平整度在 100 mm 长度内大于 0.1 mm；芯样试件端面与轴线的不垂直度大于 1°；芯样有裂缝或有其他较大缺陷。

7.3.4.3 芯样试验及强度推定

芯样试件应在自然干燥状态下进行抗压试验，芯样的抗压试验的操作应符合现行国家标准《普通混凝土力学性能试验方法》（GB/T 50081—2002）中对立方体试块抗压试验的规定。

芯样试件的混凝土抗压强度可按下式计算：

$$f_{cu,cor} = \frac{F_c}{A} \tag{7.12}$$

式中 $f_{cu,cor}$——芯样的混凝土抗压强度值（MPa）；

F_c——芯样的抗压试验测得的最大压力（N）；

A——芯样抗压截面面积（mm^2）。

标准芯样的抗压强度与同条件养护同龄期 150 mm 立方体试块的抗压强度基本相当。批量检测的混凝土强度的推定值可按《钻芯法检测混凝土强度技术规程》(JGJ/T 384—2016)的方法进行计算;单个构件的混凝土强度推定值不再进行数据的舍弃,而应按有效芯样混凝土抗压强度值中的最小值确定。

7.3.5 拔出法测定混凝土强度

拔出法是通过拉拔安装在混凝土中的锚固件,测定极限拔出力,并根据预先建立的极限拔出力与混凝土抗压强度之间的相关关系推定混凝土抗压强度的检测方法。由于拔出法对混凝土局部造成破损,因此是一种半破损的检测方法。拔出法包括后装拔出法和预埋拔出法,本节仅介绍后装拔出法。

拔出法在我国起步较晚,但引入后发展较为迅速,自 20 世纪 80 年代以来,国内众多科研院所和检测公司对此进行了大量的试验研究,1994 年《后装拔出法检测混凝土强度技术规程》(CECS 69:94)正式发布,后于 2011 年修订为《拔出法检测混凝土强度技术规程》(CECS 69:2011)。

拔出法检测装置由钻孔机、磨槽机、锚固件及拔出仪等组成,如图 7.10 所示。拔出法检测装置可以采用圆环式和三点式,三点式后装拔出法检测装置如图 7.11 所示。

图 7.10 拔出法检测装置基本组成

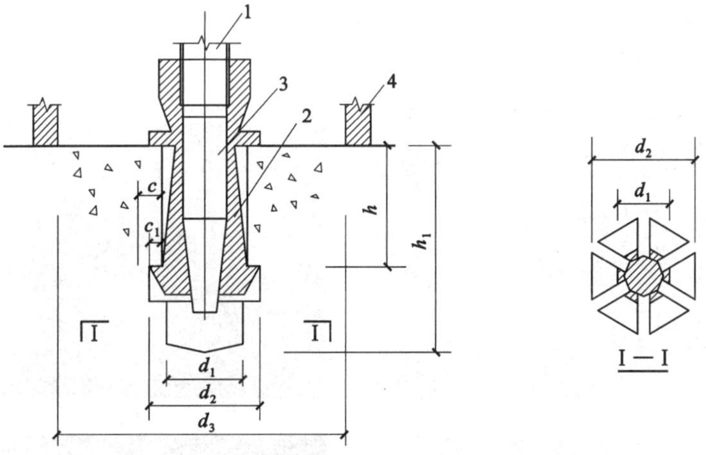

图 7.11 三点式后装拔出法检测装置

1—拉杆;2—胀簧;3—胀杆;4—反力装置

7.3.5.1 测点数量及布置

测点数量:按单个构件检测时,应在构件上均匀布置 3 个测点,当 3 个拔出力中的最大拔出力和最小拔出力与中间值之差的绝对值均小于中间值的 15%时,仅布置 3 个测点即可;当最大拔出力或最小拔出力与中间值之差的绝对值大于中间值的 15%时(包括两者均大于中间值的 15%),应在最小拔出力测点附近再加测 2 个测点。当同批构件按批抽样检测时,每个构件布置 1 个测点,且最小样本容量不宜小于 15 个。

测点布置:测点宜布置在构件成型的侧面,如不能满足,也可布置在混凝土浇筑面上。在构件受力较大及薄弱处应布置测点，相邻 2 个测点之间的距离不应小于 250 mm。当采用圆环式拔出仪时，测点距构件边缘不应小于 100 mm；当采用三点式拔出仪时，测点距构件边缘不应小于150 mm，测点的混凝土厚度不宜小于 80 mm。测点应避开接缝、钢筋、预埋件和蜂窝麻面部位。

7.3.5.2 检测步骤

钻孔：用钻孔机在测试点钻孔，孔的轴线应与混凝土表面垂直。

磨槽：用磨槽机在孔内磨出环形沟槽，将孔清理干净。

安装拔出仪：在孔中插入胀簧，把胀杆打入胀簧空腔中，使胀簧膨胀，胀簧头嵌入沟槽，拉杆与拔出仪相连，后装拔出法检测步骤如图 7.12 所示。

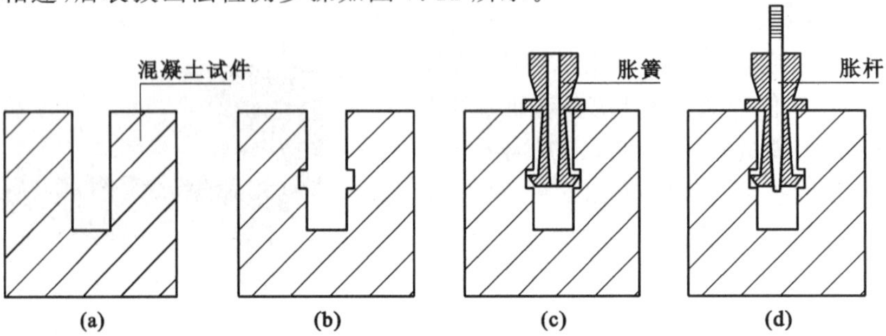

图 7.12 后装拔出法检测步骤

(a) 钻孔；(b) 磨槽；(c) 安装胀簧；(d) 安装胀杆

拉拔检测：安装拔出仪三脚架，摇动摇杆，对拉杆施加拔出力，施加的拔出力应均匀、连续，当力值显示仪读数不再增加时，说明混凝土已经发生破坏，记录数据，回油卸载。后装拔出法检测操作现场如图 7.13 所示。

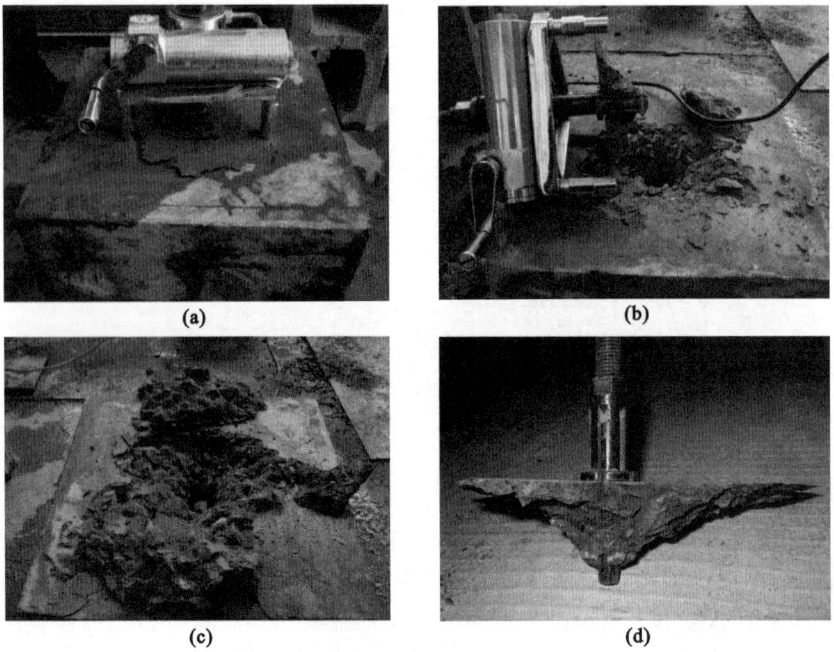

图 7.13 后装拔出法检测操作现场

(a) 拔出进行中；(b) 拔出结束后；(c) 混凝土损伤程度；(d) 拔出的混凝土锥体

7.3.5.3 混凝土强度换算

后装拔出法(三点式):

$$f_{cu}^{c} = 2.76F - 11.54 \tag{7.13}$$

后装拔出法(圆环式):

$$f_{cu}^{c} = 1.55F + 2.35 \tag{7.14}$$

式中 f_{cu}^{c}——混凝土强度换算值(MPa),精确至 0.1 MPa;

F——拔出力代表值(kN),精确至 0.1 kN。

单个构件拔出力代表值 F 确定原则:

① 当 3 个拔出力中的最大拔出力和最小拔出力与中间值之差的绝对值均小于中间值的 15%时,取最小值作为该构件拔出力代表值。

② 当最大拔出力或最小拔出力与中间值之差的绝对值大于中间值的 15%(包括两者均大于中间值的 15%),需要进行加测时,加测的 2 个拔出力值和最小拔出力值一起取平均值,再与前一次的拔出力中间值比较,取最小值作为该构件拔出力代表值。

7.3.5.4 混凝土强度推定

对于单个构件的混凝土强度推定:

$$f_{cu,e} = f_{cu}^{c} \tag{7.15}$$

式中 $f_{cu,e}$——混凝土强度推定值(MPa)。

对于同批构件抽样检测,需要根据此批抽样的构件数、测点数计算相应的均值和方差,由均值和方差确定混凝土强度推定值,参见《拔出法检测混凝土强度技术规程》(CECS 69:2011)7.3条进行计算。

7.4 超声波检测混凝土缺陷

从 20 世纪 40 年代开始,国内外的众多学者对超声法检测混凝土缺陷技术进行了相关研究,到目前为止,已经取得了丰硕的研究成果,很多国家相继颁布了超声法检测混凝土缺陷的规范规程。1990 年,我国颁布了《超声法检测混凝土缺陷技术规程》(CECS 21:90),在 2000 年,考虑到检测技术的快速发展,同时吸收国内外超声检测仪器最新成果、超声检测技术的新经验和工程建设中混凝土质量控制与检测的实际需要,对规程进行了修订,现为《超声法检测混凝土缺陷技术规程》(CECS 21:2000)。

超声法是利用低频超声波,测量超声波脉冲中纵波在混凝土中的传播速度、首波幅度和接收信号的主频率等声学参数,根据这些参数及其相对变化分析判断混凝土缺陷的方法。当混凝土内部存在空洞、不密实或裂缝等缺陷时,这些缺陷破坏了混凝土的整体性,超声脉冲需要绕行通过这些区域,导致与无缺陷混凝土相比声时偏长,同时超声脉冲遇到混凝土缺陷时在缺陷界面会产生反射与散射,声能衰减导致波幅和频率降低,综合声速、波幅和频率等参数的相对变化,对相同条件下的混凝土(原材料、配合比、龄期和测试距离等相同)进行比较,从而判定混凝土缺陷情况。作为混凝土缺陷检测的重要手段,该方法已在工程中得到了广泛的应用。常见的超声波仪器如图 7.14 所示。

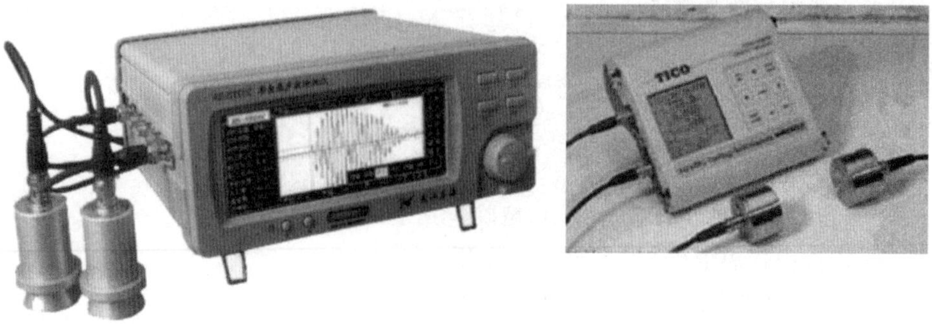

图 7.14　常见的超声波仪器

7.4.1　混凝土裂缝检测

7.4.1.1　浅裂缝检测

对于结构混凝土开裂深度小于或等于 500 mm 的裂缝，可用平测法或斜测法进行检测。当结构的裂缝部位只有一个可测表面时，可采用平测法检测。将超声波仪器的发射换能器和接收换能器对称布置在裂缝两侧，如图 7.15 所示，换能器的间距为 L，假定超声波传播所需时间为 t_c。再将换能器以相同距离 L 平置在完好的混凝土表面，测得传播时间为 t，则裂缝的深度 d_c 计算公式为：

$$d_c = \frac{L}{2}\sqrt{\left(\frac{t_c}{t}\right)^2 - 1} \tag{7.16}$$

式中　d_c——裂缝深度(mm)；

t, t_c——测距为 L 时不跨缝、跨缝平测的声时值(μs)；

L——平测时的超声传播距离(mm)。

实际工程检测时，可进行不同测距的多次测量，取 d_c 的平均值作为该裂缝的深度值。

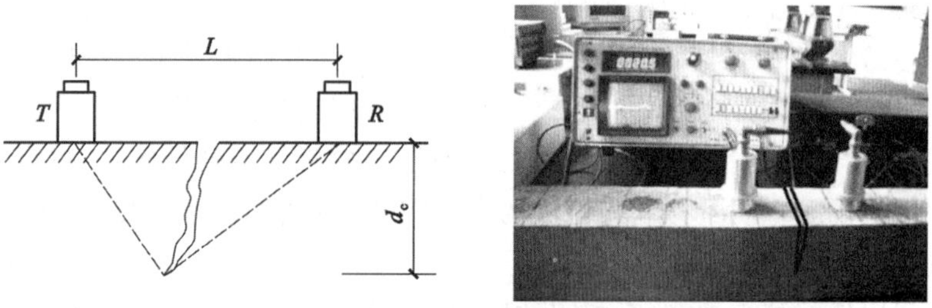

图 7.15　平测法检测裂缝深度

当结构裂缝的部位有两个相互平行的测试表面时，可采用斜测法进行检测。如图 7.16 所示，将两个换能器分别置于对应测点 1、2、3、4、5 的位置，读取相应声时值 t_i、波幅值 A_i 和频率值 f_i。当两换能器连线通过裂缝时，则接收信号的波幅和频率明显降低。对比各测点信号，根据波幅和频率的突变，可以判定裂缝的深度以及是否在平面方向贯通。

超声检测时，裂缝中不允许有泥浆或积水。当结构或构件中有钢筋穿过裂缝且与两换能器连线大致平行时，测点布置时可利用钢筋定位仪，使两个换能器连线与钢筋轴线至少相距1.5倍的裂缝预计深度，以减少测量误差。

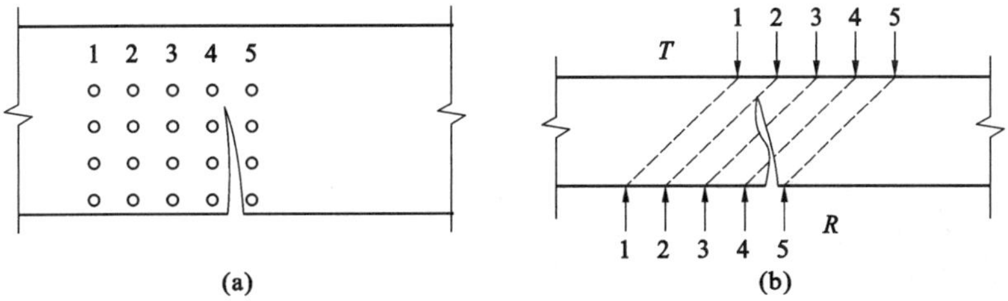

图 7.16　斜测法检测裂缝深度

(a) 立面图;(b) 平面图

7.4.1.2　深裂缝检测

对于地下基础的深裂缝或混凝土中预计深度在 500 mm 以上的深裂缝,可采用钻孔检测,如图 7.17 所示。

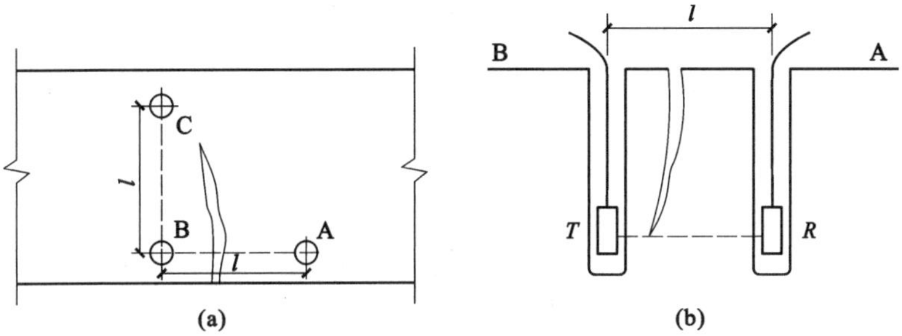

图 7.17　钻孔检测裂缝深度

(a) 平面图;(b) 剖面图

在裂缝两侧钻两孔(A 孔、B 孔),孔距宜为 2 m。测试前向测孔中灌注清水,作为耦合介质,将发射和接收换能器分别置入裂缝两侧的对应孔中,以相同高程等距自上向下同步移动,在不同的深度上进行对测,逐点读取声时和波幅数据。绘制换能器的深度和对应波幅值的 *d*-*A* 坐标图(图 7.18)。波幅值随换能器下降的深度逐渐增大,当波幅达到最大并基本稳定时的对应深度,便是裂缝深度 d_c。测试时,可在混凝土裂缝测孔的一侧另钻一个深度较浅的比较孔(图 7.17 中 C 孔),测试同样测距无缝混凝土的声学参数,与裂缝部位的混凝土对比,进行判别。

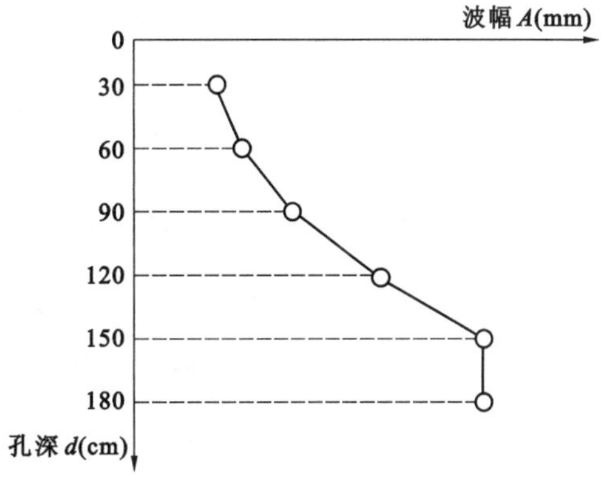

图 7.18　裂缝深度与波幅值的 *d*-*A* 坐标图

7.4.2　混凝土内部缺陷检测

超声法检测混凝土内部的空洞是根据各测点的声时、声速、波幅或频率值的相对变化,确定异常测点的坐标位置,从而判定缺陷的范围。

当结构具有两对互相平行的测面时可采用对测法。在测区的测试面上,分别画间距为 20～30 cm 的网格,确定测点的位置,如图 7.19 所示。

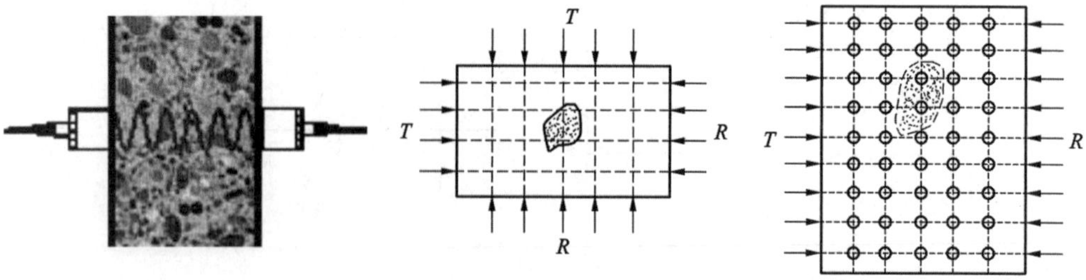

图 7.19　对测法检测混凝土缺陷及测点位置

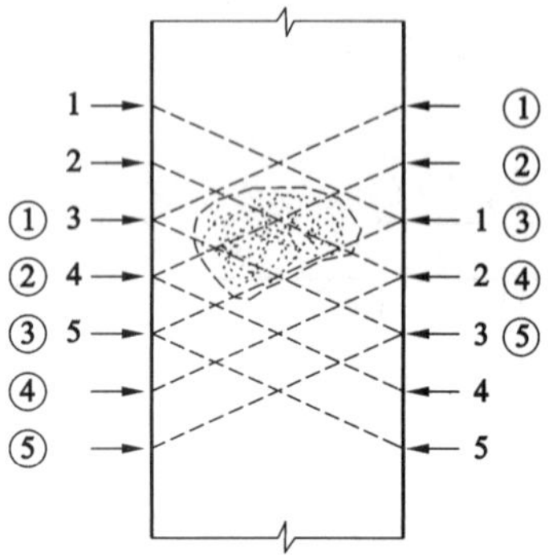

图 7.20　混凝土缺陷斜测法测点位置

当被测结构只有一对相互平行的侧面时，可采用斜测法，即在测区的两个相互平行的测试面上，分别画出交叉测试的两组测点位置(图 7.20)。

当被测结构采用对测法测试的距离较大时，可在测区的适当部位钻出平行于结构侧面的测孔，直径大约为 5 cm，其深度由测试需要确定。测点布置如图 7.21所示。

测试时，记录每一测点的声时、波幅、频率和测距，通过对比同条件混凝土的声学参数，可确定混凝土内部存在的空洞范围。通常情况下，只有缺陷部位的尺寸大于探头的尺寸时，检测结果才比较准确。

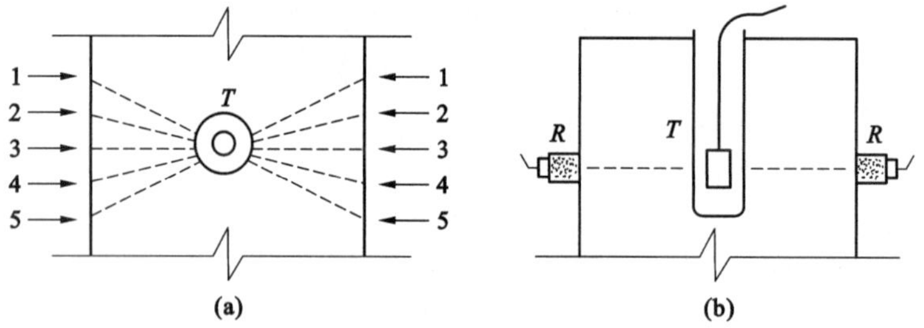

图 7.21　混凝土缺陷对测法测点布置

(a) 平面图；(b) 立面图

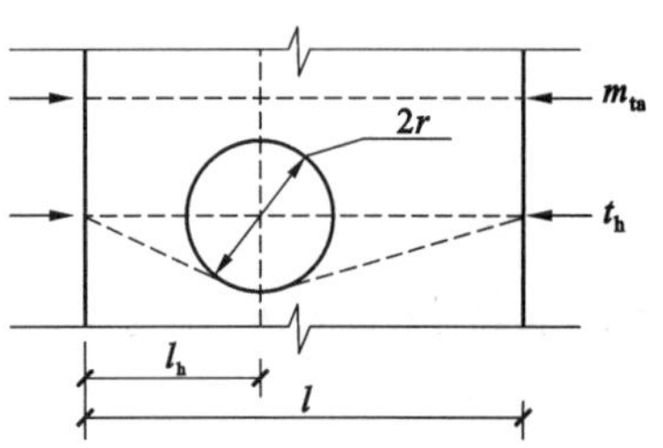

图 7.22　混凝土内部空洞尺寸估算

当被测结构混凝土只有一对可供测试的表面时，混凝土内部空洞尺寸可按下式进行估算(图 7.22)：

$$r = \frac{l}{2}\sqrt{\left(\frac{t_h}{m_{ta}}\right)^2 - 1} \tag{7.17}$$

式中　r——空洞半径(mm)；

l——检测距离(mm)；

t_h——缺陷处的最大声时值(μs)；

m_{ta}——缺陷区域的平均声时值(μs)。

钻孔探测鉴别混凝土质量的方法还被用于灌注桩桩身混凝土的完整性检测。超声波法检测桩完整性是通过将超声发射探头和接收探头分别放进预先埋入桩身且充满水的不同钢管(声测管)中，发射探头产生的超声波经过水耦合穿透桩身混凝土到达另一个钢管中的接收探头，接收探头将接收到的信息传入仪器，之后逐点发射和接收脉冲，通过综合分析接收到的超声波在混凝土中的信号(声时、声速、声幅、频率和波形等参数),逐点判断混凝土的质量,并分析缺陷性质、位置和范围等,是目前灌注桩质量检测中较为理想的无损检测方法。

检测的基本依据是,当混凝土中存在缺陷时,超声波声速、声幅、频率和波形等参数都有反映:

① 当混凝土内部存在缺陷时,这些缺陷使超声波发-收通路上的介质不连续,低频超声波将绕过缺陷向前传播,在探测距离内,其绕射到达所需的"声时"比超声波在无缺陷的混凝土中直接传播时所需的"声时"长,反映出超声波的声速减小。

② 当存在缺陷时,超声波在混凝土中传播时声能衰减加大,接收信号的首波幅度下降。

③ 当混凝土存在缺陷时,高频成分比低频成分消失快,接收信号的频率总是比通过相同测距的无缺陷混凝土接收到的频率低。

④ 超声波在缺陷界面上的复杂反射、折射,使声波传播的相位发生差异,叠加的结果导致接收信号的波形发生畸变。

超声波检测灌注桩混凝土桩身完整性详见【例 7.3】。

【例 7.3】 大直径灌注桩桩身完整性检测

(1) 声测管选择、布置与安装

声测管材质的选择以透声率较大、便于安装及费用较低为原则。声脉冲从发射换能器发出,通过耦合水到达水和声测管管壁的界面,再通过管壁到达声测管管壁与混凝土的界面,穿过混凝土后又需穿过另一声测管的两个界面而到达接收换能器。目前常用的声测管有钢管、钢质波纹管、塑料管 3 种。钢管的优点是便于安装,可用电焊焊在钢筋骨架上(图 7.23),可代替部分钢筋截面,而且由于刚度较大,埋置后钢管可基本上保持其平行度和平直度,目前许多大直径灌注桩均采用钢管作为声测管。声测管的直径通常比径向换能器的直径大 10 mm 即可,常用规格是内径 50~60 mm。管子的壁厚对透声率的影响很小,所以,原则上对管壁厚度不作限制。声测管埋设数量应符合《建筑基桩检测技术规范》(JGJ 106—2014)相关要求:① $D \leqslant 800$ mm,2 根管;② 800 mm $< D \leqslant 2000$ mm,不少于 3 根管;③ $D > 2000$ mm,不少于 4 根管。D 为受检桩设计桩径。钢筋笼安装、下桩孔如图 7.24 所示。

图 7.23 钢筋笼制作与声测管固定

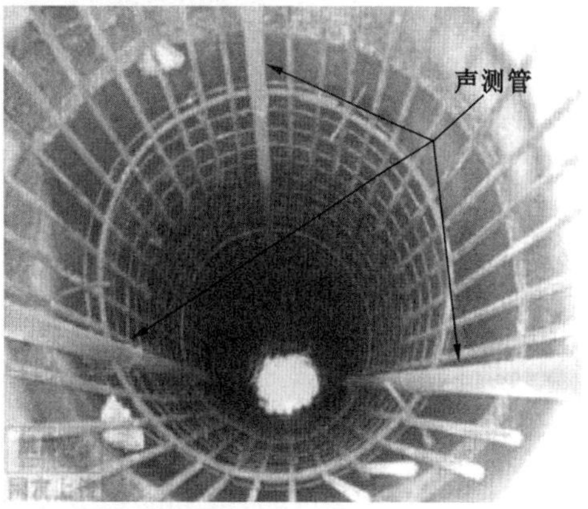

图 7.24 钢筋笼下桩孔

在混凝土浇筑完毕后对其进行养护,待混凝土养护强度满足规范相关要求后,方可进行超声波现场检测。《建筑基桩检测技术规范》(JGJ 106—2014)规定:"当采用低应变法或声波透射法检测时，受检桩混凝土强度至少达到设计强度的70%，且不小于15 MPa。”

（2）超声波现场检测（图7.25）

① 现场检测前准备工作

a. 采用标定法确定仪器系统延迟时间。

b. 计算声测管及耦合水层声时修正值。

c. 在桩顶测量相应声测管外壁间净距离。

d. 将各声测管内注满清水，检查声测管畅通情况；换能器应能在全程范围内正常升降。

② 现场检测步骤

a. 将发射与接收声波换能器通过深度标志分别置于两根声测管中的测点处。

b. 发射与接收声波换能器应以相同标高或保持固定高差同步升降，测点间距不应大于250 mm。

c. 实时显示和记录接收信号的时程曲线，读取声时、首波峰值和周期值，宜同时显示频谱曲线及主频值。

d. 将多根声测管以两根为一个检测剖面进行全组合，分别对所有检测剖面进行检测。

e. 在桩身质量可疑的测点周围，应加密测点，或采用斜测、扇形扫测进行复测，进一步确定桩身缺陷的位置和范围。

f. 在同一检测剖面的检测过程中，声波发射电压和仪器设置参数应保持不变。

图7.25　超声波现场检测

（3）检测数据处理

各测点的声时、声速、波幅及主频应根据现场检测数据，按《建筑基桩检测技术规范》（JGJ 106—2014）相关规定进行计算，并绘制声速-深度曲线和波幅-深度曲线。桩身完整性类别应结合桩身混凝土各声学参数临界值、PSD判据、混凝土声速低限值以及桩身质量可疑点加密测试（包括斜测和扇形扫测）后确定缺陷范围（图7.26～图7.28）。

（4）检测报告包含内容

① 委托方名称，工程名称、地点，建设、勘察、设计、监理和施工单位，基础、结构类型，层数，设计要求，检测目的，检测依据，检测数量，检测日期。

② 地质条件描述。

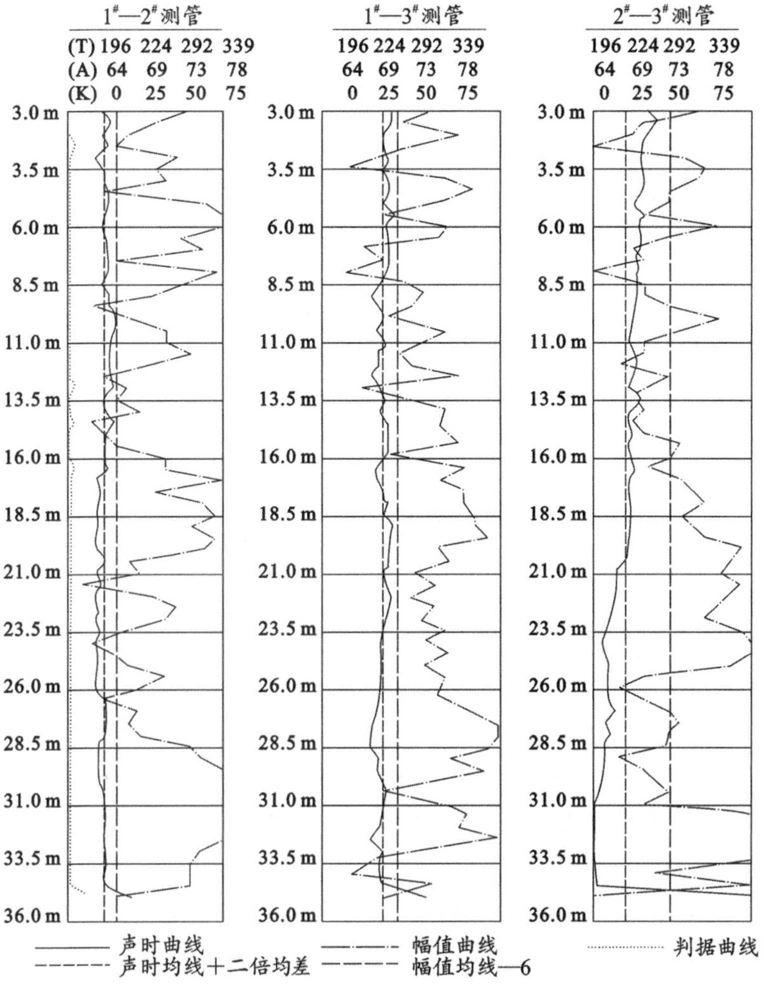

图 7.26 某桩深度-声时、幅值、PSD 判据关系曲线图(引用)

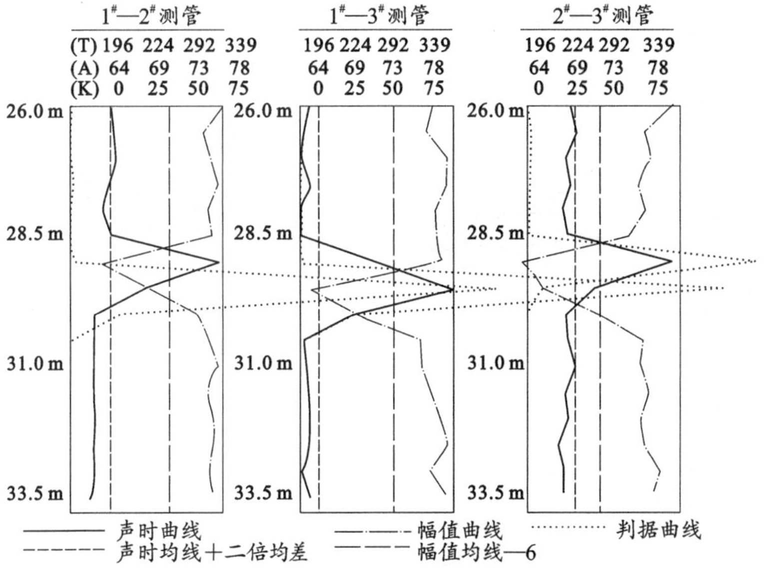

图 7.27 某桩深度-声时、幅值、PSD 判据关系曲线局部放大图(引用)

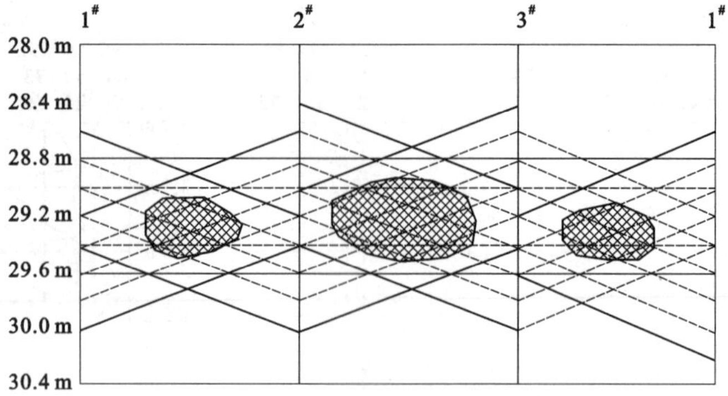

图 7.28 某桩缺陷阴影重叠分析图

③ 受检桩的桩号、桩位和相关施工记录。

④ 检测方法，检测仪器设备，检测过程叙述。

⑤ 各桩的检测数据，受检桩每个检测剖面声速-深度曲线、波幅-深度曲线，并将相应判据临界值所对应的标志线绘制于同一个坐标系；当采用主频值或 PSD 值进行辅助分析判定时，绘制主频-深度曲线或 PSD 曲线；绘制缺陷分布图示。

⑥ 与检测内容相应的检测结论。

7.4.3 混凝土表层损伤的检测

火灾、冻融循环和化学腐蚀等引起混凝土表面损伤，其损伤的厚度可以采用表面平测法进行检测。检测时，探头测点布置如图 7.29 所示。将发射换能器在测试表面 A 点耦合后固定不动，接收换能器依次耦合安置在 B_1、B_2、B_3…，每次移动距离不宜大于 10 cm，并测读相应的声时值 t_1、t_2、t_3…及两换能器之间的距离 l_1、l_2、l_3…，每一测区内不得少于 5 个测点。按各点声时值及测距绘制混凝土表面损伤层检测“时-距”坐标图(图 7.30)。由于混凝土损伤后声波传播速度会发生变化，因此在“时-距”坐标图上会出现转折点，由此可分别求得声波在损伤混凝土与密实混凝土中的传播速度：

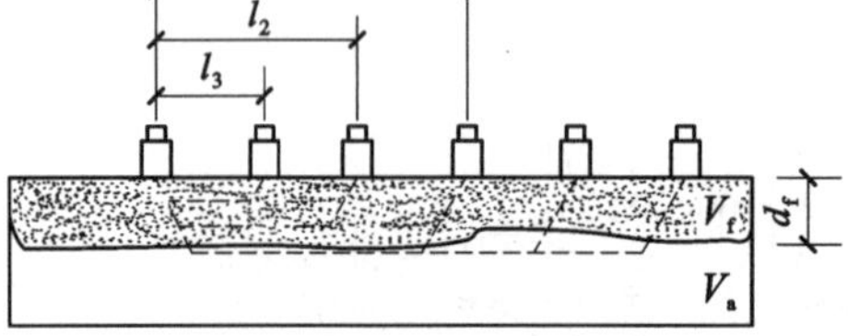

图 7.29 平测法检测混凝土表层损伤图

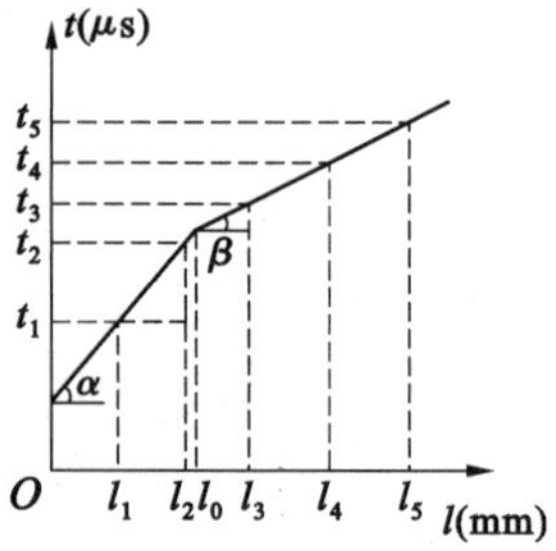

图 7.30 混凝土表层损伤检测“时-距”坐标图

损伤层混凝土的声速：

$$v_f = \cot\alpha = \frac{l_2 - l_1}{t_2 - t_1} \tag{7.18}$$

未损伤混凝土的声速：

$$v_a = \cot\beta = \frac{l_5 - l_3}{t_5 - t_3} \tag{7.19}$$

式中　l_1, l_2, l_3, l_5——转折点前后各测点的测距(mm)；

t_1, t_2, t_3, t_5——相对于测距 l_1、l_2、l_3、l_5 的声时(μs)。

混凝土表面损伤层的厚度：

$$d_f = \frac{l_0}{2}\sqrt{\frac{v_a - v_f}{v_a + v_f}} \tag{7.20}$$

式中　d_f——表层损伤厚度(mm)；

l_0——声速产生突变时的测距(mm)；

v_a——未损伤混凝土的声速(km/s)；

v_f——损伤层混凝土的声速(km/s)。

7.5　混凝土结构钢筋定位和钢筋锈蚀检测

混凝土结构、构件中的钢筋承担了大部分荷载效应(弯矩、剪力、扭矩、地震作用等),在对其进行维修、改造和加固之前,对结构中的钢筋数量、直径、位置、保护层厚度以及钢筋的锈蚀程度进行检测,对于评定钢筋混凝土结构承载力、结构耐久性的好坏尤为重要。2008年,我国颁布了《混凝土中钢筋检测技术规程》(JGJ/T 152—2008),为混凝土结构及构件钢筋检测及检测结果评价提供了规范依据。

7.5.1　混凝土结构钢筋位置检测

钢筋定位无损检测,就是要了解已有混凝土结构中钢筋的数量、直径、位置及保护层厚度等参数(图7.31)。另外,在对钢筋混凝土钻孔取芯或安装设备钻孔时需要避开主筋位置,也需探明钢筋的实际位置。《混凝土中钢筋检测技术规程》(JGJ/T 152—2008)中推荐的钢筋定位无损检测方法主要有雷达法和电磁感应法。

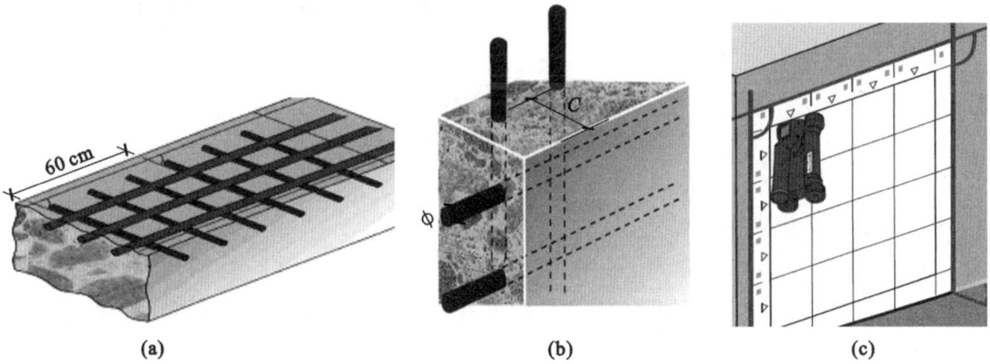

图7.31　钢筋探测仪检测内容及检测示意图

(a) 钢筋定位检测;(b) 钢筋保护层及直径检测;(c) 钢筋探测示意图

7.5.1.1　钢筋探测仪工作原理

当穿过闭合线圈的磁通改变时,线圈中出现电流的现象叫作电磁感应。当整块金属内部的电子受到某种非静电力时,金属内部就会出现感应电流,这种电流为涡流。由于多数金属的电阻率很小,因此不大的非静电力往往可以激起很大的涡流。电磁感应及涡流原理是钢筋探测仪检测的理论基础,其基本原理如图 7.32 所示。

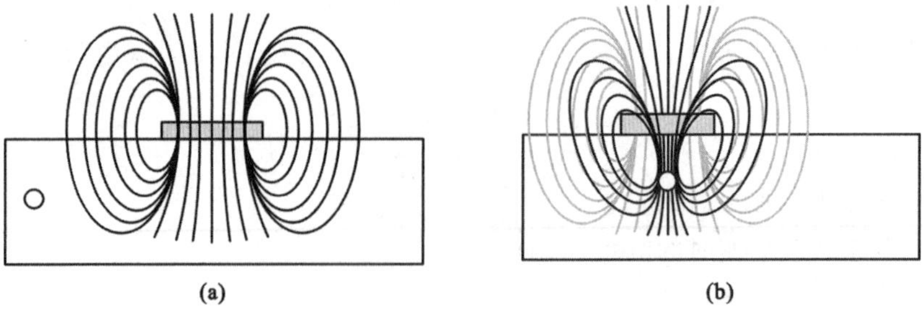

图 7.32 电磁感应工作原理

(a) 当探头远离钢筋时,未变化的磁场图像;(b) 当探头遇到钢筋,产生变化的磁场图像

混凝土是带弱磁性的材料,而结构内配置的钢筋是带有强磁性的。根据电磁感应原理,钢筋测试仪的探头接触结构混凝土表面,探头中的线圈通过交流电,线圈周围就产生交流磁场。当没有铁磁性的物质(如钢筋)进入磁场时,由于测量线圈的对称性,此时输出信号最小。而当探头逐渐靠近钢筋时,探头产生的交变磁场在钢筋内激发出涡流,而变化的涡流反过来又激发变化的电磁场,引起输出信号值慢慢增大。当探头位于钢筋正上方,且其轴线与被测钢筋平行时,输出信号值最大,由此可定出钢筋的位置和走向,如图 7.33 所示。

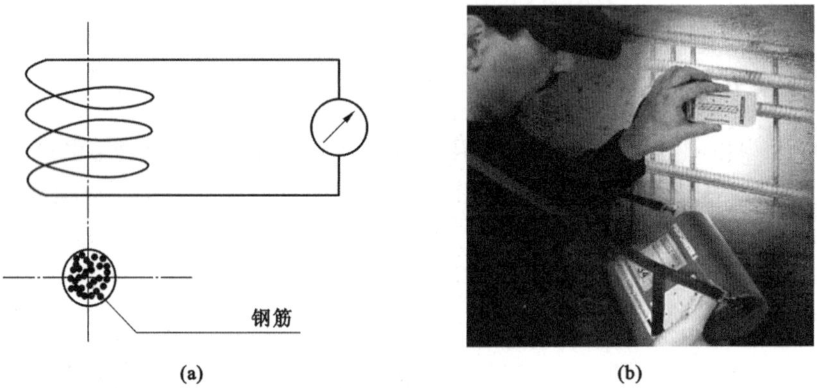

图 7.33 钢筋探测仪工作原理

(a) 钢筋影响感应电流示意图;(b) 钢筋探测仪

7.5.1.2 钢筋探测仪基本操作

(1) 钢筋探测仪开机检查;

(2) 确定检测区域,粘贴检测坐标纸,钢筋探测仪预设一个钢筋直径,将探头在检测面上移动,如图 7.34(a)所示,找到钢筋位置及走向并作标记,如图 7.34(b)所示;

(3) 将探头放置于钢筋的正上方,探头轴向与钢筋走向一致,测出钢筋的直径;

(4) 重新输入钢筋直径,同样将探头置于钢筋的正上方,轴向与钢筋平行,便可以准确测出保护层的厚度。

运用钢筋探测仪测量时,附近的钢筋均会产生电磁感应,测量信号实际上是一个综合信号。因而,同层钢筋的间距、第二层钢筋与第一层钢筋的排距和相对位置都会影响检测精度。电磁感应法检测钢筋位置适用于配筋稀疏且保护层不太厚的钢筋的检测,钢筋布置在同一平面或在不同平面内距离较大时效果较好。当钢筋靠得很近时,如 T 梁底的主筋,钢筋的直径和数量均无法确定。因此需要注意，当用钢筋探测仪测试平行的钢筋时，钢筋间距应不小于其保护层厚度的 1.5 倍。测定钢筋直径要求钢筋间距大于 2.5 倍保护层厚度，如图 7.35 所示。

(a)　　(b)

图 7.34　钢筋探测仪现场操作

(a) 定位扫描；(b) 画线

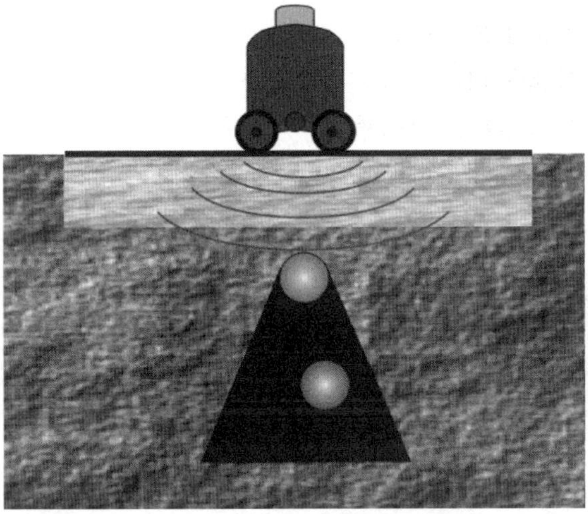

图 7.35　钢筋探测仪注意事项示意图

7.5.2　混凝土结构钢筋锈蚀检测

钢筋锈蚀对钢筋混凝土结构性能的影响主要体现在以下三个方面：① 钢筋锈蚀直接使钢筋截面面积减小，从而使钢筋的承载力下降，极限伸长率降低；② 钢筋锈蚀之后的体积比锈蚀前的体积大得多，体积膨胀使钢筋外围混凝土产生应力，出现顺筋开裂现象，使结构耐久性降低；③ 钢筋锈蚀使钢筋与混凝土之间的黏结力下降，破坏钢筋与混凝土间的共同作用，使钢筋作用逐渐失效。

我国北方地区混凝土冬季施工（掺加氯盐），海洋工程中的钢筋混凝土结构物以及大量使用海砂建造的混凝土结构，钢筋腐蚀尤为严重。由钢筋锈蚀引发的结构耐久性问题已经成为结构工程领域的热点关注问题，混凝土中钢筋锈蚀的及时发现和准确检测，是结构耐久性评估、剩余使用寿命预测的重要前提。因此，钢筋锈蚀现场检测与长期监测意义重大。

目前多种检测混凝土中钢筋锈蚀程度和锈蚀速率的电化学方法中，半电池电位法是应用最为广泛的一种检测方法，《混凝土中钢筋检测技术规程》(JGJ/T 152—2008)中推荐的钢筋的锈蚀检测方法即为半电池电位法。混凝土中钢筋的锈蚀是一个电化学的过程。钢筋因锈蚀而在表面有腐蚀电流存在，使电位发生变化。检测时采用有铜-硫酸铜作为参考电极的半电池探头的钢筋锈蚀探测仪，用半电池电位法测量钢筋表面与探头之间的电位差，利用钢筋锈蚀程度与测量电位间建立的一定关系，由电位高低变化的规律判断钢筋锈蚀的可能性及其锈蚀程度。表7.5为钢筋锈蚀状况的判别标准[引《混凝土中钢筋检测技术规程》(JGJ/T 152—2008)表 5.5.3]。

表 7.5 钢筋锈蚀状况的判别标准

电位水平(mV)	钢筋状态
＞－200	不发生锈蚀的概率＞90％
－350～－200	锈蚀性状不确定
＜－350	发生锈蚀的概率＞90％

本 章 小 结

本章系统地介绍了混凝土结构检测的一般程序及检测内容。对钢筋混凝土结构的强度检测、裂缝及缺陷检测、混凝土中钢筋检测等内容进行了重点讲解。学习本章后，学生应熟练掌握混凝土强度检测技术中的回弹法和超声回弹综合法；基本掌握钻芯法和拔出法；了解混凝土缺陷超声波检测技术、钢筋定位及锈蚀检测技术。

思 考 题

(1) 混凝土结构检测包括哪些内容？

(2) 回弹仪的工作原理是什么？回弹仪如何进行标定？

(3) 回弹法检测单元、测区和测点概念上有何区别？

(4) 混凝土强度检测方法有哪几种？各自原理、优点及缺点是什么？

(5) 如何进行混凝土结构裂缝的检测？

(6) 混凝土内部缺陷如何检测？举例说明。

(7) 混凝土中钢筋检测主要有哪些内容？分别采用哪些方法？

8 混凝土结构加固技术

8.1 混凝土结构加固的工程背景

混凝土建筑结构作为20世纪建筑领域中技术发展最迅速、应用最广泛的一种结构体系，由于各种原因需要在其使用寿命周期中进行检测、鉴定与加固修复，以保证结构的安全和功能的正常发挥。在欧美发达国家中，目前用于建筑加固改造的投资已占国家建筑业总投资的1/2以上，例如英国1980年建造物维修改造工程占建筑工程总量的2/3，瑞典1983年用于维修改造的投资占建筑业总投资的50%，苏联第9和第10个五年计划中维修改造业的投资占工业建筑总投资的65%。美国劳工部门在20世纪末的一项产业预测报告中曾经预言：建筑维修与加固业将是21世纪最为热门的行业之一。在过去的几十年中，我国的建筑业发展很快，特别是自20世纪70年代末实行改革开放以后的20年间，各种高楼大厦、厂房、桥梁、堤坝、隧道以及城市基础设施数量急剧增加。据有关部门统计，目前我国现存的各种建(构)筑物的总面积至少在100亿 m^2 以上，其中有10亿 m^2 房屋急需维修加固才能使用。据有关资料统计，自1997年以来，我国加固工程量平均年递增量达到30%以上，到2000年，全国年加固修复工程量已突破100万 m^2，2008年以后，结构检测、加固及维护业务增长幅度在50%左右。

目前，我国建筑物检测、鉴定与加固修补主要基于以下几方面原因：

(1) 建筑物年代久远，老化严重

我国20世纪五六十年代修建的大批工业厂房、公共建筑和民用建筑，已有数十亿平方米进入中老年期。在我国，按已使用的年限统计，民用建筑使用期超过20年的约占民用建筑总数的64%，工业建筑使用期超过30年的约占工业建筑总数的65%。

(2) 使用功能变化引起的技术改造

建筑物使用过程中由于使用功能发生了变化，其结构受力形式及荷载发生改变。例如：房屋加层、改建、扩建、内部设施现代化、墙体节能改造等，需对现有结构进行加固改造。

(3) 建筑施工质量问题引起的加固修补

在一些新建成的工程项目中，由于勘察、设计和施工过程中的技术和管理问题，工程在建成初期就出现各种质量安全隐患，同时近年来社会上大量曝光的由工程质量低劣所造成的危房，它们也亟待进行处理。

(4) 由灾害引起的结构破坏的修补

由地震、火灾、水灾等灾害引起的建筑物结构的破坏。受灾后，建筑物一般都需要进行加固修补。

(5) 已有结构抗震加固

随着国家抗震要求、设防标准的提高和改变，许多地区现有房屋不能满足新抗震设防的要求，从而需要进行抗震加固，特别是需要对中小学校舍进行抗震加固。

由于以上几方面的原因，我国每年都有几百万平方米的建筑物需要进行检测、鉴定与维修加固。为此，国家每年要投入大量资金用于各种建筑的加固修复，建筑结构检测与加固行业存在着巨大的发展空间，同时也需要我们在这个行业注入新的技术、知识和力量。因此，对于即将走上工作岗位的学生，初步了解这个行业现有的混凝土结构检测与加固技术，就显得尤为必要。

混凝土结构加固方法主要分为两大类，即直接加固法和间接加固法。直接加固法有加大截面加固法、置换混凝土加固法、黏结外包型钢加固法、黏结钢板加固法、粘贴纤维复合材料加固法、绕丝加固法等；间接加固方法有体外预应力加固法、增设支承加固法等。本章主要结合《混凝土结构加固技术规范》(GB 50367—2013)、《建筑抗震加固技术规程》(JGJ 116—2009)对混凝土结构常用的加固方法进行介绍。

8.2 加大截面加固法

8.2.1 概念

加大截面加固法是一种采用钢筋混凝土或钢筋网砂浆层，增大原混凝土结构或构件截面面积，从而提高结构或构件的承载力和刚度的直接加固法。该方法适用于梁、板、柱、墙、基础等混凝土受弯和受压构件的加固，如图 8.1、图 8.2 所示。

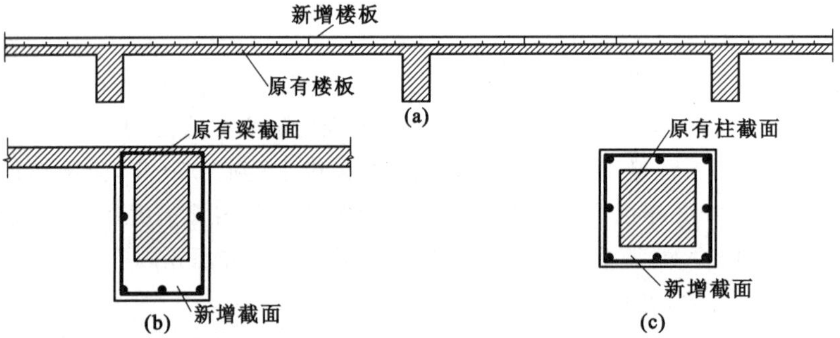

图 8.1 加大截面加固法示意图

(a) 板加固；(b) 梁加固；(c) 柱加固

图 8.2 加大截面加固法现场施工

(a) 板加固；(b)梁加固；(c)柱加固；(d) 基础加固

8.2.2 计算方法举例

采用加大截面法加固时，规范要求按现场检测结果确定的原构件混凝土强度等级应不低于 C10。当被加固构件界面处理及其施工质量符合加固规范要求时，可按整体截面计算。

8.2.2.1 受弯构件正截面加固计算

采用加大截面加固受弯构件时，应根据原结构构造和受力的实际情况，选用在受压区或受拉区增设现浇钢筋混凝土外加层的加固方式，如图 8.3 所示。

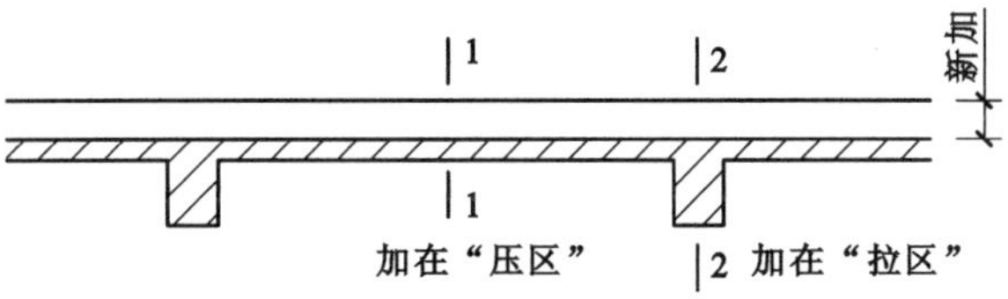

图 8.3 混凝土受弯构件加固

当仅在受压区加固受弯构件时，其承载力、抗裂性、钢筋应力、裂缝宽度及挠度的计算和验算，可按现行设计规范《混凝土结构设计规范》(GB 50010—2010)、《混凝土结构加固设计规范》(GB 50367—2013)叠合层相关规定进行计算。参见图 8.4。

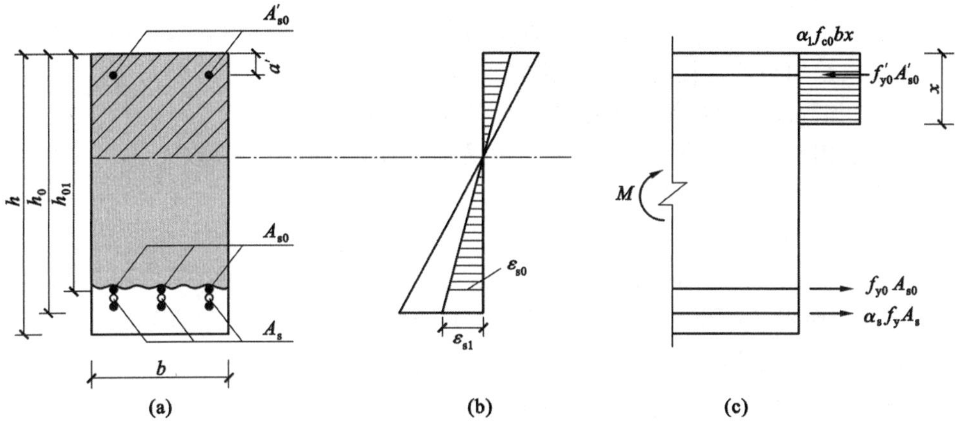

图 8.4 受弯构件加固计算

当在受拉区加固矩形截面受弯构件时，其正截面受弯承载力计算原理如下：

$$M \leqslant \alpha_s f_y A_s \left(h_0 - \frac{x}{2}\right) + f_{y0} A_{s0} \left(h_{01} - \frac{x}{2}\right) + f'_{y0} A'_{s0} \left(\frac{x}{2} - a'\right) \tag{8.1}$$

$$\alpha_1 f_{c0} bx = f_{y0} A_{s0} + \alpha_s f_y A_s - f'_{y0} A'_{s0} \tag{8.2}$$

$$2a' \leqslant x \leqslant \xi_b h_0 \tag{8.3}$$

式中 M——构件加固后弯矩设计值(kN·m)；

α_s——新增钢筋强度利用系数，取 0.9；

f_y——新增钢筋的抗拉强度设计值(N/mm^2)；

A_s——新增受拉钢筋的截面面积(mm^2)；

h_0，h_{01}——构件加固后和加固前的截面有效高度(mm)；

x——混凝土受压区高度(mm)；

f_{y0}，f'_{y0}——原钢筋的抗拉、抗压强度设计值(N/mm^2)；

A_{s0}，A'_{s0}——原受拉、受压钢筋的截面面积(mm^2)；

a'——纵向受压钢筋合力点至混凝土受压边缘的距离(mm)；

α_1——受压区混凝土矩形应力图的应力值与混凝土轴心抗压强度设计值的比值，当混凝土强度等级不超过C50时，取$\alpha_1=1.0$，当混凝土强度等级为C80时，取$\alpha_1=0.94$，其间按线性内插法确定；

f_{c0}——原构件混凝土轴心抗压强度设计值(N/mm²)；

b——矩形截面宽度(mm)；

ξ_b——增大截面加固后的相对界限受压区高度，按下式计算：

$$\xi_b=\frac{\beta_1}{1+\frac{\alpha_s f_y}{\varepsilon_{cu}E_s}+\frac{\varepsilon_{s1}}{\varepsilon_{cu}}} \tag{8.4}$$

其中

$$\varepsilon_{s1}=\left(1.6\frac{h_0}{h_{01}}-0.6\right)\varepsilon_{s0} \tag{8.5}$$

$$\varepsilon_{s0}=\frac{M_{0k}}{0.87h_{01}A_{s0}E_{s0}} \tag{8.6}$$

式中 β_1——计算系数，当混凝土强度等级≤C50时，取0.8；

ε_{cu}——混凝土极限压应变，取0.0033；

ε_{s1}——新增钢筋位置处，按平截面假设确定的初始应变值，当新增主筋与原主筋的连接采用短筋焊接时，可近似取$h_{01}=h_0$，$\varepsilon_{s1}=\varepsilon_{s0}$；

M_{0k}——加固前受弯构件验算截面上原作用的弯矩标准值；

ε_{s0}——加固前在初始弯矩M_{0k}作用下原受拉筋的应变值；

E_s——新增钢筋的弹性模量；

E_{s0}——原钢筋的弹性模量。

当按式(8.1)及式(8.2)算得的加固后混凝土受压区高度x与加固前原截面有效高度h_{01}之比x/h_{01}大于原截面相对界限受压区高度系数ξ_{b0}时，应考虑原纵向受拉钢筋应力σ_{s0}尚达不到f_{y0}的情况。为此，应将上述两公式中的f_{y0}改为σ_{s0}，并重新进行验算。验算时，σ_{s0}值按下式确定：

$$\sigma_{s0}=\left(\frac{0.8h_{01}}{x}-1\right)\varepsilon_{cu}E_s\leqslant f_{y0} \tag{8.7}$$

若算得的结果$\sigma_{s0}<f_{s0}$，则应按此验算结果确定加固钢筋用量；若算得的结果$f_{s0}>\sigma_{s0}$，则表示原结果无须变动。

8.2.2.2 构造要求

(1) 新增混凝土层的最小厚度，对板不应小于40 mm；对梁、柱，采用人工浇筑时，不应小于50 mm；采用喷射混凝土施工时，不应小于50 mm。

(2) 加固用的钢筋应采用热轧钢筋。板的受力钢筋直径不应小于8 mm；梁的受力钢筋直径不应小于12 mm；柱的受力钢筋直径不应小于14 mm；加锚式箍筋直径不应小于8 mm；U形箍筋直径应与原箍筋直径相同；分布筋直径应取6 mm。

(3) 新增受力钢筋与原受力钢筋间的净距不应小于25 mm，并应采用短筋或箍筋与原钢筋焊接，其构造应符合下列要求：① 当新增受力钢筋与原受力钢筋采用短筋焊接时，短筋的直径不应小于20 mm，长度不应小于$5d$，各短筋的中距不应大于500 mm[图8.5(a)]；② 当用单侧或双侧加固时，应设置U形箍筋[图8.5(b)]，U形箍筋应焊在原有箍筋上，单面焊缝长度为$10d$，双面焊接为$5d$(d为U形箍筋直径)；③ 当受构造条件限制必须采用植筋方式埋设

U 形箍筋[图 8.5(c)]时，应采用锚固专用的结构胶植筋，不得采用改性的环氧类胶黏剂和不饱和聚酯类的胶黏剂种植，也不得采用无机锚固剂(包括水泥基灌浆料)种植。

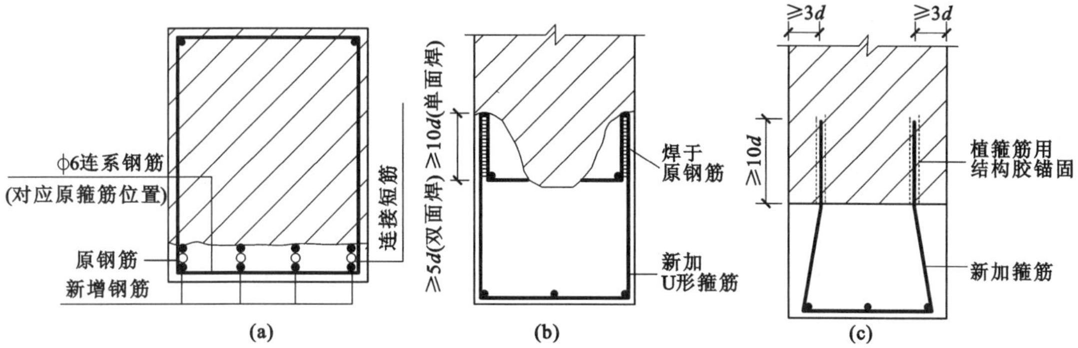

图 8.5 增大截面配置新增箍筋的连接构造

(a)短筋焊接连接构造；(b)设置 U 形箍构造；(c)植筋埋设 U 形箍构造

(4) 梁的新增纵向受力钢筋，其两端应可靠锚固；柱的新增纵向受力钢筋的下端应伸入基础并应满足锚固要求；上端应穿过楼板与上层柱脚连接或在屋面板处封顶锚固。

受弯构件斜截面加固计算、受压构件正截面加固计算与构造参见《混凝土结构加固技术规范》(GB 50367—2013)相关内容。

8.2.2.3 受弯构件正截面加固计算案例

【例 8.1】 某已建办公楼三层局部因使用功能发生变化，楼面活荷载由 2.0 kN/m^2 增加到 5.5 kN/m^2，结构平面布置如图 8.6 所示。活荷载的增加导致楼板、部分框架梁承载力不足，现假定框梁 KL-1 经 PKPM 软件计算，梁的抗剪能力满足要求，梁跨中的最大弯矩由原标准值 210.5 kN·m 增加到 450.8 kN·m(设计值为 563.5 kN·m)，梁截面尺寸 b=300 mm，h=600 mm，梁底部钢筋 4Φ25，梁顶 2Φ16，箍筋Φ8@150，原混凝土强度等级 C35，环境类别一类，采用 C35 细实混凝土外包加大截面法进行加固，假定采用图 8.5(b)所示的加固方式，试对框梁 KL-1 正截面承载力进行加固计算。

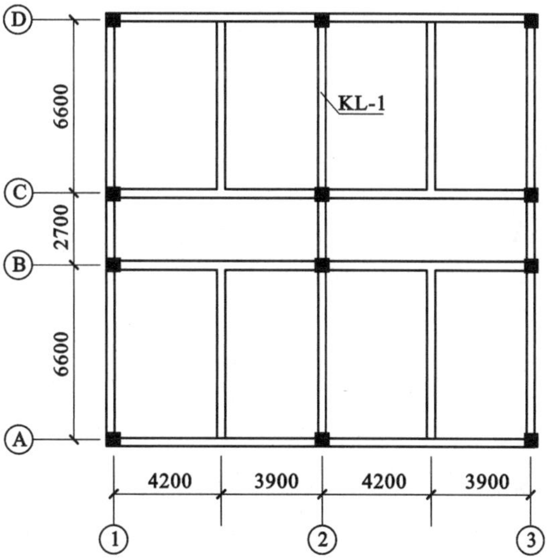

图 8.6 结构平面布置图(局部)

【解】 (1) 原有梁受弯承载力验算。

由《混凝土结构设计规范》表 4.1.4、表 4.2.3-1，查得 $f_{c0}=16.7\ \text{N/mm}^2$，$f_t=1.57\ \text{N/mm}^2$，$f_{y0}=f'_{y0}=360\ \text{N/mm}^2$；

由《混凝土结构设计规范》6.2.6 条：$\alpha_1=1.0$；

由《混凝土结构设计规范》6.2.7 条：$\xi_b=0.518$；

由《混凝土结构设计规范》8.2.1 条：$c=20$ mm，近似取 $a_s=a'_s=40$ mm，$h_{01}=600-40=560$ mm；

由《混凝土结构设计规范》附录 A：$A_{s0}=1964\ \text{mm}^2$，$A'_{s0}=402\ \text{mm}^2$；

由《混凝土结构设计规范》式(6.2.10-2)$\alpha_1 f_{c0}bx=f_{y0}A_{s0}-f'_{y0}A'_{s0}$ 有：

$$x=\frac{f_{y0}A_{s0}-f'_{y0}A'_{s0}}{\alpha_1 f_{c0}b}=\frac{360\times1964-360\times402}{1.0\times16.7\times300}=112.24\ \text{mm}$$

由《混凝土结构设计规范》式(6.2.10-3)、式(6.2.10-4)有：

$$2a'_s=80\ \text{mm}<x=112.24\ \text{mm}<\xi_b h_0=0.518\times560=290.08\ \text{mm}$$

由《混凝土结构设计规范》式(6.2.10-1)有：

$$\begin{aligned}M_u&=\alpha_1 f_{c0}bx\left(h_{01}-\frac{x}{2}\right)+f'_{y0}A'_{s0}(h_{01}-a'_s)\\&=1.0\times16.7\times300\times112.24\times\left(560-\frac{112.24}{2}\right)+360\times420\times(560-40)\\&\approx362\times10^6\ \text{N}\cdot\text{mm}\\&=362\ \text{kN}\cdot\text{m}\end{aligned}$$

原梁抗弯承载力与荷载效应比较：

$$M_u=362\ \text{kN}\cdot\text{m}<M=563.5\ \text{kN}\cdot\text{m}$$

因此，原梁截面不满足现荷使用要求，需加大截面进行加固。

(2) 加固设计条件下，加固梁正截面抗弯承载力验算。

假定加固条件为：加固层厚度为 $\Delta h=100$ mm，梁总高 $h=700$ mm，新增加固钢筋截面面积 $A_s=1473\ \text{mm}^2$(3Φ25)，$h_0=700-40=660$ mm。

由式(8.2)$\alpha_1 f_{c0}bx=f_{y0}A_{s0}+\alpha_s f_y A_s-f'_{y0}A'_{s0}$ 有：

$$\begin{aligned}x&=\frac{f_{y0}A_{s0}+\alpha_s f_y A_s-f'_{y0}A'_{s0}}{\alpha_1 f_{c0}b}=\frac{360\times1964+0.9\times360\times1473-360\times402}{1.0\times16.7\times300}\\&=207.5\ \text{mm}\approx208\ \text{mm}\end{aligned}$$

由式(8.6)有：

$$\varepsilon_{s0}=\frac{M_{0k}}{0.87h_{01}A_{s0}E_{s0}}=\frac{210.5\times10^6}{0.87\times560\times1964\times2.0\times10^5}=0.00110$$

由式(8.5)有：

$$\varepsilon_{s1}=\left(1.6\times\frac{h_0}{h_{01}}-0.6\right)\varepsilon_{s0}=\left(1.6\times\frac{660}{560}-0.6\right)\times0.00110=0.00141$$

由式(8.4)有：

$$\xi_b=\frac{\beta_1}{1+\frac{\alpha_s f_y}{\varepsilon_{cu}E_s}+\frac{\varepsilon_{s1}}{\varepsilon_{cu}}}=\frac{0.8}{1+\frac{0.9\times360}{0.0033\times2.0\times10^5}+\frac{0.00141}{0.0033}}=0.417$$

$$x=208\ \text{mm}<\xi_b h_0=0.417\times660=275.22\ \text{mm}$$

由式(8.1)有：

$$M_u'=\alpha_s f_y A_s\left(h_0-\frac{x}{2}\right)+f_{y0}A_{s0}\left(h_{01}-\frac{x}{2}\right)+f_{y0}'A_{s0}'\left(\frac{x}{2}-a'\right)$$

$$=0.9\times360\times1473\times\left(660-\frac{184}{2}\right)+360\times1964\times\left(560-\frac{184}{2}\right)+360\times402\times\left(\frac{184}{2}-40\right)$$

$$=597.0\ \text{kN}\cdot\text{m}$$

$M_u'=597.0\ \text{kN}\cdot\text{m}>M=563.5\ \text{kN}\cdot\text{m}$

因此，加固梁跨中截面抗弯满足要求。加固梁截面设计如图 8.7 所示。

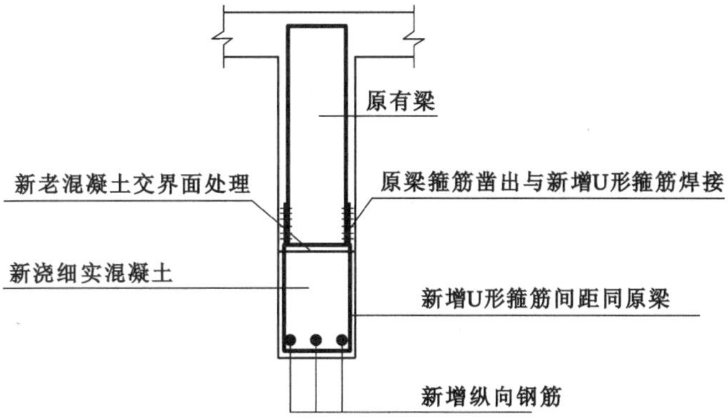

图 8.7　加固梁截面设计图

8.2.3　受弯构件正截面加固案例施工工序

(1) 混凝土基层表面处理

利用风镐或混凝土凿毛机(图 8.8)剔除梁底保护层，露出纵筋及箍筋，对混凝土梁底面及侧面的新旧结合面进行凿毛处理，然后用鼓风机除去粉尘，利用水枪进行清水冲洗处理。原混凝土表面应以水泥浆等界面剂进行处理，保持结合面湿润。

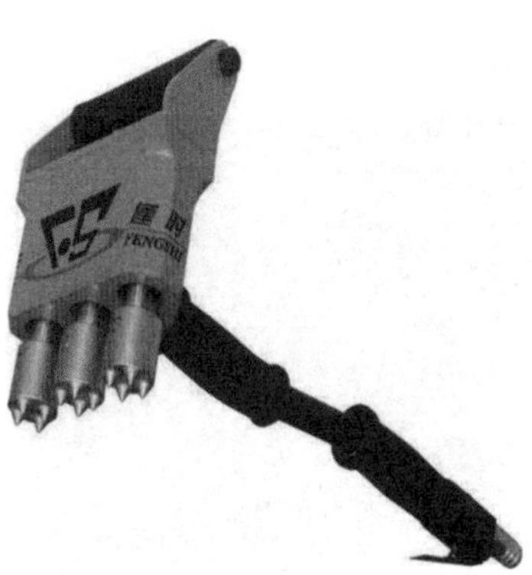

图 8.8　混凝土凿毛机

(2) U 形箍筋焊接

U 形箍筋应焊在原有箍筋上，单面焊缝长度为 $10d$，双面焊接为 $5d$(d 为 U 形箍筋直径)。

(3) 绑扎纵向受力钢筋

新增纵向钢筋的两端可以利用植筋的方法锚固在框架柱内，中间段利用焊接的方法接筋。

(4) 支模板

模板支撑系统应在新增混凝土强度达到要求后拆除。

(5) 浇筑混凝土

利用细实混凝土连续灌注,随时振捣密实,或采用喷射混凝土进行处理。模板搭设、钢筋绑扎、新混凝土浇筑和养护等均应符合《混凝土结构工程施工质量验收规范》(GB 50204—2015)的相关要求。

8.3 外包型钢加固法

8.3.1 概念

外包型钢加固法是指在构件外包以型钢的加固方法,习惯上分为干式和湿式两种外包型钢加固。

干式外包型钢加固是指把型钢直接外包于原构件,与原构件间没有黏结;或虽填塞有水泥砂浆,但不能保证结合面剪力有效传递,不能整体工作,只能各自单独受力的外包型钢加固方法。

湿式外包型钢加固是指在型钢与原构件间填塞乳胶水泥或以环氧树脂化学灌浆等方法黏结,将两者黏结成整体,共同受力的加固方法,如图 8.9、图 8.10 所示。

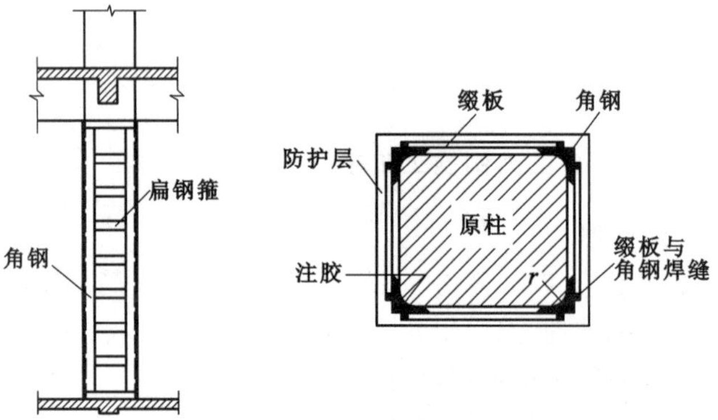

图 8.9 湿式外包型钢加固法

图 8.10 湿式外包型钢加固柱施工现场

《混凝土结构加固设计规范》(GB 50367—2013)中的外包型钢加固法指的是湿式外包型钢加固,外包型钢(角钢或槽钢)加固法适用于使用上不允许增大原构件截面尺寸,却又要求大幅度地提高截面承载能力的混凝土构件加固。其特点是施工简便,现场工作量较小,受力较为可靠。此法较多地用于柱、梁构件的加固。本节仅对湿式外包型钢加固法进行介绍。

8.3.2 计算方法

8.3.2.1 刚度计算

采用外包型钢加固时，其加固后的承载力和截面刚度可按整截面计算，其截面刚度 EI 的近似值按下式计算：

$$EI = E_{c0} I_{c0} + 0.5 E_a A_a a_a^2 \tag{8.8}$$

式中 E_{c0}，E_a——原构件混凝土和加固型钢的弹性模量(MPa)；

I_{c0}——原构件截面惯性矩(mm^4)；

A_a——加固构件一侧外包型钢截面面积(mm^2)；

a_a——受拉与受压两侧型钢截面形心间的距离(mm)。

8.3.2.2 加固计算

外包型钢角钢加固柱的截面计算简图如图 8.11 所示。

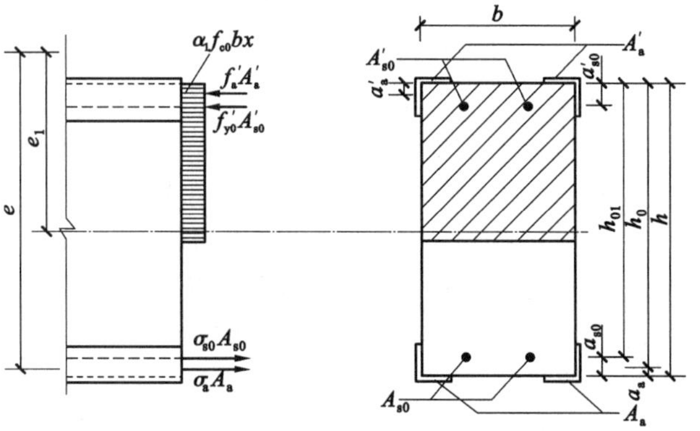

图 8.11 外包型钢加固柱的截面计算简图

轴心受压构件正截面承载力按下式计算：

$$N \leqslant 0.9\varphi(\psi_{sc} f_{c0} A_{c0} + f_{y0}' A_{s0}' + \alpha_a f_a' A_a') \tag{8.9}$$

式中 N——构件加固后轴向压力设计值(kN)；

φ——轴心受压构件的稳定系数，应根据加固后的截面尺寸，按现行国家标准《混凝土结构设计规范》(GB 50010—2010)采用；

ψ_{sc}——考虑型钢架对混凝土约束作用引入的混凝土承载力提高系数；对圆形截面柱，取 1.15；对截面高宽比 $h/b \leqslant 1.5$、截面高度 $h \leqslant 600$ mm 的矩形截面柱，取为 1.1；对不符合上述规定的矩形截面柱，取为 1.0；

α_a——新增型钢强度利用系数，除抗震设计取 $\alpha_a = 1.0$ 外，其他取 $\alpha_a = 0.9$；

f_a'——新增型钢抗压强度设计值(N/mm^2)，应按现行国家标准《钢结构设计规范》(GB 50017—2003)中的规定采用；

A_a'——全部受压肢型钢的截面面积(mm^2)。

f_{y0}'——原构件受压区纵向钢筋抗压强度设计值(N/mm^2)；

A_{s0}'——原构件受压较大边纵向钢筋截面面积(mm^2)；

偏心受压构件正截面承载力按下式计算：

$$N \leqslant \alpha_1 f_{c0} bx + f_{y0}' A_{s0}' - \sigma_{s0} A_{s0} + \alpha_a f_a' A_a' - \alpha_a \sigma_a A_a \tag{8.10}$$

$$Ne \leqslant \alpha_1 f_{c0} bx\left(h_0 - \frac{x}{2}\right) + f_{y0}' A_{s0}' (h_0 - a_{s0}') + \sigma_{s0} A_{s0} (a_{s0} - a_a) + \alpha_a f_a' A_a' (h_0 - a_a') \tag{8.11}$$

其中

$$\sigma_{s0}=\left(\frac{0.8h_{01}}{x}-1\right)E_{s0}\varepsilon_{cu} \tag{8.12}$$

$$\sigma_{a}=\left(\frac{0.8h_{0}}{x}-1\right)E_{a}\varepsilon_{cu} \tag{8.13}$$

式中 N——构件加固后轴向压力设计值(kN)；

b——原构件截面宽度(mm)；

x——混凝土受压区高度(mm)；

f_{c0}——原构件混凝土轴心抗压强度设计值(N/mm^2)；

σ_{s0}——原构件受拉边或受压较小边纵向钢筋应力(N/mm^2)，当$\sigma_{s0}>f_{y0}$时，应取$\sigma_{s0}=f_{y0}$；

A_{s0}——原构件受拉边或受压较小边纵向钢筋截面面积(mm^2)；

σ_a——受拉肢或受压较小肢型钢的应力(N/mm^2)，可近似取$\sigma_a=\sigma_{s0}$；

A_a——全部受拉肢型钢的截面面积(mm^2)；

e——偏心距，为轴向压力设计值作用点至受拉区型钢形心的距离(mm)；

h_{01}——加固前原截面有效高度(mm)；

h_0——加固后受拉肢或受压较小肢型钢的截面形心至原构件截面受压较大边的距离(mm)；

a'_{s0}——原构件受压较大边纵向钢筋合力点至原构件截面近边的距离(mm)；

a'_a——受压较大肢型钢截面形心至原构件截面近边的距离(mm)；

a_{s0}——原构件受拉边或受压较小边纵向钢筋合力点至原构件截面近边的距离(mm)；

a_a——受拉肢或受压较小肢型钢截面形心至原构件截面近边的距离(mm)；

E_{s0}——原钢筋的弹性模量(N/mm^2)；

E_a——新增型钢的弹性模量(N/mm^2)。

8.3.2.3 构造要求

(1) 采用外包型钢加固法时，应优先选用角钢；角钢的厚度不应小于 5 mm，角钢的边长，对梁和桁架不应小于 75 mm，对柱不应小于 50 mm；沿梁、柱轴线方向应每隔一定距离用扁钢制作的箍板或缀板与角钢焊接。箍板与缀板均应在胶黏前与加固角钢焊接。箍板或缀板截面不应小于 40 mm×4 mm，其间距不应大于 $20i$(i 为单根角钢截面的最小回转半径)，且不应大于 500 mm，在节点区，其间距应适当加密。

(2) 外包型钢的两端应有可靠的连接和锚固，如图 8.12 所示。对柱的加固，角钢下端应锚固于基础中；中间应穿过各层楼板，上端应伸至加固层的上一层楼板底或屋面板底；若相邻两层柱的尺寸不同，可将上下柱外包型钢交汇于楼面，并利用其内外间隔嵌入厚度不小于10 mm的钢板焊成水平钢框，与上下柱角钢及上柱钢箍相互焊接固定。对梁的加固，梁角钢(或钢板)应与柱角钢相互焊接。必要时，可加焊扁钢带或钢筋条，使柱两侧的梁相互连接[图 8.12(c)]；对桁架的加固，角钢应伸过该杆件两端的节点，或设置节点板将角钢焊在节点板上。

(3) 当按规范构造要求采用外包型钢加固排架柱时，应将加固的型钢与原柱头顶部的承压钢板相互焊接。对于二阶柱，上下柱交接处及牛腿处的连接构造应予加强。

(4) 外包型钢加固梁、柱时，应将原构件截面的棱角打磨成半径 $r>7$ mm 的圆角。外包型钢的注胶应在型钢构架焊接完成后进行。外包型钢的胶缝厚度宜控制在 3～5 mm 范围内，局部允许有长度不大于 300 mm、厚度不大于 8 mm 的胶缝，但不得出现在角钢端部 600 mm 范围内。

(5) 采用外包型钢加固钢筋混凝土构件时，型钢表面(包括混凝土表面)应抹厚度不小于25 mm 的高强度水泥砂浆(应加钢丝网防裂)作防护层，也可采用其他具有防腐蚀和防火性能的饰面材料加以保护。

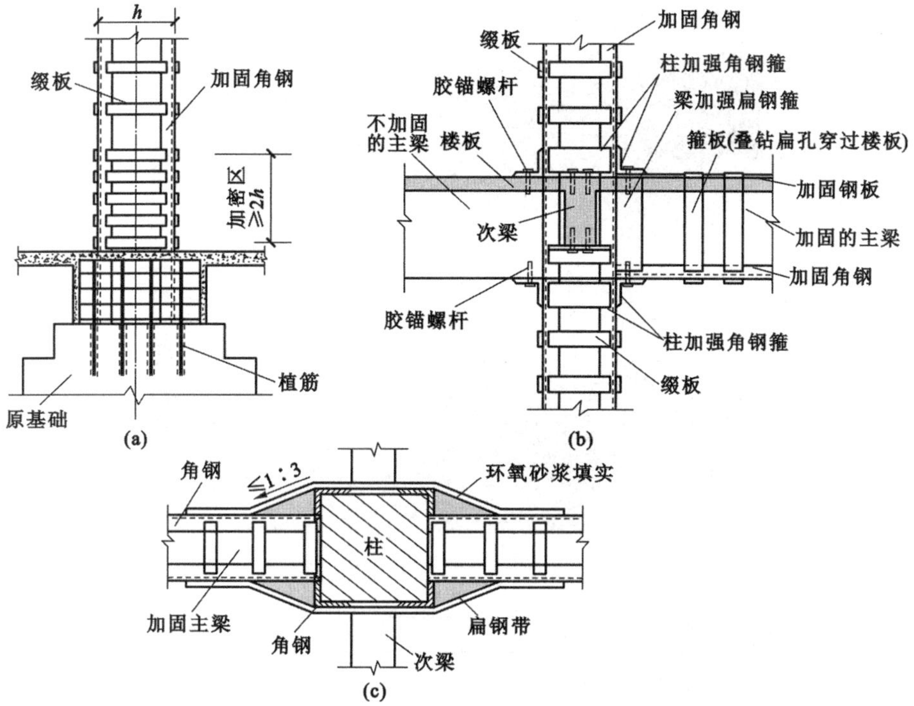

图 8.12　外包型钢加固梁、柱、基础节点的构造

(a)桩基节点;(b)楼层节点;(c)加焊扁钢带

8.3.2.4　外包型钢加固法计算举例

【例 8.2】　某已建多层商用综合楼,结构形式为钢筋混凝土框架结构,因使用需要,新增加两层,有可能导致底层中柱承载力不足,现假定柱仅承受轴向荷载,恒荷载标准值 $G_k=1550$ kN,活荷载标准值 $Q_k=1800$ kN,柱子截面尺寸为 500 mm×500 mm,柱计算高度 $l_0=6.0$ m,混凝土强度等级 C30,原柱对称配筋共配 6Φ20,环境类别一类,试对该柱进行验算,如需加固,采用外包角钢对其进行加固设计。

【解】　(1) 原柱承载力验算

$$N=1.2\times G_k+1.4\times Q_k=1.2\times1550+1.4\times1800=4380\ \text{kN}$$

由 $\frac{l_0}{b}=\frac{6.0}{0.5}=12$,查《混凝土结构设计规范》表 6.2.15 有 $\varphi=0.95$,则:

$$N_R=0.9\varphi(f_{c0}A_{c0}+f'_{y0}A'_{s0})=0.9\times0.95\times(14.3\times500\times500+300\times1884)$$

$$\approx3.54\times10^6\ \text{N}=3540\ \text{kN}$$

$$N_R=3540\ \text{kN}<N=4380\ \text{kN}$$

可见承载力不足,需进行加固后方可接层施工,因底层为商业门市,不允许加大截面加固,故采用外包角钢对其进行加固设计。

(2) 加固计算

$$\Delta N=N-N_R=4380-3540=840\ \text{kN}$$

计算中假定不考虑型钢架对混凝土的约束作用,取 $\psi_{sc}=1.0$。

$$A'_a=\frac{\Delta N}{0.9\varphi\alpha_a f'_a}=\frac{840\times10^3}{0.9\times0.95\times0.9\times215}=5077.3\ \text{mm}^2$$

选用角钢4∟90×8，$A_a' = 5576\ mm^2 > 5077.3\ mm^2$，符合要求。角钢和缀板的连接处采用焊接，角钢与基础连接部位加密，节点处加宽缀板加强，加固如图8.13、图8.14所示。

图8.13　中柱外包型钢加固施工现场图

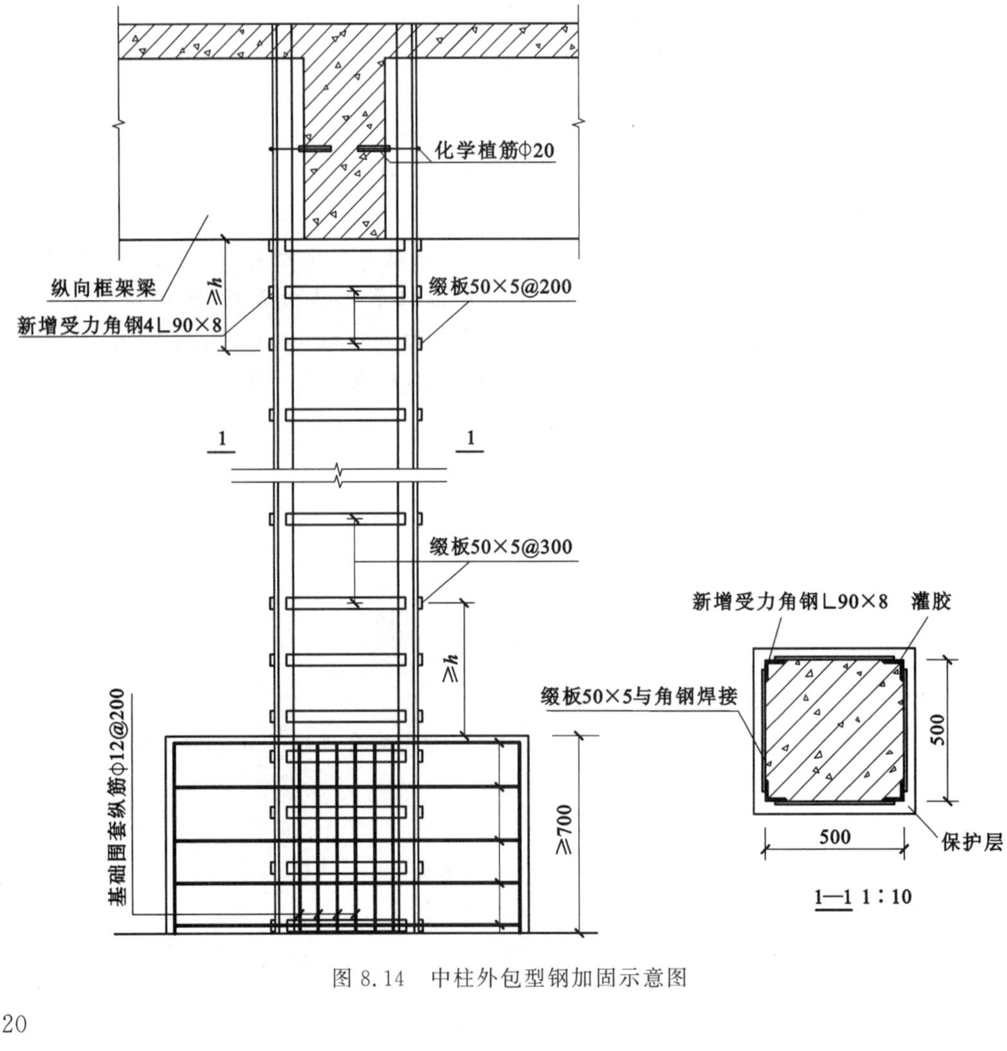

图8.14　中柱外包型钢加固示意图

8.3.3 外包型钢加固法施工工艺

外包型钢加固法施工工艺流程如图 8.15 所示。

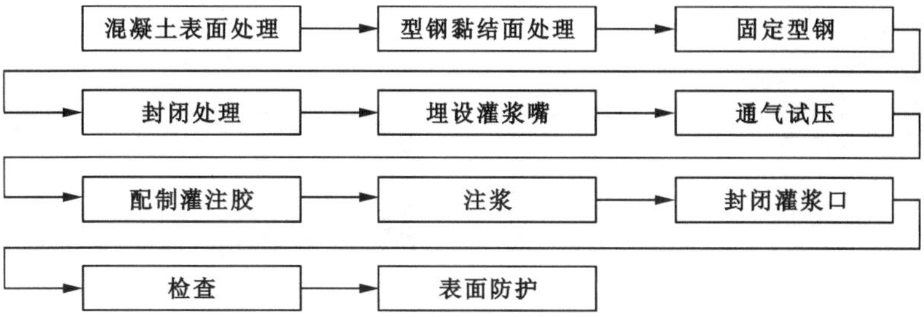

图 8.15 外包型钢加固法施工工艺流程

(1) 构件表面处理

为增强结合能力，对于湿式外包型钢构件，应凿去结合面风化酥松层、碳化锈裂层及严重油污层，直至完全露出坚实基层(干式外包型钢可免去此道工序)。在此基础上将结合面打磨平整，四角磨出小圆角，并用钢丝刷刷毛，用压缩空气吹净。角钢及箍板结合面应除锈，并打磨出金属光泽，然后用丙酮、二甲苯等洗涤剂擦净。

(2) 环氧树脂灌浆工艺

① 用卡具将角钢及扁钢箍卡贴于构件预定结合面，经校准后彼此焊接(平焊)固定。

② 用环氧树脂胶泥将型钢架全部构件边缘缝隙嵌补严密，在灌浆的适当位置钻孔，粘贴灌浆嘴(一般在较低处)，并留出排气孔，间距为 2～3 m。待胶泥完全固结后，通气试压。

③ 以 0.2～0.4 MPa 压力将环氧树脂胶泥从灌浆嘴压入；当排气孔出现浆液后停止加压，以环氧树脂胶泥封堵排气孔；再以较低压力维持 10 min 以上，以环氧树脂胶泥堵孔。以此，由下至上、由左至右依次进行灌注，直至全部灌完为止。注意，灌浆后不应再对钢架进行锤击、移动和焊接。

④ 外包钢加固后，钢板表面粘一层铅丝网，抹 M15 水泥砂浆 20 mm 进行防护。

8.4 粘贴钢板加固法

8.4.1 概念

粘贴钢板加固法是在混凝土构件表面用建筑结构胶粘贴钢板，补足原有构件钢筋不足，以提高结构承载力的一种加固方法，如图 8.16～图 8.18 所示。该法适用于不允许较多增大被加固构件的断面尺寸，而又需大幅度提高结构构件承载能力的加固，具有工期短、工艺简单、施工方便等特点。一般用于受弯、大偏心受压和受拉构件的加固。

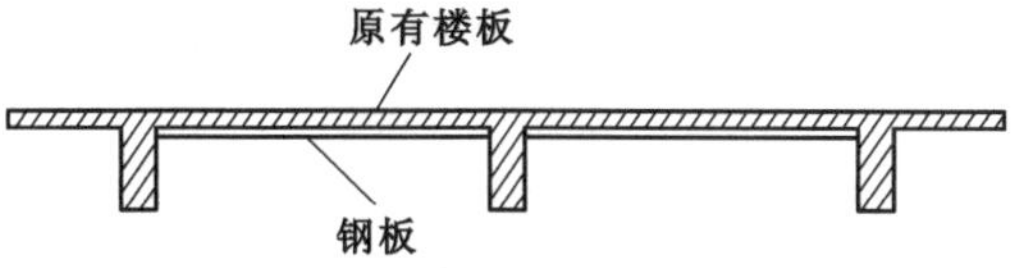

图 8.16 混凝土板粘贴钢板加固

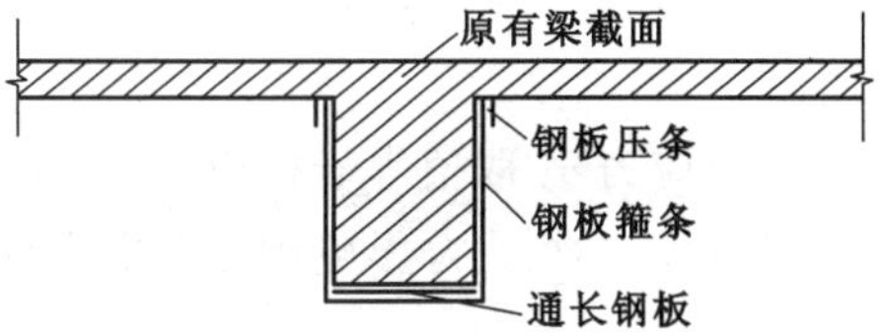

图 8.17 混凝土梁粘贴钢板加固

图 8.18　混凝土梁、板粘贴钢板加固现场图

8.4.2　计算方法

8.4.2.1　设计规定

(1) 方法适用于钢筋混凝土受弯、大偏心受压和受拉构件的加固。

(2) 方法不适用于素混凝土构件，包括纵向受力钢筋配筋率低于现行国家标准《混凝土结构设计规范》(GB 50010—2010)规定的最小配筋率的构件的加固。

(3) 被加固的混凝土结构构件，其现场实测混凝土强度等级不得低于 C15，且混凝土表面的正拉黏结强度不得低于 1.5 MPa。

(4) 粘贴钢板加固钢筋混凝土结构构件时，应将钢板受力方式设计成仅承受轴向应力作用。

(5) 粘贴在混凝土构件表面上的钢板，其外表面应进行防锈蚀处理。表面防锈蚀材料对钢板及胶黏剂应无害。

(6) 采用加固规范规定的胶黏剂粘贴钢板加固混凝土结构时，其长期使用的环境温度不应高于 60 ℃；处于特殊环境(如高温、高湿、介质侵蚀、放射等)的混凝土结构，采用粘贴钢板法加固时，除应按国家现行有关标准的规定采取相应的防护措施外，尚应采用耐环境因素作用的胶黏剂，并按专门的工艺要求进行粘贴。

(7) 当被加固构件的表面有防火要求时，应按现行国家标准《建筑防火设计规范》(GB 50016—2014)规定的耐火等级及耐火极限要求，对胶黏剂和钢板进行防护。

(8) 采用粘贴钢板对钢筋混凝土结构进行加固时，应采取措施卸除或大部分卸除作用在结构上的活荷载。

8.4.2.2　受弯构件正截面加固计算

采用粘贴钢板对梁、板等受弯构件进行加固时，除应遵守现行国家标准《混凝土结构设计规范》(GB 50010—2010)正截面承载力计算的基本假定外，尚应遵守下列规定：

(1) 构件达到受弯承载能力极限状态时，外贴钢板的拉应变 ε_{sp} 应按截面应变保持平面的假设确定；

(2) 钢板应力 σ_p 取值等于拉应变 ε_{sp} 与弹性模量 E_{sp} 的乘积；

(3) 当考虑二次受力影响时，应按构件加固前的初始受力情况，确定粘贴钢板的滞后应变；

(4) 在达到受弯承载能力极限状态前，外贴钢板与混凝土之间不应出现黏结剥离破坏。

受弯构件加固后的相对界限受压区高度 $\xi_{b,sp}$ 应按下列规定计算确定：
对重要构件，采用加固前控制值的 0.85 倍，即：

$$\xi_{b,sp} = 0.85\xi_b \tag{8.14}$$

对一般构件，采用加固前控制值，即：

$$\xi_{b,sp} = \xi_b \tag{8.15}$$

式中 ξ_b——构件加固前的相对界限受压高度，按现行国家标准《混凝土结构设计规范》(GB 20015—2010)的规定计算。

矩形截面正截面受弯承载力计算简图参见图 8.19。

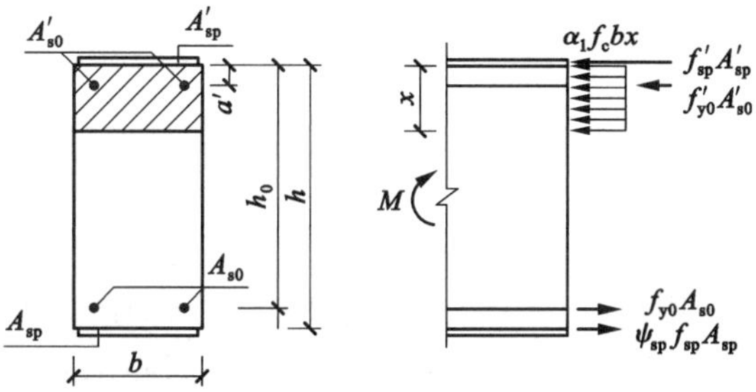

图 8.19 矩形截面正截面受弯承载力计算

在矩形截面受弯构件的受拉面和受压面粘贴钢板进行加固时，其正截面承载力应符合下列规定：

$$M \leqslant \alpha_1 f_{c0} bx\left(h - \frac{x}{2}\right) + f'_{y0}A'_{s0}(h - a') + f'_{sp}A'_{sp}h - f_{y0}A_{s0}(h - h_0) \tag{8.16}$$

其中

$$\alpha_1 f_{c0} bx = \psi_{sp} f_{sp} A_{sp} + f_{y0}A_{s0} - f'_{y0}A'_{s0} - f'_{sp}A'_{sp} \tag{8.17}$$

$$\psi_{sp} = \frac{\left(0.8\varepsilon_{cu}\dfrac{h}{x}\right) - \varepsilon_{cu} - \varepsilon_{sp,0}}{\dfrac{f_{sp}}{E_{sp}}} \tag{8.18}$$

$$x \geqslant 2a' \tag{8.19}$$

式中 M——加固后弯矩设计值(kN·m)；
ε_{cu}——混凝土极限压应变，取 0.0033；
x——混凝土受压区高度(mm)；
b,h——矩形截面宽度和高度(mm)；
f_{sp},f'_{sp}——加固钢板的抗拉、抗压强度设计值(N/mm^2)；
A_{sp},A'_{sp}——受拉钢板和受压钢板的截面面积(mm^2)；
a'——纵向受压钢筋合力点至截面近边的距离(mm)；
h_0——加固前的截面有效高度(mm)；
ψ_{sp}——考虑二次受力影响时，受拉钢板强度可能达不到设计值而引用的折减系数，当 $\psi_{sp}>1.0$ 时，取 $\psi_{sp}=1.0$；
$\varepsilon_{sp,0}$——考虑二次受力影响时，受拉钢板的滞后应变，按《混凝土结构加固技术规范》(GB 50367—2013)计算，若不考虑二次受力影响时，取 $\varepsilon_{sp,0}=0$。

若受压面没有粘贴钢板（$A'_{sp}=0$），可根据式（8.16）计算出混凝土受压区的高度 x，按式（8.18）计算出强度折减系数 ψ_{sp}，按式（8.17）求出受拉面应粘贴的钢板加固量 A_{sp}。

对受弯构件正弯矩区的正截面加固，受拉钢板的截断位置距其充分利用截面的距离不应小于按下式确定的粘贴延伸长度：

$$l_{sp}=\left(f_{sp}\frac{t_{sp}}{f_{bd}}\right)+200 \tag{8.20}$$

式中 l_{sp}——受拉钢板粘贴延伸长度（mm）；

t_{sp}——粘贴的钢板总厚度（mm）；

f_{bd}——钢板与混凝土之间的黏结强度设计值（MPa），取 $f_{bd}=0.5f_t$，其中，f_t 为混凝土抗拉强度设计值，当 f_{bd} 计算值小于 0.5 MPa 时，取 $f_{bd}=0.5$ MPa，当 f_{bd} 计算值高于 0.8 MPa 时，取 $f_{bd}=0.8$ MPa。

对受弯构件负弯矩区的正截面加固，钢板的截断位置距支座边缘的距离，除应根据负弯矩包络图按上式确定外，还要按规范的构造规定进行设计。

对于受弯构件斜截面加固计算、大偏心受压构件正截面加固计算和受拉构件正截面加固计算，这里不再进一步介绍，具体可参见《混凝土结构加固技术规范》（GB 50367—2013）中 9.3、9.4 和 9.5 节。

8.4.2.3 构造规定

采用粘贴钢板加固混凝土构件，应满足下列构造要求：

（1）采用手工涂胶粘贴的钢板厚度不应大于 5 mm，采用压力注胶粘贴的钢板厚度不应大于 10 mm，且应按外包型钢加固法的焊接节点构造进行设计、计算。

（2）对钢筋混凝土受弯构件进行正截面加固时，其受拉面沿构件轴向连续粘贴的加固钢板宜延长至支座边缘，且应在钢板的端部（包括截断处）及集中荷载作用点的两侧，设置 U 形钢箍板（对梁）或横向钢压条（对板）进行锚固。

（3）当粘贴的钢板延伸至支座边缘仍不满足规范延伸长度的要求时，应采取下列锚固措施：

① 对梁，应在延伸长度范围内均匀设置 U 形箍（图 8.20），且应在延伸长度的端部设置一道加强箍。U 形箍的粘贴高度应为梁的截面高度；若梁有翼缘（或有现浇楼板），U 形箍应伸至其底面。U 形箍的宽度，对端箍不应小于加固钢板宽度的 2/3，且不应小于 80 mm；对中间箍不应小于加固钢板宽度的 1/2，且不应小于 40 mm。U 形箍的厚度不应小于受弯加固钢板厚度的1/2，且不应小于 4 mm。U 形箍的上端应设置纵向钢压条，压条下面的空隙应加胶粘钢垫块填平。

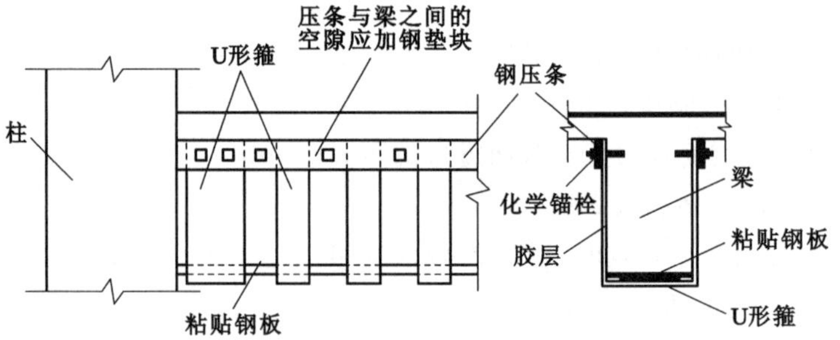

图 8.20 梁粘贴钢板端部锚固措施

② 对板，应在延伸长度范围内通长设置垂直于受力钢板方向的钢压条。钢压条应在延伸长度范围内均匀布置，且应在延伸长度的端部设置一道。压条的宽度不应小于受弯加固钢板宽度的 3/5，钢压条的厚度不应小于受弯加固钢板厚度的 1/2。

(4) 当加固的受弯构件需粘贴不止一层钢板时，相邻两层钢板的截断位置应错开不小于 300 mm，并应在截断处加设 U 形箍(对梁)或横向压条(对板)进行锚固。

8.4.2.4 受弯构件正截面加固计算案例

【例 8.3】 某矩形截面钢筋混凝土简支梁，截面尺寸 $b=200$ mm，$h=500$mm，梁底部钢筋 4Φ16，箍筋Φ8@100/200，混凝土强度等级 C25，环境类别一类，因使用功能发生改变，梁的弯矩设计值变为 $M=150$ kN·m，原作用梁的弯矩标准值为 70 kN·m，梁的抗剪承载力满足要求，拟采用粘贴钢板对梁进行加固以提高抗弯承载力。

【解】 (1) 原有梁受弯承载力验算

由《混凝土结构设计规范》表 4.1.4、表 4.2.3-1，查得 $f_c=11.9\ \text{N/mm}^2$，$f_{y0}=300\ \text{N/mm}^2$；

由《混凝土结构设计规范》6.2.6 条：$\alpha_1=1.0$；

由《混凝土结构设计规范》6.2.7 条：$\xi_b=0.55$；

由《混凝土结构设计规范》8.2.1 条：$c=20$ mm，近似取 $a_s=40$ mm，$h_0=500-40=460$ mm；

由《混凝土结构设计规范》附录 A：$A_{s0}=804\ \text{mm}^2$；

由《混凝土结构设计规范》式(6.2.10-2)，$\alpha_1 f_{c0}bx=f_{y0}A_{s0}-f'_{y0}A'_{s0}$ 有：

$$x=\frac{f_{y0}A_{s0}-f'_{y0}A'_{s0}}{\alpha_1 f_{c0}b}=\frac{300\times804-0}{1.0\times11.9\times200}=101.34\ \text{mm}$$

由《混凝土结构设计规范》式(6.2.10-3)、式(6.2.10-4)有：

$$2a'_s=80\ \text{mm}<x=101.34\ \text{mm}<\xi_b h_0=0.55\times460=253\ \text{mm}$$

由《混凝土结构设计规范》式(6.2.10-1)有：

$$\begin{aligned}M_u&=\alpha_1 f_{c0}bx\left(h_0-\frac{x}{2}\right)+f'_{y0}A'_{s0}(h_0-a'_s)\\&=1.0\times11.9\times200\times101.34\times\left(460-\frac{101.34}{2}\right)+0\\&\approx98.7\times10^6\ \text{N}\cdot\text{mm}=98.7\ \text{kN}\cdot\text{m}\end{aligned}$$

原梁抗弯承载力与荷载效应比较：

$$M_u=98.7\ \text{kN}\cdot\text{m}<M=150\ \text{kN}\cdot\text{m}$$

因此，原梁截面不满足现荷使用要求，需进行加固。

(2) 加固设计

弯矩提高系数：

$$\frac{M-M_u}{M}\times100\%=\frac{150-98.7}{150}\times100\%=34.2\%<40\%$$

由式(8.16)有：

$$\begin{aligned}M&=\alpha_1 f_{c0}bx\left(h-\frac{x}{2}\right)+f'_{y0}A'_{s0}(h-a')+f'_{sp}A'_{sp}h-f_{y0}A_{s0}(h-h_0)\\&=1.0\times11.9\times200x\left(500-\frac{x}{2}\right)+0+0-300\times804\times40=150\times10^6\end{aligned}$$

压区无受压钢筋，无受压钢板，求得 $x=159.6$ mm。

$$\xi=\frac{x}{h_0}=0.347<\xi_{b,sp}=\xi_b=0.55$$

$$\rho_{te}=\frac{A_s}{0.5bh}=0.01608$$

$$\sigma_{s0}=\frac{M_{0k}}{0.87A_sh_0}=\frac{70\times10^6}{0.87\times804\times460}=217.55\ \text{MPa}$$

查《混凝土结构加固技术规范》(GB 50367—2013)表 9.2.9 有 $\alpha_{sp}=1.05$，则：

$$\varepsilon_{sp,0}=\frac{\alpha_{sp}M_{0k}}{E_sA_sh_0}=\frac{1.05\times70\times10^6}{2.0\times10^5\times804\times460}=9.94\times10^{-4}$$

粘贴 Q235 钢板，则有 $f_{sp}=215$ MPa，$E_{sp}=2.05\times10^6$ MPa，即：

$$\psi_{sp}=\frac{(0.8\varepsilon_{cu}h/x)-\varepsilon_{cu}-\varepsilon_{sp,0}}{f_{sp}/E_{sp}}=\frac{\left(0.8\times0.0033\times\dfrac{500}{159.6}\right)-0.0033-9.94\times10^{-4}}{215/(2.06\times10^5)}$$

$$=3.81>1.0$$

取 $\psi_{sp}=1.0$。

由式(8.17)有：

$$\alpha_1f_{c0}bx=\psi_{sp}f_{sp}A_{sp}+f_{y0}A_{s0}-f_{y0}'A_{s0}'-f_{sp}'A_{sp}'$$

代入数据：

$$1.0\times11.9\times200\times159.6=1.0\times215\times A_{sp}+300\times804-0-0$$

求得

$$A_{sp}=644.9\ \text{mm}^2$$

采用 4 mm 厚的钢板，故总宽度 $B=\dfrac{644.9}{4}=161.2$ mm，因此，选用 4 mm 厚、170 mm宽的钢板进行粘贴加固。

端部锚固长度：

$$l_{sp}=(f_{sp}t_{sp}/f_{bd})+200$$

$$=\frac{215\times4}{0.5\times1.1}+200=1764\ \text{mm}$$

取 $l_{sp}=1800$ mm。若梁端实际锚固长度不满足，可在钢板端部锚固区加贴 U 形箍板。

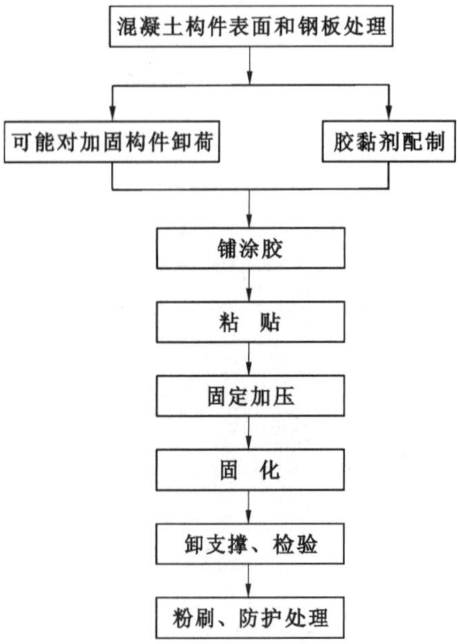

图 8.21 粘贴钢板加固工艺流程

8.4.3 受弯构件正截面加固施工工艺

粘贴钢板加固施工主要包括混凝土构件表面处理、钢板粘贴前的处理、胶黏剂的配制、钢板粘贴、粘贴后的防护处理和工程质量及验收等内容，具体工艺流程如图 8.21 所示。

【例 8.4】 某大桥粘贴钢板加固维修

某多跨高架桥(图 8.22)某跨现浇钢筋混凝土连续梁出现病害(图 8.23)，病害主要特征为：梁体跨中附近出现大量裂缝，裂缝间距为 20～40 cm，经现场检测，梁体腹部裂缝宽度为 0.12～0.38 mm；梁底裂缝宽度为 0.06～0.24 mm，在墩顶负弯矩区域桥面出现网状细微裂缝。经计算，该病害是由桥面承载力不足引起的，该梁采用粘贴钢板进行加固。

(1) 加固构件卸荷

粘贴钢板前(可能时)对加固构件卸荷，如采用千斤顶顶升方式卸荷，对于承受均布荷载的梁，应采用多点均匀顶升。对于桥梁结构应禁止通行。

(2) 裂缝走向标注及裂缝宽度测定

利用混凝土裂缝观测仪对已标出走向的裂缝(图 8.23)进行宽度分类，不同宽度的裂缝要求采用不同的裂缝修补方法。裂缝修补方法分为表面封闭法、灌注法和填充密封法等。由桥梁结构裂缝修复相关规范规程：当裂缝宽度 $w \leqslant 0.15$ mm，裂缝浅而细且条数很多时，宜用改性环氧树脂浆液等修补胶液对裂缝进行表面封闭；裂缝宽度 $w > 0.15$ mm 时，宜用环氧树脂浆液灌注；裂缝宽度 $w \geqslant 0.5$ mm 时，可用填充密封法修补。

图 8.22　某多跨高架桥

图 8.23　裂缝分布示意图

(3) 对 $w \leqslant 0.15$ mm 的裂缝进行表面处理

首先，裂缝两侧 3 cm 范围内用丙酮酒精擦拭干净，然后用环氧树脂类胶进行表面封闭即可，如图 8.24 所示。

(4) 对 $w > 0.15$ mm 的裂缝进行修补(注胶)

可用粘钢胶进行裂缝的封闭，并设置注胶嘴，为保证注射胶贯通，要求注胶嘴设置间距为 30 cm，如图 8.25 所示。

图 8.24　对 $w \leqslant 0.15$ mm 的裂缝进行表面处理

图 8.25　对 $w > 0.15$mm 的裂缝进行修补(注胶)

(5) 混凝土构件表面处理

根据混凝土构件表面的新旧程度不同采用不同的处理方法，例如表面很旧，可以采用硬毛刷(蘸洗涤剂)刷除表面油污后用清水冲洗，对表面打磨，除去 2～3 mm 厚表层直至露出新面，用压缩空气吹除粉粒，待干燥后用脱脂棉（蘸丙酮）擦拭表面。

（6）钢板的打磨、除锈、焊接工序

未生锈或轻微锈蚀的钢板可用喷砂、砂布或平砂轮打磨，直至出现金属光泽再用脱脂棉（蘸丙酮）擦拭干净。打磨粗糙度越大越好，打磨纹路与钢板受力方向垂直，如图8.26所示。

（7）钢板定位

利用钢板孔（工厂预留）对混凝土钻孔定位，冲击钻钻孔后清空、吹孔，利用植筋技术在孔内植入锚固螺栓，利用脚手架固定钢板，在钢板与混凝土之间放入垫块，保证预留3 mm缝隙，拧紧全部锚固螺栓，如图8.27所示。

图8.26　粘贴钢板表面打磨除锈处理

图8.27　钢板定位

（8）板底周边密封及注胶管安装

钢板与混凝土粘贴面之间按50～100 cm的间距品字形安装长度20 cm左右（满足注胶施工需要的长度）的塑料软管作为注胶及排气管。用密封材料将钢板两侧及螺栓孔处进行密封，如图8.28所示。

（9）板底压力注胶

配制建筑结构胶，最好采用规范推荐的JGN胶，利用空压机将结构胶以0.2～0.4 MPa压力从注胶管注入，当相邻的排气管出现胶液后停止注胶。

（10）固化养护

JGN结构胶常温下固化，12 h内不得对其进行扰动，3 d后可受力使用。

（11）防护处理

清理钢板上的余胶，涂刷防锈涂漆，如有防火要求，涂刷防火材料，如图8.29所示。

图8.28　板底密封及注胶管安装

图8.29　防护处理

8.5 粘贴纤维复合材料加固法

8.5.1 概念

纤维片材加固混凝土结构技术是一种新兴的、技术含量高的结构补强加固方法(图 8.30、图 8.31)。纤维片材的强度一般为建筑用钢材的十几倍,弹性模量与建筑钢材在同一水平上并略有提高,是一种优良的结构加固用材料,具有高强高效、材质薄、质量轻、施工便捷、耐久耐腐蚀性好等特点。适用于钢筋混凝土受弯、受拉、轴心受压和大偏心受压构件的加固;不适用于素混凝土构件,包括纵向受力钢筋配筋率低于现行国家标准《混凝土结构设计规范》(GB 50010—2010)规定的最小配筋率的构件的加固。

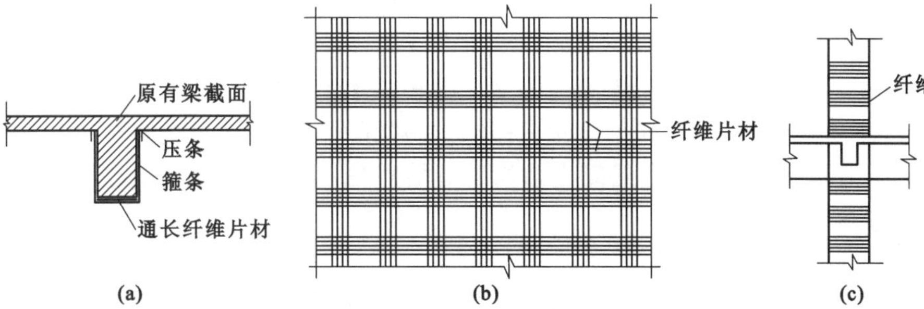

图 8.30 粘贴纤维片材加固法

(a) 梁加固;(b) 板加固;(c) 柱加固

图 8.31 粘贴纤维片材(布)加固施工现场

(a) 板加固;(b) 柱加固;(c) 梁加固;(d) 洞口加固

8.5.2 计算方法

本节主要结合《混凝土结构加固技术规范》(GB 50367—2013),仅对碳纤维布加固混凝土结构构件的部分计算方法进行介绍。

8.5.2.1 一般规定

(1) 被加固混凝土结构和构件的实测混凝土强度等级不应低于C15,且混凝土表面的正拉黏结强度不得低于1.5 MPa。

(2) 外贴纤维复合材料加固钢筋混凝土结构构件时,应将纤维受力方式设计成仅承受拉应力作用。

(3) 采用本方法加固的混凝土结构,其长期使用的环境温度不应高于60 ℃;处于特殊环境(如高温、高湿、介质侵蚀、放射等)的混凝土结构采用本方法加固时,除应按国家现行有关标准的规定采取相应的防护措施外,尚应采用耐环境因素作用的胶黏剂,并按专门的工艺要求进行粘贴。

(4) 当被加固构件的表面有防火要求时,应按现行国家标准《建筑防火设计规范》(GB 50016—2014)规定的耐火等级及耐火极限要求,对纤维复合材料进行防护。

(5) 采用纤维复合材料对钢筋混凝土结构进行加固时,应采取措施卸除或大部分卸除作用在结构上的活荷载。

8.5.2.2 构造规定注意事项

(1) 当采用环形箍、U形箍或环向围束加固正方形和矩形截面构件时,其截面棱角应在粘贴前通过打磨加以圆化,梁的圆化半径r,对于碳纤维布不应小于25 mm;柱的圆化半径r,对于碳纤维布不应小于25 mm[图8.32(a)]。转角处可以采用打磨机打磨出符合圆化半径要求的圆角[图8.32(b)],也可以先用打磨机进行切角,后用水泥砂浆抹圆处理[图8.32(c)、图8.33、图8.34]。

(2) 对钢筋混凝土受弯构件正弯矩区进行正截面加固时,其受拉面沿轴向粘贴的纤维复合材料应延伸至支座边缘,且应在纤维复合材料的端部(包括截断处)及集中荷载作用点的两侧,设置纤维复合材料的U形箍(对梁)或横向压条(对板),避免剥离破坏,如图8.35所示。当抗弯加固锚固不足时,就会发生剥离破坏,如图8.36所示。

(3) 碳纤维布沿纤维受力方向的搭接长度不应小于100 mm。当采用多条或多层碳纤维布加固时,各条或各层碳纤维布的搭接位置宜相互错开,如图8.37、图8.38所示。

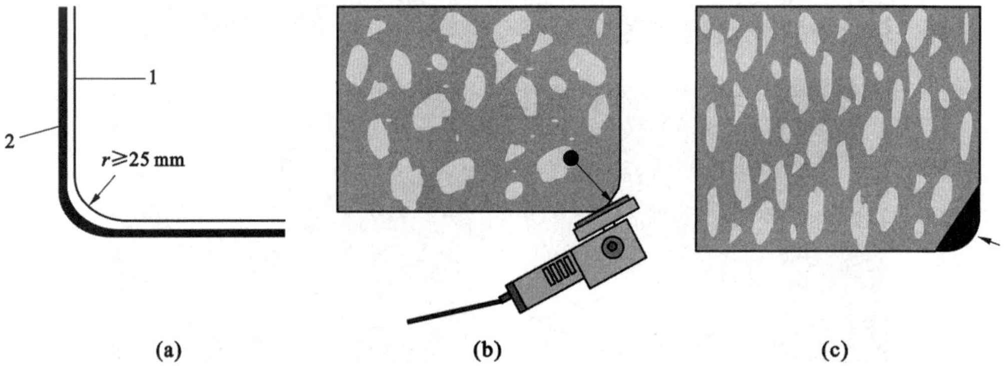

图8.32 构件转角处粘贴示意图

(a) 转角处碳纤维布粘贴;(b) 打磨机倒角磨圆处理;(c)打磨机切角砂浆抹圆处理

1—构件;2—碳纤维布

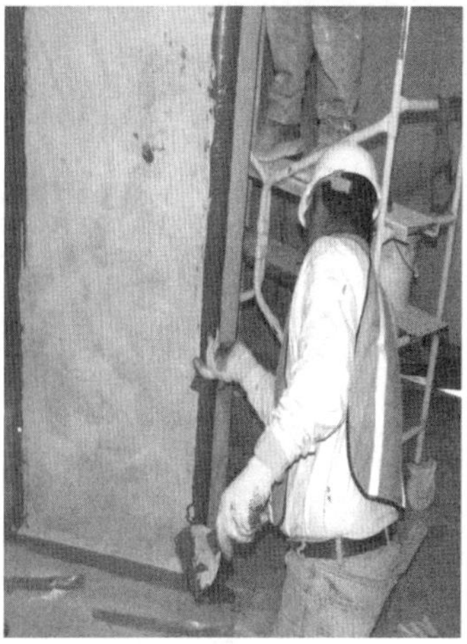

图 8.33　柱加固水泥砂浆抹圆处理

图 8.34　柱碳纤维布粘贴角部情况

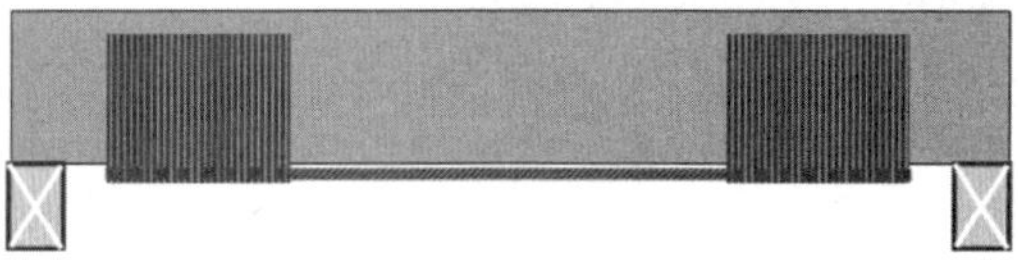

图 8.35　抗弯加固 U 形箍锚固

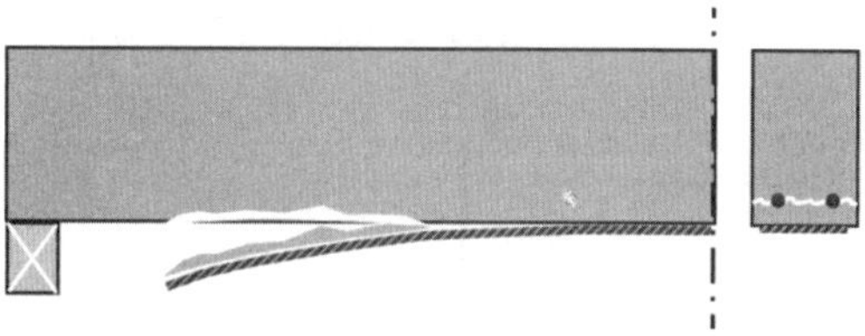

图 8.36　抗弯加固锚固不足发生剥离破坏

图 8.37　梁加固多层碳纤维布搭接长度

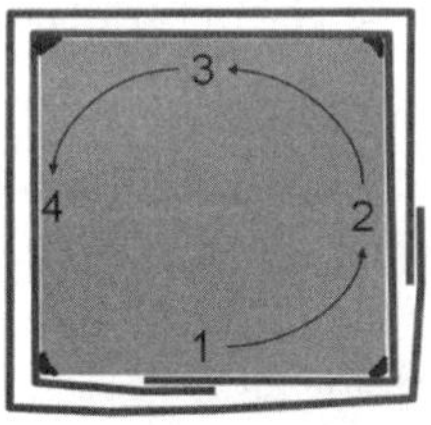

图 8.38　柱加固碳纤维布搭接长度

更多的构造要求参见《混凝土结构加固技术规范》(GB 50367—2013)。

8.5.2.3　受压构件正截面加固计算

纤维复合材料加固计算包括受弯构件正截面、斜截面加固计算，受压构件正截面加固计算，大偏心受压构件加固计算，受拉构件正截面加固计算等内容。本节仅以受压构件正截面加固计算为例，对其加固计算思路进行介绍。

(1) 加固原理

用纤维复合材料缠绕柱体，使混凝土处于三向受力状态。纤维复合材料具有极高的抗拉强度以及和混凝土有较好的黏结性能，使得纤维复合材料能有效约束混凝土，从而使其承载能力和延性得到较大幅度的提高，如图 8.39 所示。

(2) 基本规定

① 轴心受压构件宜采用沿其全长无间隔地环向连续粘贴纤维复合材料的方法进行加固。

② 采用纤维复合材料加固轴心受压构件仅适用：长细比 $\frac{L}{d}\leqslant 12$ 的圆形截面柱；长细比 $\frac{L}{b}\leqslant$

14、截面高宽比$\frac{h}{b}\leqslant 1.5$、截面高度 $h\leqslant 600$ mm，且截面经过倒角圆弧化处理的正方形或矩形截面柱。

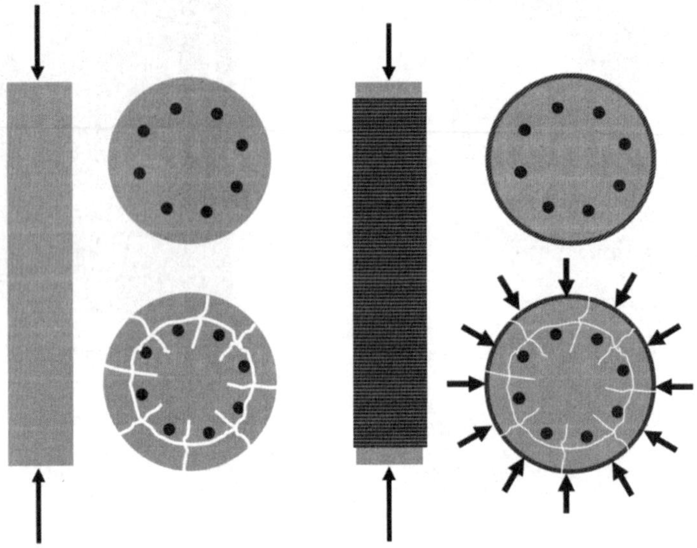

图 8.39 纤维复合材料环向约束混凝土柱工作原理

(3) 轴压计算

采用纤维复合材料环向加固轴心受力构件，其正截面承载力应符合下列规定：

$$N\leqslant 0.9[(f_{c0}+4\sigma_l)]A_{cor}+f'_{y0}A'_{s0} \tag{8.21}$$

其中

$$\sigma_l=0.5\beta_c k_c \rho_f E_f \varepsilon_{fe} \tag{8.22}$$

式中 N——轴向压力设计值(kN)；

f_{c0}——未约束混凝土的抗压强度(N/mm²)；

σ_l——有效约束应力(N/mm²)；

A_{cor}——环向约束内混凝土面积(mm²)；

β_c——混凝土强度影响系数，当混凝土强度不大于 C50 时取 $\beta_c=1.0$，当混凝土强度大于 C80 时取 $\beta_c=0.8$，其间其他值由线性插值确定；

k_c——截面有效约束系数，圆形截面取 $k_c=0.95$；

ρ_f——环向围束体积比，圆形截面 $\rho_f=n_f t_f/D$，其中，n_f 为纤维复合材料的层数，t_f 为纤维复合材料的每层厚度(mm)，D 为圆形截面柱直径(mm)；

E_f——纤维复合材料的弹性模量；

ε_{fe}——纤维复合材料的有效拉应变设计值，对于一般构件取值为 0.0045。

8.5.3 碳纤维布加固施工工艺

碳纤维布加固施工工艺流程如图 8.40 所示。

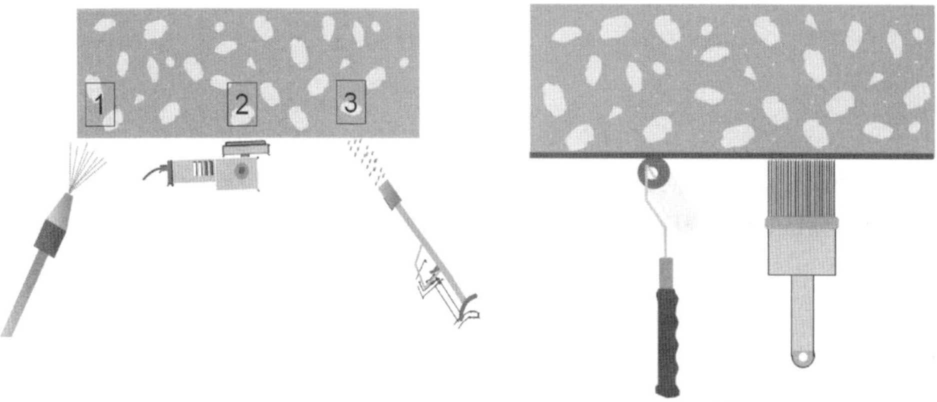

(a) (b)

图 8.40 碳纤维布加固施工工艺流程示意图

(a) 清扫、打磨、清洗；(b) 粘贴碳纤维布

【例 8.5】 某混凝土板碳纤维布加固施工工序(图 8.41)

(a) (b) (c) (d) (e) (f)

图 8.41 碳纤维布加固混凝土板施工流程

(a) 清扫、打磨、清洗；(b) 底层胶；(c) 二遍胶；(d) 结构胶粘贴碳纤维布；(e) 滚压；(f) 固化

8.6 其他加固方法

除了上述加大截面加固法、外包型钢加固法、黏结钢板加固法和粘贴纤维复合材料加固法等直接加固方法以外,《混凝土结构加固技术规范》(GB 50367—2013)中还有间接加固方法,例如增设支承加固法、体外预应力加固法等。

8.6.1 增设支承加固法

增设支承加固法是通过增加支承构件,以减小结构构件的计算跨度,降低计算弯矩,大幅度地提高结构构件的承载力,减小挠度和裂缝宽度,增加结构的稳定性,来达到加固结构的效果。当对增设的支承施加预应力时,效果更佳。该方法比较简单,而且效果可靠,多用于大跨度结构。由于所增加的支承构件一般需要将荷载传递到基础上,因此这种方法比较适用于整个建筑的加固。常用增设支承加固法如图 8.42 所示。

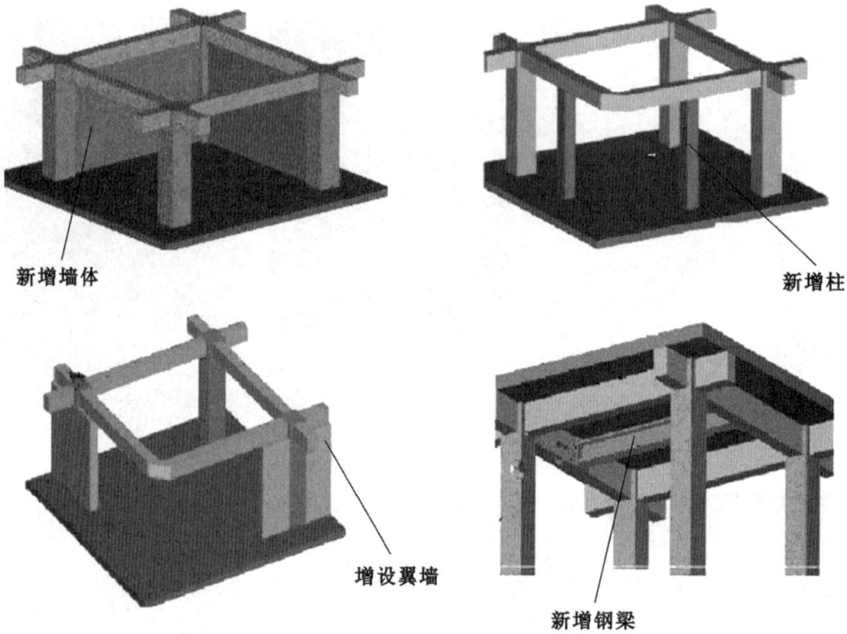

图 8.42 增设支承加固法

8.6.2 体外预应力加固法

体外预应力加固法是采用外加预应力钢拉杆或型钢撑杆对结构构件或整体进行加固的方法,特点是通过预应力手段强迫后加部分——拉杆或撑杆受力,改变原结构内力分布并降低原结构应力水平,使加固结构中所特有的应力应变滞后现象得以完全消除,因此,后加部分与原结构能较好地共同工作,结构的总体承载能力可显著提高。体外预应力加固法具有加固、卸荷、改变结构内力的三重效果,适用于大跨结构加固,以及采用一般方法无法加固或加固效果很不理想的较高应力应变状态下的大型结构加固。体外预应力加固法如图 8.43 所示。

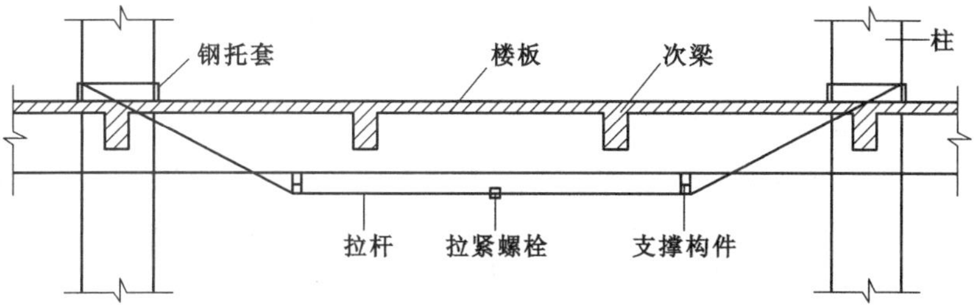

图 8.43　体外预应力加固法示意图

《混凝土结构加固技术规范》(GB 50367—2013)相对于 2006 版新增了预应力碳纤维复合板加固法，该方法的优势是变被动加固为主动加固，通过施加预应力使碳纤维复合板高强特性得到提前发挥，碳纤维复合板在二次受力之前就有较大的应变，从而有效缓解甚至消除碳纤维复合板应变滞后的现象，进而达到更好的加固效果，如图 8.44 所示。

图 8.44　预应力碳纤维复合板加固

综合本章上述加固方法，需要强调的是工程中没有不可加固的结构，同样也没有唯一的加固方法。一种新技术(工艺)总是会被一次灾后的加固所肯定或否定。工程加固方法不是一成不变的，要灵活掌握。例如每一种加固方法不仅可以单独使用，也可以综合运用，图 8.45 所示为体外预应力和加大截面联合加固混凝土梁。

图 8.45　体外预应力和加大截面联合加固混凝土梁

本章小结

本章紧密结合《混凝土结构加固技术规范》(GB 50367—2013)，对混凝土结构加固常用的加大截面加固法、外包型钢加固法、粘贴钢板加固法和粘贴纤维复合材料加固法等直接加固方法的计算原理及施工工艺进行了重点介绍。学习本章后，应重点掌握加大截面加固法、外包型钢加固法、粘贴钢板加固法和粘贴纤维复合材料加固法等加固方法，了解性掌握增设支承加固法、体外预应力加固法。

思考题

(1) 名词解释。

二次受力；加大截面加固法；体外预应力加固法；外包型钢加固法；粘贴纤维复合材料加固法；粘贴钢板加固法；增设支承加固法。

(2) 试简述混凝土结构加固的意义。

(3) 举例说明如何判定结构(构件)是否需要修复加固。

(4) 试简述粘贴碳纤维布加固法的施工工艺。

(5) 试简述粘贴钢板加固法的施工工艺。

附　　录

附录 A　回弹法检测混凝土强度测区混凝土强度换算表(非泵送混凝土)

平均回弹值 R_m	测区混凝土强度换算值 $f^c_{cu,i}$(MPa)												
	平均碳化深度值 d_m(mm)												
	0	0.5	1.0	1.5	2.0	2.5	3.0	3.5	4.0	4.5	5.0	5.5	≥6
20.0	10.3	10.1	—	—	—	—	—	—	—	—	—	—	—
20.2	10.5	10.3	10.0	—	—	—	—	—	—	—	—	—	—
20.4	10.7	10.5	10.2	—	—	—	—	—	—	—	—	—	—
20.6	11.0	10.8	10.4	10.1	—	—	—	—	—	—	—	—	—
20.8	11.2	11.0	10.6	10.3	—	—	—	—	—	—	—	—	—
21.0	11.4	11.2	10.8	10.5	10.0	—	—	—	—	—	—	—	—
21.2	11.6	11.4	11.0	10.7	10.2	—	—	—	—	—	—	—	—
21.4	11.8	11.6	11.2	10.9	10.4	10.0	—	—	—	—	—	—	—
21.6	12.0	11.8	11.4	11.0	10.6	10.2	—	—	—	—	—	—	—
21.8	12.3	12.1	11.7	11.3	10.8	10.5	10.1	—	—	—	—	—	—
22.0	12.5	12.2	11.9	11.5	11.0	10.6	10.2	—	—	—	—	—	—
22.2	12.7	12.4	12.1	11.7	11.2	10.8	10.4	10.0	—	—	—	—	—
22.4	13.0	12.7	12.4	12.0	11.4	11.0	10.7	10.3	10.0	—	—	—	—
22.6	13.2	12.9	12.5	12.1	11.6	11.2	10.8	10.4	10.2	—	—	—	—
22.8	13.4	13.1	12.7	12.3	11.8	11.4	11.0	10.6	10.3	—	—	—	—
23.0	13.7	13.4	13.0	12.6	12.1	11.6	11.2	10.8	10.5	10.1	—	—	—
23.2	13.9	13.6	13.2	12.8	12.2	11.8	11.4	11.0	10.7	10.3	10.0	—	—
23.4	14.1	13.8	13.4	13.0	12.4	12.0	11.6	11.2	10.9	10.4	10.2	—	—
23.6	14.4	14.1	13.7	13.2	12.7	12.2	11.8	11.4	11.1	10.7	10.4	10.1	—
23.8	14.6	14.3	13.9	13.4	12.8	12.4	12.0	11.5	11.2	10.8	10.5	10.2	—
24.0	14.9	14.6	14.2	13.7	13.1	12.7	12.2	11.8	11.5	11.0	10.7	10.4	10.1
24.2	15.1	14.8	14.3	13.9	13.3	12.8	12.4	11.9	11.6	11.2	10.9	10.6	10.3
24.4	15.4	15.1	14.6	14.2	13.6	13.1	12.6	12.2	11.9	11.4	11.1	10.8	10.4
24.6	15.6	15.3	14.8	14.4	13.7	13.3	12.8	12.3	12.0	11.5	11.2	10.9	10.6
24.8	15.9	15.6	15.1	14.6	14.0	13.5	13.0	12.6	12.2	11.8	11.4	11.1	10.7
25.0	16.2	15.9	15.4	14.9	14.3	13.8	13.3	12.8	12.5	12.0	11.7	11.3	10.9
25.2	16.4	16.1	15.6	15.1	14.4	13.9	13.4	13.0	12.6	12.1	11.8	11.5	11.0
25.4	16.7	16.4	15.9	15.4	14.7	14.2	13.7	13.2	12.9	12.4	12.0	11.7	11.2

平均回弹值 R_m	测区混凝土强度换算值 $f^{c}_{cu,i}$(MPa) 平均碳化深度值 d_m(mm)												
	0	0.5	1.0	1.5	2.0	2.5	3.0	3.5	4.0	4.5	5.0	5.5	≥6
25.6	16.9	16.6	16.1	15.7	14.9	14.4	13.9	13.4	13.0	12.5	12.2	11.8	11.3
25.8	17.2	16.9	16.3	15.8	15.1	14.6	14.1	13.6	13.2	12.7	12.4	12.0	11.5
26.0	17.5	17.2	16.6	16.1	15.4	14.9	14.4	13.8	13.5	13.0	12.6	12.2	11.6
26.2	17.8	17.4	16.9	16.4	15.7	15.1	14.6	14.0	13.7	13.2	12.8	12.4	11.8
26.4	18.0	17.6	17.1	16.6	15.8	15.3	14.8	14.2	13.9	13.3	13.0	12.6	12.0
26.6	18.3	17.9	17.4	16.8	16.1	15.6	15.0	14.4	14.1	13.5	13.2	12.8	12.1
26.8	18.6	18.2	17.7	17.1	16.4	15.8	15.3	14.6	14.3	13.8	13.4	12.9	12.3
27.0	18.9	18.5	18.0	17.4	16.6	16.1	15.5	14.8	14.6	14.0	13.6	13.1	12.4
27.2	19.1	18.7	18.1	17.6	16.8	16.2	15.7	15.0	14.7	14.1	13.8	13.3	12.6
27.4	19.4	19.0	18.4	17.8	17.0	16.4	15.9	15.2	14.9	14.3	14.0	13.4	12.7
27.6	19.7	19.3	18.7	18.0	17.2	16.6	16.1	15.4	15.1	14.5	14.1	13.6	12.9
27.8	20.0	19.6	19.0	18.2	17.4	16.8	16.3	15.6	15.3	14.7	14.2	13.7	13.0
28.0	20.3	19.7	19.2	18.4	17.6	17.0	16.5	15.8	15.4	14.8	14.4	13.9	13.2
28.2	20.6	20.0	19.5	18.6	17.8	17.2	16.7	16.0	15.6	15.0	14.6	14.0	13.3
28.4	20.9	20.3	19.7	18.8	18.0	17.4	16.9	16.2	15.8	15.2	14.8	14.2	13.5
28.6	21.2	20.6	20.0	19.1	18.2	17.6	17.1	16.4	16.0	15.4	15.0	14.3	13.6
28.8	21.5	20.9	20.0	19.4	18.5	17.8	17.3	16.6	16.2	15.6	15.2	14.5	13.8
29.0	21.8	21.1	20.5	19.6	18.7	18.1	17.5	16.8	16.4	15.8	15.4	14.6	13.9
29.2	22.1	21.4	20.8	19.9	19.0	18.3	17.7	17.0	16.6	16.0	15.6	14.8	14.1
29.4	22.4	21.7	21.1	20.2	19.3	18.6	17.9	17.2	16.8	16.2	15.8	15.0	14.2
29.6	22.7	22.0	21.3	20.4	19.5	18.8	18.2	17.5	17.0	16.4	16.0	15.1	14.4
29.8	23.0	22.3	21.6	20.7	19.8	19.1	18.4	17.7	17.2	16.6	16.2	15.3	14.5
30.0	23.3	22.6	21.9	21.0	20.0	19.3	18.6	17.9	17.4	16.8	16.4	15.4	14.7
30.2	23.6	22.9	22.2	21.2	20.3	19.6	18.9	18.2	17.6	17.0	16.6	15.6	14.9
30.4	23.9	23.2	22.5	21.5	20.6	19.8	19.1	18.4	17.8	17.2	16.8	15.8	15.1
30.6	24.3	23.6	22.8	21.9	20.9	20.2	19.4	18.7	18.0	17.5	17.0	16.0	15.2
30.8	24.6	23.9	23.1	22.1	21.2	20.4	19.7	18.9	18.2	17.7	17.2	16.2	15.4
31.0	24.9	24.2	23.4	22.4	21.4	20.7	19.9	19.2	18.4	17.9	17.4	16.4	15.5
31.2	25.2	24.4	23.7	22.7	21.7	20.9	20.2	19.4	18.6	16.1	17.6	16.6	15.7
31.4	25.6	24.8	24.1	23.0	22.0	21.2	20.5	19.7	18.9	18.4	17.8	16.9	15.8

平均回弹值 R_m	测区混凝土强度换算值 $f^c_{cu,i}$(MPa)												
	平均碳化深度值 d_m(mm)												
	0	0.5	1.0	1.5	2.0	2.5	3.0	3.5	4.0	4.5	5.0	5.5	≥6
31.6	25.9	25.1	24.3	23.3	22.3	21.5	20.7	19.9	19.2	18.6	18.0	17.1	16.0
31.8	26.2	25.4	24.6	23.6	22.5	21.7	21.0	20.2	19.4	18.9	18.2	17.3	16.2
32.0	26.5	25.7	24.9	23.9	22.8	22.0	21.2	20.4	19.6	19.1	18.4	17.5	16.4
32.2	26.9	26.1	25.3	24.2	23.1	22.3	21.5	20.7	19.9	19.4	18.6	17.7	16.6
32.4	27.2	26.4	25.6	24.5	23.4	22.6	21.8	20.9	20.1	19.6	18.8	17.9	16.8
32.6	27.6	26.8	25.9	24.8	23.7	22.9	22.1	21.3	20.4	19.9	19.0	18.1	17.0
32.8	27.9	27.1	26.2	25.1	24.0	23.2	22.3	21.5	20.6	20.1	19.2	18.3	17.2
33.0	28.2	27.4	26.5	25.4	24.3	23.4	22.6	21.7	20.9	20.3	19.4	18.5	17.4
33.2	28.6	27.7	26.8	25.7	24.6	23.7	22.9	22.0	21.2	20.5	19.6	18.7	17.6
33.4	28.9	28.0	27.1	26.0	24.9	24.0	23.1	22.3	21.4	20.7	19.8	18.9	17.8
33.6	29.3	28.4	27.4	26.4	25.2	24.2	23.3	22.6	21.7	20.9	20.0	19.1	18.0
33.8	29.6	28.7	27.7	26.6	25.4	24.4	23.5	22.8	21.9	21.1	20.2	19.3	18.2
34.0	30.0	29.1	28.0	26.8	25.6	24.6	23.7	23.0	22.1	21.3	20.4	19.5	18.3
34.2	30.3	29.4	28.3	27.0	25.8	24.8	23.9	23.2	22.3	21.5	20.6	19.7	18.4
34.4	30.7	29.8	28.6	27.2	26.0	25.0	24.1	23.4	22.5	21.7	20.8	19.8	18.6
34.6	31.1	30.2	28.9	27.4	26.2	25.2	24.3	23.6	22.7	21.9	21.0	20.0	18.8
34.8	31.4	30.5	29.2	27.6	26.4	25.4	24.5	23.8	22.9	22.1	21.2	20.2	19.0
35.0	31.8	30.8	29.6	28.0	26.7	25.8	24.8	24.0	23.2	22.3	21.4	20.4	19.2
35.2	32.1	31.1	29.9	28.2	27.0	26.0	25.0	24.2	23.4	22.5	21.6	20.6	19.4
35.4	32.5	31.5	30.2	28.6	27.3	26.3	25.4	24.4	23.7	22.8	21.8	20.8	19.6
35.6	32.9	31.9	30.6	29.0	27.6	26.6	25.7	24.7	24.0	23.0	22.0	21.0	19.8
35.8	33.3	32.3	31.0	29.3	28.0	27.0	26.0	25.0	24.3	23.3	22.2	21.2	20.0
36.0	33.6	32.6	31.2	29.6	28.2	27.2	26.2	25.2	24.5	23.5	22.4	21.4	20.2
36.2	34.0	33.0	31.6	29.9	28.6	27.5	26.5	25.5	24.8	23.8	22.6	21.6	20.4
36.4	34.4	33.4	32.0	30.3	28.9	27.9	26.8	25.8	25.1	24.1	22.8	21.8	20.6
36.6	34.8	33.8	32.4	30.6	29.2	28.2	27.1	26.1	25.4	24.4	23.0	22.0	20.9
36.8	35.2	34.1	32.7	31.0	29.6	28.5	27.5	26.4	25.7	24.6	23.2	22.2	21.1
37.0	35.5	34.4	33.0	31.2	29.8	28.8	27.7	26.6	25.9	24.8	23.4	22.4	21.3
37.2	35.9	34.8	33.4	31.6	30.2	29.1	28.0	26.9	26.2	25.1	23.7	22.6	21.5

平均回弹值 R_m	测区混凝土强度换算值 $f^{c}_{cu,i}$(MPa)												
	平均碳化深度值 d_m(mm)												
	0	0.5	1.0	1.5	2.0	2.5	3.0	3.5	4.0	4.5	5.0	5.5	≥6
37.4	36.3	35.2	33.8	31.9	30.5	29.4	28.3	27.2	26.6	25.4	24.0	22.9	21.8
37.6	36.7	35.6	34.1	32.3	30.8	29.7	28.6	27.5	26.8	25.7	24.2	23.1	22.0
37.8	37.1	36.0	34.5	32.6	31.2	30.0	28.9	27.8	27.1	26.0	24.5	23.4	22.3
38.0	37.5	36.4	34.9	33.0	31.5	30.3	29.2	28.1	27.4	26.2	24.8	23.6	22.5
38.2	37.9	36.8	35.2	33.4	31.8	30.6	29.5	28.4	27.7	26.5	25.0	23.9	22.7
38.4	38.3	37.2	35.6	33.7	32.1	30.9	29.8	28.7	28.0	26.8	25.3	24.1	23.0
38.6	38.7	37.5	36.0	34.1	32.4	31.2	30.1	29.0	28.3	27.0	25.5	24.4	23.2
38.8	39.1	37.9	36.4	34.4	32.7	31.5	30.4	29.3	28.5	27.2	25.8	24.6	23.5
39.0	39.5	38.2	36.7	34.7	33.0	31.8	30.6	29.6	28.8	27.4	26.0	24.8	23.7
39.2	39.9	38.5	37.0	35.0	33.3	32.1	30.8	29.8	29.0	27.6	26.2	25.0	24.0
39.4	40.3	38.8	37.3	35.3	33.6	32.4	31.0	30.0	29.2	27.8	26.4	25.2	24.2
39.6	40.7	39.1	37.6	35.6	33.9	32.7	31.2	30.2	29.4	28.0	26.6	25.4	24.4
39.8	41.2	39.6	38.0	35.9	34.2	33.0	31.4	30.5	29.7	28.2	26.8	25.6	24.7
40.0	41.6	39.9	38.3	36.2	34.5	33.3	31.7	30.8	30.0	28.4	27.0	25.8	25.0
40.2	42.0	40.3	38.6	36.5	34.8	33.6	32.0	31.1	30.2	28.6	27.3	26.0	25.2
40.4	42.4	40.7	39.0	36.9	35.1	33.9	32.3	31.4	30.5	28.8	27.6	26.2	25.4
40.6	42.8	41.1	39.4	37.2	35.4	34.2	32.6	31.7	30.8	29.1	27.8	26.5	25.7
40.8	43.3	41.6	39.8	37.7	35.7	34.5	32.9	32.0	31.2	29.4	28.1	26.8	26.0
41.0	43.7	42.0	40.2	38.0	36.0	34.8	33.2	32.3	31.5	29.7	28.4	27.1	26.2
41.2	44.1	42.3	40.6	38.4	36.3	35.1	33.5	32.6	31.8	30.0	28.7	27.3	26.5
41.4	44.5	42.7	40.9	38.7	36.6	35.4	33.8	32.9	32.0	30.3	28.9	27.6	26.7
41.6	45.0	43.2	41.4	39.2	36.9	35.7	34.2	33.3	32.4	30.6	29.2	27.9	27.0
41.8	45.4	43.6	41.8	39.5	37.2	36.0	34.5	33.6	32.7	30.9	29.5	28.1	27.2
42.0	45.9	44.1	42.2	39.9	37.6	36.3	34.9	34.0	33.0	31.2	29.8	28.5	27.5
42.2	46.3	44.4	42.6	40.3	38.0	36.6	35.2	34.3	33.3	31.5	30.1	28.7	27.8
42.4	46.7	44.8	43.0	40.6	38.3	36.9	35.5	34.6	33.6	31.8	30.4	29.0	28.0
42.6	47.2	45.3	43.4	41.1	38.7	37.3	35.9	34.9	34.0	32.1	30.7	29.3	28.3
42.8	47.6	45.7	43.8	41.4	39.0	37.6	36.2	35.2	34.3	32.4	30.9	29.5	28.6
43.0	48.1	46.2	44.2	41.8	39.4	38.0	36.6	35.6	34.6	32.7	31.3	29.8	28.9

平均回弹值 R_m	测区混凝土强度换算值 $f^c_{cu,i}$(MPa)												
	平均碳化深度值 d_m(mm)												
	0	0.5	1.0	1.5	2.0	2.5	3.0	3.5	4.0	4.5	5.0	5.5	≥6
43.2	48.5	46.6	44.6	42.2	39.8	38.3	36.9	35.9	34.9	33.0	31.5	30.1	29.1
43.4	49.0	47.0	45.1	42.6	40.2	38.7	37.2	36.3	35.3	33.3	31.8	30.4	29.4
43.6	49.4	47.4	45.4	43.0	40.5	39.0	37.5	36.6	35.6	33.6	32.1	30.6	29.6
43.8	49.9	47.9	45.9	43.4	40.9	39.4	37.9	36.9	35.9	33.9	32.4	30.9	29.9
44.0	50.4	48.4	46.4	43.8	41.3	39.8	38.3	37.3	36.3	34.3	32.8	31.2	30.2
44.2	50.8	48.8	46.7	44.2	41.7	40.1	38.6	37.6	36.6	34.5	33.0	31.5	30.5
44.4	51.3	49.2	47.2	44.6	42.1	40.5	39.0	38.0	36.9	34.9	33.3	31.8	30.8
44.6	51.7	49.6	47.6	45.0	42.4	40.8	39.3	38.3	37.2	35.2	33.6	32.1	31.0
44.8	52.2	50.1	48.0	45.4	42.8	41.2	39.7	38.6	37.6	35.5	33.9	32.4	31.3
45.0	52.7	50.6	48.5	45.8	43.2	41.6	40.1	39.0	37.9	35.8	34.3	32.7	31.6
45.2	53.2	51.1	48.9	46.3	43.6	42.0	40.4	39.4	38.3	36.2	34.6	33.0	31.9
45.4	53.6	51.5	49.4	46.6	44.0	42.3	40.7	39.7	38.6	36.4	34.8	33.2	32.2
45.6	54.1	51.9	49.8	47.1	44.4	42.7	41.1	40.0	39.0	36.8	35.2	33.5	32.5
45.8	54.6	52.4	50.2	47.5	44.8	43.1	41.5	40.4	39.3	37.1	35.5	33.9	32.8
46.0	55.0	52.8	50.6	47.9	45.2	43.5	41.9	40.8	39.7	37.5	35.8	34.2	33.1
46.2	55.5	53.3	51.1	48.3	45.5	43.8	42.2	41.1	40.0	37.7	36.1	34.4	33.3
46.4	56.0	53.8	51.5	48.7	45.9	44.2	42.6	41.4	40.3	38.1	36.4	34.7	33.6
46.6	56.5	54.2	52.0	49.2	46.3	44.6	42.9	41.8	40.7	38.4	36.7	35.0	33.9
46.8	57.0	54.7	52.4	49.6	46.7	45.0	43.3	42.2	41.0	38.8	37.0	35.3	34.2
47.0	57.5	55.2	52.9	50.0	47.2	45.2	43.7	42.6	41.4	39.1	37.4	35.6	34.5
47.2	58.0	55.7	53.4	50.5	47.6	45.8	44.1	42.9	41.8	39.4	37.7	36.0	34.8
47.4	58.5	56.2	53.8	50.9	48.0	46.2	44.5	43.3	42.1	39.8	38.0	36.3	35.1
47.6	59.0	56.6	54.3	51.3	48.4	46.6	44.8	43.7	42.5	40.0	38.4	36.6	35.4
47.8	59.5	57.1	54.7	51.8	48.8	47.0	45.2	44.0	42.8	40.5	38.7	36.9	35.7
48.0	60.0	57.6	55.2	52.2	49.2	47.4	45.6	44.4	43.2	40.8	39.0	37.2	36.0
48.2	—	58.0	55.7	52.6	49.6	47.8	46.0	44.8	43.6	41.1	39.3	37.5	36.3
48.4	—	58.6	56.1	53.1	50.0	48.2	46.4	45.1	43.9	41.5	39.6	37.8	36.6
48.6	—	59.0	56.6	53.5	50.4	48.6	46.7	45.5	44.3	41.8	40.0	38.1	36.9
48.8	—	59.5	57.1	54.0	50.9	49.0	47.1	45.9	44.6	42.2	40.3	38.4	37.2

续附录 A

平均回弹值 R_m	测区混凝土强度换算值 $f^c_{cu,i}$（MPa）												
	平均碳化深度值 d_m（mm）												
	0	0.5	1.0	1.5	2.0	2.5	3.0	3.5	4.0	4.5	5.0	5.5	≥6
49.0	—	60.0	57.5	54.4	51.3	49.4	47.5	46.2	45.0	42.5	40.6	38.8	37.5
49.2	—	—	58.0	54.8	51.7	49.8	47.9	46.6	45.4	42.8	41.0	39.1	37.8
49.4	—	—	58.5	55.3	52.1	50.2	48.3	47.1	45.8	43.2	41.3	39.4	38.2
49.6	—	—	58.9	55.7	52.5	50.6	48.7	47.4	46.2	43.6	41.7	39.7	38.5
49.8	—	—	59.4	56.2	53.0	51.0	49.1	47.8	46.5	43.9	42.0	40.1	38.8
50.0	—	—	59.9	56.7	53.4	51.4	49.5	48.2	46.9	44.3	42.3	40.4	39.1
50.2	—	—	60.0	57.1	53.8	51.9	49.9	48.5	47.2	44.6	42.6	40.7	39.4
50.4	—	—	—	57.6	54.3	52.3	50.3	49.0	47.7	45.0	43.0	41.0	39.7
50.6	—	—	—	58.0	54.7	52.7	50.7	49.4	48.0	45.4	43.4	41.4	40.0
50.8	—	—	—	58.5	55.1	53.1	51.1	49.8	48.4	45.7	43.7	41.7	40.3
51.0	—	—	—	59.0	55.6	53.5	51.5	50.1	48.8	46.1	44.1	42.0	40.7
51.2	—	—	—	59.4	56.0	54.0	51.9	50.5	49.2	46.4	44.4	42.3	41.0
51.4	—	—	—	59.9	56.4	54.4	52.3	50.9	49.6	46.8	44.7	42.7	41.3
51.6	—	—	—	60.0	56.9	54.8	52.7	51.3	50.0	47.2	45.1	43.0	41.6
51.8	—	—	—	—	57.3	55.2	53.1	51.7	50.3	47.5	45.4	43.3	41.8
52.0	—	—	—	—	57.8	55.7	53.6	52.1	50.7	47.9	45.8	43.7	42.3
52.2	—	—	—	—	58.2	56.1	54.0	52.5	51.1	48.3	46.2	44.0	42.6
52.4	—	—	—	—	58.7	56.5	54.4	53.0	51.5	48.7	46.5	44.4	43.0
52.6	—	—	—	—	59.1	57.0	54.8	53.4	51.9	49.0	46.9	44.7	43.3
52.8	—	—	—	—	59.6	57.4	55.2	53.8	52.3	49.4	47.3	45.1	43.6
53.0	—	—	—	—	60.0	57.8	55.6	54.2	52.7	49.8	47.6	45.4	43.9
53.2	—	—	—	—	—	58.3	56.1	54.6	53.1	50.2	48.0	45.8	44.3
53.4	—	—	—	—	—	58.7	56.5	55.0	53.5	50.5	48.3	46.1	44.6
53.6	—	—	—	—	—	59.2	56.9	55.4	53.9	50.9	48.7	46.4	44.9
53.8	—	—	—	—	—	59.6	57.3	55.8	54.3	51.3	49.0	46.8	45.3
54.0	—	—	—	—	—	60.0	57.8	56.3	54.7	51.7	49.4	47.1	45.6
54.2	—	—	—	—	—	—	58.2	56.7	55.1	52.1	49.8	47.5	46.0
54.4	—	—	—	—	—	—	58.6	57.1	55.6	52.5	50.2	47.9	46.3
54.6	—	—	—	—	—	—	59.1	57.5	56.0	52.9	50.5	48.2	46.6

平均回弹值 R_m	测区混凝土强度换算值 $f^c_{cu,i}$(MPa)												
	平均碳化深度值 d_m(mm)												
	0	0.5	1.0	1.5	2.0	2.5	3.0	3.5	4.0	4.5	5.0	5.5	≥6
54.8	—	—	—	—	—	—	59.5	57.9	56.4	53.2	50.9	48.5	47.0
55.0	—	—	—	—	—	—	59.9	58.4	56.8	53.6	51.3	48.9	47.3
55.2	—	—	—	—	—	—	60.0	58.8	57.2	54.0	51.6	49.3	47.7
55.4	—	—	—	—	—	—	—	59.2	57.6	54.4	52.0	49.6	48.0
55.6	—	—	—	—	—	—	—	59.7	58.0	54.8	52.4	50.0	48.4
55.8	—	—	—	—	—	—	—	60.0	58.5	55.2	52.8	50.3	48.7
56.0	—	—	—	—	—	—	—	—	58.9	55.6	53.2	50.7	49.1
56.2	—	—	—	—	—	—	—	—	59.3	56.0	53.5	51.1	49.4
56.4	—	—	—	—	—	—	—	—	59.7	56.4	53.9	51.4	49.8
56.6	—	—	—	—	—	—	—	—	60.0	56.8	54.3	51.8	50.1
56.8	—	—	—	—	—	—	—	—	—	57.2	54.7	52.2	50.5
57.0	—	—	—	—	—	—	—	—	—	57.6	55.1	52.5	50.8
57.2	—	—	—	—	—	—	—	—	—	58.0	55.5	52.9	51.2
57.4	—	—	—	—	—	—	—	—	—	58.4	55.9	53.3	51.6
57.6	—	—	—	—	—	—	—	—	—	58.9	56.3	53.7	51.9
57.8	—	—	—	—	—	—	—	—	—	59.3	56.7	54.0	52.3
58.0	—	—	—	—	—	—	—	—	—	59.7	57.0	54.4	52.7
58.2	—	—	—	—	—	—	—	—	—	60.0	57.4	54.8	53.0
58.4	—	—	—	—	—	—	—	—	—	—	57.8	55.2	53.4
58.6	—	—	—	—	—	—	—	—	—	—	58.2	55.6	53.8
58.8	—	—	—	—	—	—	—	—	—	—	58.6	55.9	54.1
59.0	—	—	—	—	—	—	—	—	—	—	59.0	56.3	54.5
59.2	—	—	—	—	—	—	—	—	—	—	59.4	56.7	54.9
59.4	—	—	—	—	—	—	—	—	—	—	59.8	57.1	55.2
59.6	—	—	—	—	—	—	—	—	—	—	60.0	57.5	55.6
59.8	—	—	—	—	—	—	—	—	—	—	—	57.9	56.0
60.0	—	—	—	—	—	—	—	—	—	—	—	58.3	56.4

注:(1) 碳化深度大于 6.0 mm 时按 6.0 mm 查表;

(2) 本表数据在应用时不得外推(小于 10 MPa 或大于 60 MPa);

(3) 表中未列数据,可用内插法求得,计算结果精确至 0.1 MPa;

(4) 数据引自《回弹法检测混凝土抗压强度技术规程》(JGJ/T 23—2011)。

附录 B 测区泵送混凝土强度换算表

平均回弹值 R_m	测区混凝土强度换算值 $f^c_{cu,i}$(MPa)												
	平均碳化深度值 d_m(mm)												
	0	0.5	1.0	1.5	2.0	2.5	3.0	3.5	4.0	4.5	5.0	5.5	≥6
18.6	10.0	—	—	—	—	—	—	—	—	—	—	—	—
18.8	10.2	10.0	—	—	—	—	—	—	—	—	—	—	—
19.0	10.4	10.2	10.0	—	—	—	—	—	—	—	—	—	—
19.2	10.6	10.4	10.2	10.0	—	—	—	—	—	—	—	—	—
19.4	10.9	10.7	10.4	10.2	10.0	—	—	—	—	—	—	—	—
19.6	11.1	10.9	10.6	10.4	10.2	10.0	—	—	—	—	—	—	—
19.8	11.3	11.1	10.9	10.6	10.4	10.2	10.0	—	—	—	—	—	—
20.0	11.5	11.3	11.1	10.9	10.6	10.4	10.2	10.0	—	—	—	—	—
20.2	11.8	11.5	11.3	11.1	10.9	10.6	10.4	10.2	10.0	—	—	—	—
20.4	12.0	11.7	11.5	11.3	11.1	10.8	10.6	10.4	10.2	10.0	—	—	—
20.6	12.2	12.0	11.7	11.5	11.3	11.0	10.8	10.6	10.4	10.2	10.0	—	—
20.8	12.4	12.2	12.0	11.7	11.5	11.3	11.0	10.8	10.6	10.4	10.2	10.0	—
21.0	12.7	12.4	12.2	11.9	11.7	11.5	11.2	11.0	10.8	10.6	10.4	10.2	10.0
21.2	12.9	12.7	12.4	12.2	11.9	11.7	11.5	11.2	11.0	10.8	10.6	10.4	10.2
21.4	13.1	12.9	12.6	12.4	12.1	11.9	11.7	11.4	11.2	11.0	10.8	10.6	10.3
21.6	13.4	13.1	12.9	12.6	12.4	12.1	11.9	11.6	11.4	11.2	11.0	10.7	10.5
21.8	13.6	13.4	13.1	12.8	12.6	12.3	12.1	11.9	11.6	11.4	11.2	10.9	10.7
22.0	13.9	13.6	13.3	13.1	12.8	12.6	12.3	12.1	11.8	11.6	11.4	11.1	10.9
22.2	14.1	13.8	13.6	13.3	13.0	12.8	12.5	12.3	12.0	11.8	11.6	11.3	11.1
22.4	14.4	14.1	13.8	13.5	13.3	13.0	12.7	12.5	12.2	12.0	11.8	11.5	11.3
22.6	14.6	14.3	14.0	13.8	13.5	13.2	13.0	12.7	12.5	12.2	12.0	11.7	11.5
22.8	14.9	14.6	14.3	14.0	13.7	13.5	13.2	12.9	12.7	12.4	12.2	11.9	11.7
23.0	15.1	14.8	14.5	14.2	14.0	13.7	13.4	13.1	12.9	12.6	12.4	12.1	11.9
23.2	15.4	15.1	14.8	14.5	14.2	13.9	13.6	13.4	13.1	12.8	12.6	12.3	12.1
23.4	15.6	15.3	15.0	14.7	14.4	14.1	13.9	13.6	13.3	13.1	12.8	12.6	12.3
23.6	15.9	15.6	15.3	15.0	14.7	14.4	14.1	13.8	13.5	13.3	13.0	12.8	12.5
23.8	16.2	15.8	15.5	15.2	14.9	14.6	14.3	14.1	13.8	13.5	13.2	13.0	12.7
24.0	16.4	16.1	15.8	15.5	15.2	14.9	14.6	14.3	14.0	13.7	13.5	13.2	12.9
24.2	16.7	16.4	16.0	15.7	15.4	15.1	14.8	14.5	14.2	13.9	13.7	13.4	13.1

平均回弹值 R_m	测区混凝土强度换算值 $f^c_{cu,i}$(MPa)												
	平均碳化深度值 d_m(mm)												
	0	0.5	1.0	1.5	2.0	2.5	3.0	3.5	4.0	4.5	5.0	5.5	≥6
24.4	17.0	16.6	16.3	16.0	15.7	15.3	15.0	14.7	14.5	14.2	13.9	13.6	13.3
24.6	17.2	16.9	16.5	16.2	15.9	15.6	15.3	15.0	14.7	14.4	14.1	13.8	13.6
24.8	17.5	17.1	16.8	16.5	16.2	15.8	15.5	15.2	14.9	14.6	14.3	14.1	13.8
25.0	17.8	17.4	17.1	16.7	16.4	16.1	15.8	15.5	15.2	14.9	14.6	14.3	14.0
25.2	18.0	17.7	17.3	17.0	16.7	16.3	16.0	15.7	15.4	15.1	14.8	14.5	14.2
25.4	18.3	18.0	17.6	17.3	16.9	16.6	16.3	15.9	15.6	15.3	15.0	14.7	14.4
25.6	18.6	18.2	17.9	17.5	17.2	16.8	16.5	16.2	15.9	15.6	15.2	14.9	14.7
25.8	18.9	18.5	18.2	17.8	17.4	17.1	16.8	16.4	16.1	15.8	15.5	15.2	14.9
26.0	19.2	18.8	18.4	18.1	17.7	17.4	17.0	16.7	16.3	16.0	15.7	15.4	15.1
26.2	19.5	19.1	18.7	18.3	18.0	17.6	17.3	16.9	16.6	16.3	15.9	15.6	15.3
26.4	19.8	19.4	19.0	18.6	18.2	17.9	17.5	17.2	16.8	16.5	16.2	15.9	15.6
26.6	20.0	19.6	19.3	18.9	18.5	18.1	17.8	17.4	17.1	16.8	16.4	16.1	15.8
26.8	20.3	19.9	19.5	19.2	18.8	18.4	18.0	17.7	17.3	17.0	16.7	16.3	16.0
27.0	20.6	20.2	19.8	19.4	19.1	18.7	18.3	17.9	17.6	17.2	16.9	16.6	16.2
27.2	20.9	20.5	20.1	19.7	19.3	18.9	18.6	18.2	17.8	17.5	17.1	16.8	16.5
27.4	21.2	20.8	20.4	20.0	19.6	19.2	18.8	18.5	18.1	17.7	17.4	17.1	16.7
27.6	21.5	21.1	20.7	20.3	19.9	19.5	19.1	18.7	18.4	18.0	17.6	17.3	17.0
27.8	21.8	21.4	21.0	20.6	20.2	19.8	19.4	19.0	18.6	18.3	17.9	17.5	17.2
28.0	22.1	21.7	21.3	20.9	20.4	20.0	19.6	19.3	18.9	18.5	18.1	17.8	17.4
28.2	22.4	22.0	21.6	21.1	20.7	20.3	19.9	19.5	19.1	18.8	18.4	18.0	17.7
28.4	22.8	22.3	21.9	21.4	21.0	20.6	20.2	19.8	19.4	19.0	18.6	18.3	17.9
28.6	23.1	22.6	22.2	21.7	21.3	20.9	20.5	20.1	19.7	19.3	18.9	18.5	18.2
28.8	23.4	22.9	22.5	22.0	21.6	21.2	20.7	20.3	19.9	19.5	19.2	18.8	18.4
29.0	23.7	23.2	22.8	22.3	21.9	21.5	21.0	20.6	20.2	19.8	19.4	19.0	18.7
29.2	24.0	23.5	23.1	22.6	22.2	21.7	21.3	20.9	20.5	20.1	19.7	19.3	18.9
29.4	24.3	23.9	23.4	22.9	22.5	22.0	21.6	21.2	20.8	20.3	19.9	19.5	19.2
29.6	24.7	24.2	23.7	23.2	22.8	22.3	21.9	21.4	21.0	20.6	20.2	19.8	19.4
29.8	25.0	24.5	24.0	23.5	23.1	22.6	22.2	21.7	21.3	20.9	20.5	20.1	19.7
30.0	25.3	24.8	24.3	23.8	23.4	22.9	22.5	22.0	21.6	21.2	20.7	20.3	19.9

平均回弹值 R_m	测区混凝土强度换算值 $f_{cu,i}^{c}$(MPa)												
	平均碳化深度值 d_m(mm)												
	0	0.5	1.0	1.5	2.0	2.5	3.0	3.5	4.0	4.5	5.0	5.5	≥6
30.2	25.6	25.1	24.6	24.2	23.7	23.2	22.8	22.3	21.9	21.4	21.0	20.6	20.2
30.4	26.0	25.5	25.0	24.5	24.0	23.5	23.0	22.6	22.1	21.7	21.3	20.9	20.4
30.6	26.3	25.8	25.3	24.8	24.3	23.8	23.3	22.9	22.4	22.0	21.6	21.1	20.7
30.8	26.6	26.1	25.6	25.1	24.6	24.1	23.6	23.2	22.7	22.3	21.8	21.4	21.0
31.0	27.0	26.4	25.9	25.4	24.9	24.4	23.9	23.5	23.0	22.5	22.1	21.7	21.2
31.2	27.3	26.8	26.2	25.7	25.2	24.7	24.2	23.8	23.3	22.8	22.4	21.9	21.5
31.4	27.7	27.1	26.6	26.0	25.5	25.0	24.5	24.1	23.6	23.1	22.7	22.2	21.8
31.6	28.0	27.4	26.9	26.4	25.9	25.3	24.8	24.4	23.9	23.4	22.9	22.5	22.0
31.8	28.3	27.8	27.2	26.7	26.2	25.7	25.1	24.7	24.2	23.7	23.2	22.8	22.3
32.0	28.7	28.1	27.6	27.0	26.5	26.0	25.5	25.0	24.5	24.0	23.5	23.0	22.6
32.2	29.0	28.5	27.9	27.4	26.8	26.3	25.8	25.3	24.8	24.3	23.8	23.3	22.9
32.4	29.4	28.8	28.2	27.7	27.1	26.6	26.1	25.6	25.1	24.6	24.1	23.6	23.1
32.6	29.7	29.2	28.6	28.0	27.5	26.9	26.4	25.9	25.4	24.9	24.4	23.9	23.4
32.8	30.1	29.5	28.9	28.3	27.8	27.2	26.7	26.2	25.7	25.2	24.7	24.2	23.7
33.0	30.4	29.8	29.3	28.7	28.1	27.6	27.0	26.5	26.0	25.5	25.0	24.5	24.0
33.2	30.8	30.2	29.6	29.0	28.4	27.9	27.3	26.8	26.3	25.8	25.2	24.7	24.3
33.4	31.2	30.6	30.0	29.4	28.8	28.2	27.7	27.1	26.6	26.1	25.5	25.0	24.5
33.6	31.5	30.9	30.3	29.7	29.1	28.5	28.0	27.4	26.9	26.4	25.8	25.3	24.8
33.8	31.9	31.3	30.7	30.0	29.5	28.9	28.3	27.7	27.2	26.7	26.1	25.6	25.1
34.0	32.3	31.6	31.0	30.4	29.8	29.2	28.6	28.1	27.5	27.0	26.4	25.9	25.4
34.2	32.6	32.0	31.4	30.7	30.1	29.5	29.0	28.4	27.8	27.3	26.7	26.2	25.7
34.4	33.0	32.4	31.7	31.1	30.5	29.9	29.3	28.7	28.1	27.6	27.0	26.5	26.0
34.6	33.4	32.7	32.1	31.4	30.8	30.2	29.6	29.0	28.5	27.9	27.4	26.8	26.3
34.8	33.8	33.1	32.4	31.8	31.2	30.6	30.0	29.4	28.8	28.2	27.7	27.1	26.6
35.0	34.1	33.5	32.8	32.2	31.5	30.9	30.3	29.7	29.1	28.5	28.0	27.4	26.9
35.2	34.5	33.8	33.2	32.5	31.9	31.2	30.6	30.0	29.4	28.8	28.3	27.7	27.2
35.4	34.9	34.2	33.5	32.9	32.2	31.6	31.0	30.4	29.8	29.2	28.6	28.0	27.5
35.6	35.3	34.6	33.9	33.2	32.6	31.9	31.3	30.7	30.1	29.5	28.9	28.3	27.8
35.8	35.7	35.0	34.3	33.6	32.9	32.3	31.6	31.0	30.4	29.8	29.2	28.6	28.1

平均回弹值 R_m	测区混凝土强度换算值 $f^c_{cu,i}$(MPa)												
	平均碳化深度值 d_m(mm)												
	0	0.5	1.0	1.5	2.0	2.5	3.0	3.5	4.0	4.5	5.0	5.5	≥6
36.0	36.0	35.3	34.6	34.0	33.3	32.6	32.0	31.4	30.7	30.1	29.5	29.0	28.4
36.2	36.4	35.7	35.0	34.3	33.6	33.0	32.3	31.7	31.1	30.5	29.9	29.3	28.7
36.4	36.8	36.1	35.4	34.7	34.0	33.3	32.7	32.0	31.4	30.8	30.2	29.6	29.0
36.6	37.2	36.5	35.8	35.1	34.4	33.7	33.0	32.4	31.7	31.1	30.5	29.9	29.3
36.8	37.6	36.9	36.2	35.4	34.7	34.1	33.4	32.7	32.1	31.4	30.8	30.2	29.6
37.0	38.0	37.3	36.5	35.8	35.1	34.4	33.7	33.1	32.4	31.8	31.2	30.5	29.9
37.2	38.4	37.7	36.9	36.2	35.5	34.8	34.1	33.4	32.8	32.1	31.5	30.9	30.2
37.4	38.8	38.1	37.3	36.6	35.8	35.1	34.4	33.8	33.1	32.4	31.8	31.2	30.6
37.6	39.2	38.4	37.7	36.9	36.2	35.5	34.8	34.1	33.4	32.8	32.1	31.5	30.9
37.8	39.6	38.8	38.1	37.3	36.6	35.9	35.2	34.5	33.8	33.1	32.5	31.8	31.2
38.0	40.0	39.2	38.5	37.7	37.0	36.2	35.5	34.8	34.1	33.5	32.8	32.2	31.5
38.2	40.4	39.6	38.9	38.1	37.3	36.6	35.9	35.2	34.5	33.8	33.1	32.5	31.8
38.4	40.9	40.1	39.3	38.5	37.7	37.0	36.3	35.5	34.8	34.2	33.5	32.8	32.2
38.6	41.3	40.5	39.7	38.9	38.1	37.4	36.6	35.9	35.2	34.5	33.8	33.2	32.5
38.8	41.7	40.9	40.1	39.3	38.5	37.7	37.0	36.3	35.5	34.8	34.2	33.5	32.8
39.0	42.1	41.3	40.5	39.7	38.9	38.1	37.4	36.6	35.9	35.2	34.5	33.8	33.2
39.2	42.5	41.7	40.9	40.1	39.3	38.5	37.7	37.0	36.3	35.5	34.8	34.2	33.5
39.4	42.9	42.1	41.3	40.5	39.7	38.9	38.1	37.4	36.6	35.9	35.2	34.5	33.8
39.6	43.4	42.5	41.7	40.9	40.0	39.3	38.5	37.7	37.0	36.3	35.5	34.8	34.2
39.8	43.8	42.9	42.1	41.3	40.4	39.6	38.9	38.1	37.3	36.6	35.9	35.2	34.5
40.0	44.2	43.4	42.5	41.7	40.8	40.0	39.2	38.5	37.7	37.0	36.2	35.5	34.8
40.2	44.7	43.8	42.9	42.1	41.2	40.4	39.6	38.8	38.1	37.3	36.6	35.9	35.2
40.4	45.1	44.2	43.3	42.5	41.6	40.8	40.0	39.2	38.4	37.7	36.9	36.2	35.5
40.6	45.5	44.6	43.7	42.9	42.0	41.2	40.4	39.6	38.8	38.1	37.3	36.6	35.8
40.8	46.0	45.1	44.2	43.3	42.4	41.6	40.8	40.0	39.2	38.4	37.7	36.9	36.2
41.0	46.4	45.5	44.6	43.7	42.8	42.0	41.2	40.4	39.6	38.8	38.0	37.3	36.5
41.2	46.8	45.9	45.0	44.1	43.2	42.4	41.6	40.7	39.9	39.1	38.4	37.6	36.9
41.4	47.3	46.3	45.4	44.5	43.7	42.8	42.0	41.1	40.3	39.5	38.7	38.0	37.2
41.6	47.7	46.8	45.9	45.0	44.1	43.2	42.3	41.5	40.7	39.9	39.1	38.3	37.6

平均回弹值 R_m	测区混凝土强度换算值 $f^c_{cu,i}$(MPa)												
	平均碳化深度值 d_m(mm)												
	0	0.5	1.0	1.5	2.0	2.5	3.0	3.5	4.0	4.5	5.0	5.5	≥6
41.8	48.2	47.2	46.3	45.4	44.5	43.6	42.7	41.9	41.1	40.3	39.5	38.7	37.9
42.0	48.6	47.7	46.7	45.8	44.9	44.0	43.1	42.3	41.5	40.6	39.8	39.1	38.3
42.2	49.1	48.1	47.1	46.2	45.3	44.4	43.5	42.7	41.8	41.0	40.2	39.4	38.6
42.4	49.5	48.5	47.6	46.6	45.7	44.8	43.9	43.1	42.2	41.4	40.6	39.8	39.0
42.6	50.0	49.0	48.0	47.1	46.1	45.2	44.3	43.5	42.6	41.8	40.9	40.1	39.3
42.8	50.4	49.4	48.5	47.5	46.6	45.6	44.7	43.9	43.0	42.2	41.3	40.5	39.7
43.0	50.9	49.9	48.9	47.9	47.0	46.1	45.2	44.3	43.4	42.5	41.7	40.9	40.1
43.2	51.3	50.3	49.3	48.4	47.4	46.5	45.6	44.7	43.8	42.9	42.1	41.2	40.4
43.4	51.8	50.8	49.8	48.8	47.8	46.9	46.0	45.1	44.2	43.3	42.5	41.6	40.8
43.6	52.3	51.2	50.2	49.2	48.3	47.3	46.4	45.5	44.6	43.7	42.8	42.0	41.2
43.8	52.7	51.7	50.7	49.7	48.7	47.7	46.8	45.9	45.0	44.1	43.2	42.4	41.5
44.0	53.2	52.2	51.1	50.1	49.1	48.2	47.2	46.3	45.4	44.5	43.6	42.7	41.9
44.2	53.7	52.6	51.6	50.6	49.6	48.6	47.6	46.7	45.8	44.9	44.0	43.1	42.3
44.4	54.1	53.1	52.0	51.0	50.0	49.0	48.0	47.1	46.2	45.3	44.4	43.5	42.6
44.6	54.6	53.5	52.5	51.5	50.4	49.4	48.5	47.5	46.6	45.7	44.8	43.9	43.0
44.8	55.1	54.0	52.9	51.9	50.9	49.9	48.9	47.9	47.0	46.1	45.1	44.3	43.4
45.0	55.6	54.5	53.4	52.4	51.3	50.3	49.3	48.3	47.4	46.5	45.5	44.6	43.8
45.2	56.1	55.0	53.9	52.8	51.8	50.7	49.7	48.8	47.8	46.9	45.9	45.0	44.1
45.4	56.5	55.4	54.3	53.3	52.2	51.2	50.2	49.2	48.2	47.3	46.3	45.4	44.5
45.6	57.0	55.9	54.8	53.7	52.7	51.6	50.6	49.6	48.6	47.7	46.7	45.8	44.9
45.8	57.5	56.4	55.3	54.2	53.1	52.1	51.0	50.0	49.0	48.1	47.1	46.2	45.3
46.0	58.0	56.9	55.7	54.6	53.6	52.5	51.5	50.5	49.5	48.5	47.5	46.6	45.7
46.2	58.5	57.3	56.2	55.1	54.0	52.9	51.9	50.9	49.9	48.9	47.9	47.0	46.1
46.4	59.0	57.8	56.7	55.6	54.5	53.4	52.3	51.3	50.3	49.3	48.3	47.4	46.4
46.6	59.5	58.3	57.2	56.0	54.9	53.8	52.8	51.7	50.7	49.7	48.7	47.8	46.8
46.8	60.0	58.8	57.6	56.5	55.4	54.3	53.2	52.2	51.1	50.1	49.1	48.2	47.2
47.0	—	59.3	58.1	57.0	55.8	54.7	53.7	52.6	51.6	50.5	49.5	48.6	47.6
47.2	—	59.8	58.6	57.4	56.3	55.2	54.1	53.0	52.0	51.0	50.0	49.0	48.0
47.4	—	60.0	59.1	57.9	56.8	55.6	54.5	53.5	52.4	51.4	50.4	49.4	48.4

平均回弹值 R_m	测区混凝土强度换算值 $f^c_{cu,i}$（MPa）												
	平均碳化深度值 d_m（mm）												
	0	0.5	1.0	1.5	2.0	2.5	3.0	3.5	4.0	4.5	5.0	5.5	≥6
47.6	—	—	59.6	58.4	57.2	56.1	55.0	53.9	52.8	51.8	50.8	49.8	48.8
47.8	—	—	60.0	58.9	57.7	56.6	55.4	54.4	53.3	52.2	51.2	50.2	49.2
48.0	—	—	—	59.3	58.2	57.0	55.9	54.8	53.7	52.7	51.6	50.6	49.6
48.2	—	—	—	59.8	58.6	57.5	56.3	55.2	54.1	53.1	52.0	51.0	50.0
48.4	—	—	—	60.0	59.1	57.9	56.8	55.7	54.6	53.5	52.5	51.4	50.4
48.6	—	—	—	—	59.6	58.4	57.3	56.1	55.0	53.9	52.9	51.8	50.8
48.8	—	—	—	—	60.0	58.9	57.7	56.6	55.5	54.4	53.3	52.2	51.2
49.0	—	—	—	—	—	59.3	58.2	57.0	55.9	54.8	53.7	52.7	51.6
49.2	—	—	—	—	—	59.8	58.6	57.5	56.3	55.2	54.1	53.1	52.0
49.4	—	—	—	—	—	60.0	59.1	57.9	56.8	55.7	54.6	53.5	52.4
49.6	—	—	—	—	—	—	59.6	58.4	57.2	56.1	55.0	53.9	52.9
49.8	—	—	—	—	—	—	60.0	58.8	57.7	56.6	55.4	54.3	53.3
50.0	—	—	—	—	—	—	—	59.3	58.1	57.0	55.9	54.8	53.7
50.2	—	—	—	—	—	—	—	59.8	58.6	57.4	56.3	55.2	54.1
50.4	—	—	—	—	—	—	—	60.0	59.0	57.9	56.7	55.6	54.5
50.6	—	—	—	—	—	—	—	—	59.5	58.3	57.2	56.0	54.9
50.8	—	—	—	—	—	—	—	—	60.0	58.8	57.6	56.5	55.4
51.0	—	—	—	—	—	—	—	—	—	59.2	58.1	56.9	55.8
51.2	—	—	—	—	—	—	—	—	—	59.7	58.5	57.3	56.2
51.4	—	—	—	—	—	—	—	—	—	60.0	58.9	57.8	56.6
51.6	—	—	—	—	—	—	—	—	—	—	59.4	58.2	57.1
51.8	—	—	—	—	—	—	—	—	—	—	59.8	58.7	57.5
52.0	—	—	—	—	—	—	—	—	—	—	60.0	59.1	57.9
52.2	—	—	—	—	—	—	—	—	—	—	—	59.5	58.4
52.4	—	—	—	—	—	—	—	—	—	—	—	60.0	58.8
52.6	—	—	—	—	—	—	—	—	—	—	—	—	59.2
52.8	—	—	—	—	—	—	—	—	—	—	—	—	59.7

注：(1) 碳化深度大于 6.0 mm 时按 6.0 mm 查表；

(2) 表中未注明的测区混凝土强度换算值为小于 10 MPa 或大于 60 MPa；

(3) 表中未列数据，可用内插法求得，计算结果精确至 0.1 MPa；

(4) 数据引自《回弹法检测混凝土抗压强度技术规程》(JGJ/T 23—2011)。

附录C　非水平状态检测时的回弹值修正值

$R_{m\alpha}$	检测角度							
	向　上				向　下			
	90°	60°	45°	30°	−30°	−45°	−60°	−90°
20	−6.0	−5.0	−4.0	−3.0	+2.5	+3.0	+3.5	+4.0
21	−5.9	−4.9	−4.0	−3.0	+2.5	+3.0	+3.5	+4.0
22	−5.8	−4.8	−3.9	−2.9	+2.4	+2.9	+3.4	+3.9
23	−5.7	−4.7	−3.9	−2.9	+2.4	+2.9	+3.4	+3.9
24	−5.6	−4.6	−3.8	−2.8	+2.3	+2.8	+3.3	+3.8
25	−5.5	−4.5	−3.8	−2.8	+2.3	+2.8	+3.3	+3.8
26	−5.4	−4.4	−3.7	−2.7	+2.2	+2.7	+3.2	+3.7
27	−5.3	−4.3	−3.7	−2.7	+2.2	+2.7	+3.2	+3.7
28	−5.2	−4.2	−3.6	−2.6	+2.1	+2.6	+3.1	+3.6
29	−5.1	−4.1	−3.6	−2.6	+2.1	+2.6	+3.1	+3.6
30	−5.0	−4.0	−3.5	−2.5	+2.0	+2.5	+3.0	+3.5
31	−4.9	−4.0	−3.5	−2.5	+2.0	+2.5	+3.0	+3.5
32	−4.8	−3.9	−3.4	−2.4	+1.9	+2.4	+2.9	+3.4
33	−4.7	−3.9	−3.4	−2.4	+1.9	+2.4	+2.9	+3.4
34	−4.6	−3.8	−3.3	−2.3	+1.8	+2.3	+2.8	+3.3
35	−4.5	−3.8	−3.3	−2.3	+1.8	+2.3	+2.8	+3.3
36	−4.4	−3.7	−3.2	−2.2	+1.7	+2.2	+2.7	+3.2
37	−4.3	−3.7	−3.2	−2.2	+1.7	+2.2	+2.7	+3.2
38	−4.2	−3.6	−3.1	−2.1	+1.6	+2.1	+2.6	+3.1
39	−4.1	−3.6	−3.1	−2.1	+1.6	+2.1	+2.6	+3.1
40	−4.0	−3.5	−3.0	−2.0	+1.5	+2.0	+2.5	+3.0
41	−4.0	−3.5	−3.0	−2.0	+1.5	+2.0	+2.5	+3.0
42	−3.9	−3.4	−2.9	−1.9	+1.4	+1.9	+2.4	+2.9
43	−3.9	−3.4	−2.9	−1.9	+1.4	+1.9	+2.4	+2.9
44	−3.8	−3.3	−2.8	−1.8	+1.3	+1.8	+2.3	+2.8
45	−3.8	−3.3	−2.8	−1.8	+1.3	+1.8	+2.3	+2.8
46	−3.7	−3.2	−2.7	−1.7	+1.2	+1.7	+2.2	+2.7
47	−3.7	−3.2	−2.7	−1.7	+1.2	+1.7	+2.2	+2.7
48	−3.6	−3.1	−2.6	−1.6	+1.1	+1.6	+2.1	+2.6
49	−3.6	−3.1	−2.6	−1.6	+1.1	+1.6	+2.1	+2.6
50	−3.5	−3.0	−2.5	−1.5	+1.0	+1.5	+2.0	+2.5

注：(1) $R_{m\alpha}$小于 20 或大于 50 时，分别按 20 或 50 查表；

(2) 表中未列入的相应于 $R_{m\alpha}$的修正值 $R_{a\alpha}$可用内插法求得，精确至 0.1。

附录 D　不同浇筑面的回弹值修正值

R_m^t 或 R_m^b	表面修正值 R_a^t	底面修正值 R_a^b	R_m^t 或 R_m^b	表面修正值 R_a^t	底面修正值 R_a^b
20	+2.5	−3.0	36	+0.9	−1.4
21	+2.4	−2.9	37	+0.8	−1.3
22	+2.3	−2.8	38	+0.7	−1.2
23	+2.2	−2.7	39	+0.6	−1.1
24	+2.1	−2.6	40	+0.5	−1.0
25	+2.0	−2.5	41	+0.4	−0.9
26	+1.9	−2.4	42	+0.3	−0.8
27	+1.8	−2.3	43	+0.2	−0.7
28	+1.7	−2.2	44	+0.1	−0.6
29	+1.6	−2.1	45	0	−0.5
30	+1.5	−2.0	46	0	−0.4
31	+1.4	−1.9	47	0	−0.3
32	+1.3	−1.8	48	0	−0.2
33	+1.2	−1.7	49	0	−0.1
34	+1.1	−1.6	50	0	0
35	+1.0	−1.5			

注：(1) R_m^t(或 R_m^b)小于 20 或大于 50 时，分别按 20 或 50 查表；

(2) 表中有关混凝土浇筑表面的修正值，是指一般原浆抹面的修正值；

(3) 表中有关混凝土浇筑底面的修正值，是指构件底面与侧面采用同一类模板在正常浇筑情况下的修正值；

(4) 表中未列入的相应于 R_m^t(或 R_m^b)的 R_a^t(或 R_a^b)值，可用内插法求得，精确至 0.1。

附录 E　应变片粘贴与防潮处理实验

一、实验目的

1. 掌握电阻应变片的选片原则；

2. 掌握电阻应变片的粘贴方法；

3. 掌握电阻应变片的防潮、防护层制作。

二、实验仪表和所需材料

1. 模拟试件(小钢板或钢筋)；

2. 万用表、电烙铁、镊子、短钢尺、划针、剪刀、剥线钳；

3. 电阻应变片(胶基)、端子(接线柱)、短引线；

4. 502胶水、焊锡丝、焊锡膏或松香膏、石蜡或硅橡胶、丙酮、棉球、砂纸、塑料薄膜、胶带、纱布等。

三、电阻应变片工作原理

用电阻应变片测量应变时，需将其牢固粘贴到结构或构件测点位置上，当结构或构件测点发生变形，电阻应变片就会跟随测点一起伸长或缩短，应变片内置的电阻丝会发生电阻的变化，电阻的变化可以反映出结构或构件测点的伸长或缩短情况，这就是电阻应变片的工作原理。

四、实验操作步骤及注意事项

1. 选择电阻应变片

在应变片灵敏数相同的一批应变片中，剔除电阻丝栅有形状缺陷的应变片，用万用表测量应变片的电阻值 R，将电阻值在$(120\pm0.2)\ \Omega$范围内的应变片选出备用，记录该片的阻值和灵敏系数（应变片灵敏系数由厂家标定，实验默认为2.0）。

2. 应变片测点划线定位

应变片要准确地粘贴在结构或构件的测点上，需要对粘贴方向进行定位。实验中假设测定构件中心点的轴向应变，在试件上用短钢板尺和划针划一个十字线，十字线的交叉点对准测点位置，划线深度要适中，见图E.1。

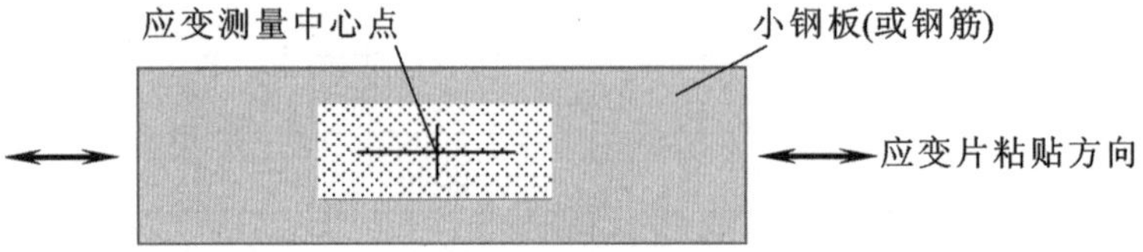

图E.1　钢试件应变片定位示意图

3. 测点表面打磨处理

用粗砂纸将小钢板测点区域进行初步打磨（钢筋需用打磨机在测点区域打磨），再用细砂纸打磨出45°交叉纹，如图E.2所示。

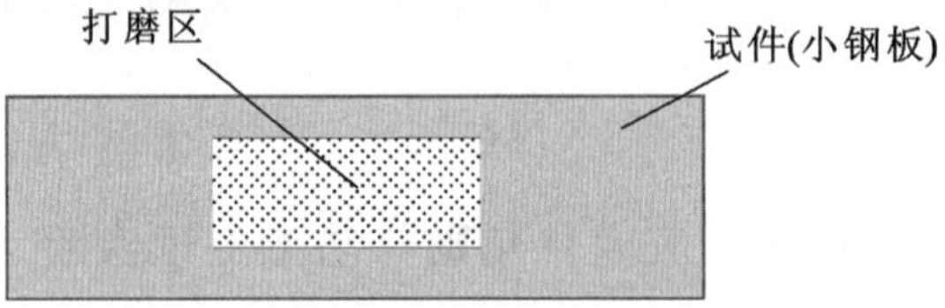

图E.2　测点表面打磨处理示意图

4. 应变片测点表面清洁

利用镊子夹起蘸过丙酮的棉球将测点贴片处擦洗干净，擦洗2～3遍后，表面不可再用手接触。

5. 应变片粘贴

应变片的粘贴需要注意分清应变片的正反面（有引出线引出的一面为正面），用左手捏住应变片的引线，右手上胶，在应变片的粘贴面（反面）上匀而薄地（胶水太多影响粘贴效果）涂上一层 502 胶水，校正方向后粘贴到测点位置，再用塑料薄膜盖在应变片上，用拇指按压 1 min 左右，挤出多余胶水和气泡，室温低时可适当延长。具体操作见图 E.3。

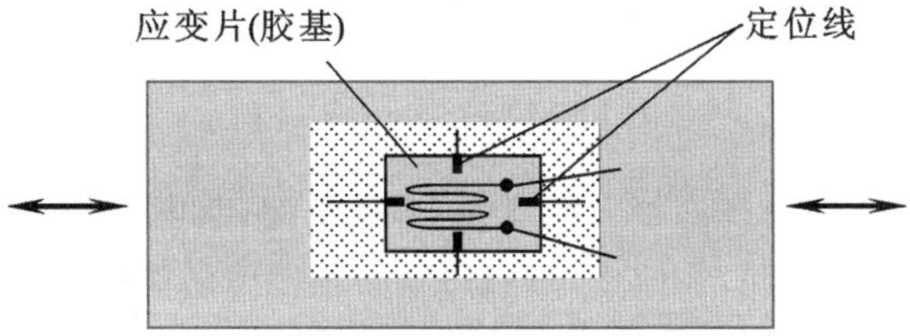

图 E.3　测点应变片粘贴示意图

应变片粘贴完毕后再用万用表检查应变片有无短路、断路和电阻值发生突变的现象，如发生上述现象，则会影响测量的准确性，需要用砂纸打磨掉，重新进行粘贴。

6. 端子(接线柱)粘贴和导线固定

(1) 端子(接线柱)的作用是将应变片的引线与接入应变采集仪的导线对接固定。将挂好焊锡点的端子(接线柱)按在要粘贴的位置，滴一滴 502 胶水在端子(接线柱)边缘，等待 1 min 后，端子(接线柱)就会粘贴在试件上。操作过程中需要注意的问题是：端子(接线柱)不要离应变片太远，否则会使应变片的引出线与构件接触而导致应变片短路；若端子(接线柱)与应变片相隔较远，则要在引线的下面粘贴一层绝缘透明胶带，防止引出线与构件接触，如图 E.4 所示。

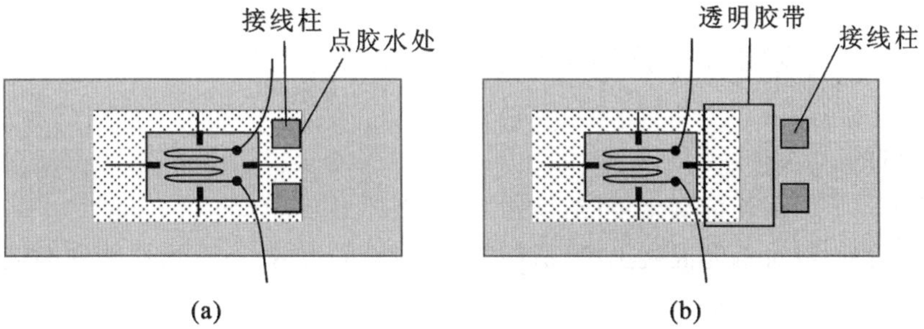

图 E.4　端子(接线柱)粘贴示意图

(a)接线柱距应变片较近；(b)接线柱距应变片较远

(2) 用电烙铁先将应变片的引出线焊接在端子(接线柱)上，然后用剪刀将多余的引线剪掉。

(3) 用热电烙铁蘸少许松香，再挂少许焊锡，将电烙铁与导线的裸露线芯的四周都接上，完成导线挂锡，注意导线挂锡一端的裸露线芯不能过长，以 3 mm 左右为宜。

(4) 将导线挂锡的一端压在端子(接线柱)上，拿导线的手此时不能移动，再把电烙铁放到导线挂焊锡处或端子(接线柱)焊锡上，当焊锡熔化之后立即将电烙铁移走，3～5 s 之后，焊锡重新凝固，整个的焊接连接(图 E.5)就完成了。注意不要反复熔焊，以免引起应变片引线脱落。

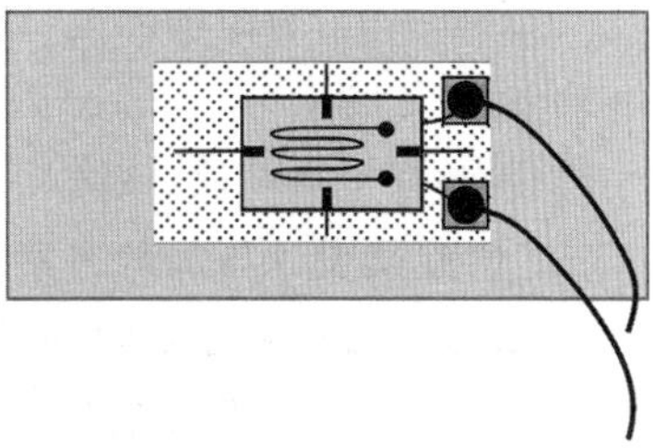

图 E.5　接线柱粘贴示意图

7. 绝缘度检查

应变片与构件之间必须是绝缘的,否则会导致测试结果不准确。检查绝缘度就是用兆欧表检查应变片与试件之间的绝缘电阻,绝缘电阻在 50 MΩ 以上为合格,若达不到要求,则需要重新粘贴。

8. 制作防潮、防护层

应变片在潮湿环境或埋置在混凝土环境中,一旦受潮,其电阻值就会不稳定(发飘),从而导致无法准确地测量应变,因此,在应变片贴好后,必须制作防潮层、防护层。防潮层用石蜡或硅橡胶涂在应变片上,再用万用表检查一遍,记录测量的应变片电阻值和灵敏系数,进而完成应变片粘贴,如图 E.6 所示。对于在钢筋上粘贴的应变片,可以采用纱布蘸环氧树脂类结构胶(需保证胶不与应变片发生反应)环向缠绕在应变片周围,待胶固化 24 h 后再进行钢筋笼绑扎。

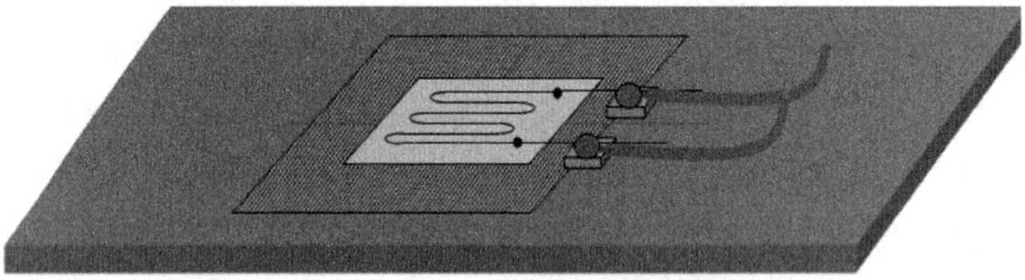

图 E.6　应变片粘贴完成效果

附录 F　钢筋混凝土梁正截面受弯性能试验

一、试验目的

1. 通过试验了解钢筋混凝土梁(适筋梁)受弯破坏形态;

2. 通过试验加深对钢筋混凝土梁(适筋梁)正截面受力特点、变形性能和裂缝开展规律的理解;

3. 通过试验掌握钢筋混凝土梁(适筋梁)试验结果的分析方法。

二、试验仪器与设备

1. 静态电阻应变仪;

2. 千斤顶(20 T)、力传感器;

3. 百分表(或位移计);

4. 照明手电、裂缝描图笔(或铅笔);

5. 加载分配梁;

6. 裂缝综合测试仪(或宽度观测仪)。

三、试验梁设计与加载方案

1. 试验梁截面尺寸及配筋设计

适筋梁截面尺寸及配筋如图 F.1 所示。

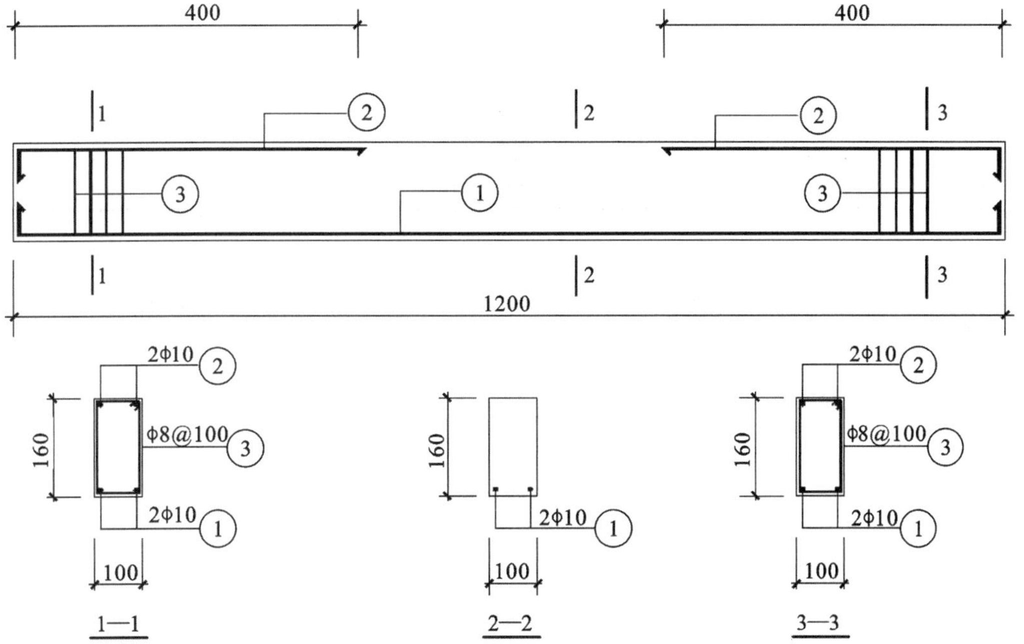

图 F.1 适筋梁配筋图

2. 试验梁(适筋梁)的材料

(1) 梁底受拉纵筋①号筋采用直径为 10 mm 的 HPB300 光圆钢筋(非螺纹钢),箍筋采用直径为 8 mm 的 HPB300 光圆钢筋。左右两侧加密区长度为 400 mm,试验前均预留三根长 300 mm 的短钢筋,用于测定纵筋和箍筋的屈服强度标准值。

(2) 混凝土梁按强度等级为 C25 的配合比进行制作,在浇筑混凝土时,同时浇筑三个 150 mm×150 mm×150 mm 的标准立方体试块,用于测定试件混凝土的实测抗压强度标准值。

3. 试验梁的加载及测点布置

(1) 试验梁支承于左右支墩上,通过千斤顶和分配梁施加两点集中荷载,由力传感器读取千斤顶施加荷载读数。

(2) 在梁左右支座(上表面)和跨中(梁底面)各布置一个位移计(或百分表),位移计(百分表)编号如图 F.2 所示。

(3) 在梁跨中位置侧面布置一列(四排)应变引伸仪,若只需验证平截面假定,也可在梁跨中位置侧面粘贴一列(四排)长标距(10 cm)应变片,从上至下编号依次为应变 1~应变 4。

(4) 在梁跨中上表面居中位置粘贴一个标距为 10 cm 的纸基应变片,具体位置如图 F.1 所示。

(5) 在跨中底部受力纵筋跨中点预先埋置两个标距为 5 mm 的胶基应变片,具体位置如图 F.2 所示。

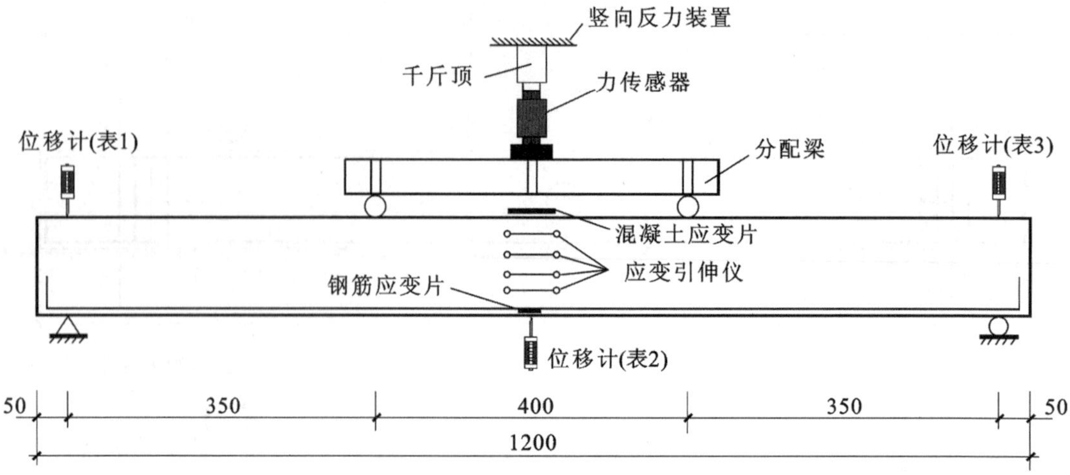

图 F.2　适筋梁加载及测点布置图

四、试验量测数据

1. 各级荷载作用下左右支座位移与跨中的竖向位移。

2. 各级荷载作用下梁底跨中纵筋的拉应变及混凝土受压边缘的压应变。

3. 各级荷载作用下梁跨中侧面不同位置的混凝土拉、压应变。

4. 准确记录、仔细观察梁的开裂荷载和开裂后各级荷载作用下裂缝的发展情况(包括裂缝分布和最大裂缝宽度 W_{max})。

5. 准确记录梁的破坏极限荷载和混凝土跨中受压区边缘纤维的极限压应变。

五、试验主要操作步骤

1. 试验前期准备

(1) 钢筋应变粘贴与防潮、防护处理,具体操作参见附录 E。

(2) 绑扎钢筋笼,木模板制作,混凝土浇筑、养护。

(3) 混凝土和钢筋力学性能测定试验。

(4) 试件两侧面用稀石灰刷白,晒干后,用铅笔画 40 mm×100 mm 的方格线(以便观测裂缝),粘贴混凝土表面应变片。

(5) 试验前根据试验梁的截面尺寸、配筋数量和材料强度标准值估算试验梁的开裂荷载和极限荷载。

2. 试验加载

(1) 在实验老师指导下由学生安装,试验梁初步就位后,划线确定支座、加载点及测点准确位置,布置安装试验测试仪器、仪表(应变片、位移计、压力传感器、数据采集仪等)。

(2) 试验开始前应对试验梁进行预加载,检验支座是否平稳,仪表及加载设备是否正常,并对部分仪表设备进行调零。预加载应控制试验梁在弹性范围内受力,不应产生裂缝及其他形式的加载残余值。加载值可取预估开裂荷载的 50%,分二级加载,每级持荷时间约为 1 min,然后卸载。

(3) 记录百分表、位移计等仪表初始读数。

(4) 对试验梁按 10% F_{cr}(预估开裂荷载)左右进行分级加载(第一级应考虑梁自重和分配梁的自重),每级加载的持荷时间为 3 min,接近预估开裂荷载的 80%时,每级按 5% F_{cr}进行加载,直至试验梁上出现第一条裂缝。在试验梁表面对裂缝的走向和宽度进行标记,准确记录开裂荷载实测值。开裂后按 10% F_d(预估极限荷载)进行分级加载,每级加载的持荷时间为 5 min,接近预估极限荷载的 80%时,每级按 5% F_d进行加载,直至试验梁达到极限承载状态,记录试验梁极限承载力实测值。在每级加载后的持荷时间内,认真观察试验梁上是否出现裂缝,加载持荷时间结束后记录压力传感器显示仪、数据采集仪、百分表、位移计和引伸仪等读数。

(5) 当试验梁出现较为明显的裂缝时,撤去相关仪表,在有足够安全防护的条件下,加载至试验梁破坏,记录混凝土应变最大值和荷载最大值。

(6) 卸载,记录试验梁破坏时的裂缝分布情况。

六、数据处理

1. 根据试验过程中记录的百分表或位移计读数,计算各级荷载作用下试验梁的实测跨中挠度值,绘制梁的荷载-挠度关系曲线(F-f)或跨中弯矩-挠度关系曲线(M-f)。

2. 根据试验过程中记录的纵向受力主筋的应变仪读数,计算试验梁跨中的钢筋应变平均值,绘制梁的荷载-钢筋应变关系曲线(F-ε_s)或跨中弯矩-主筋应变关系曲线(M-ε_s)。

3. 根据试验过程中记录的受压混凝土的应变仪读数,绘制梁的荷载-钢筋应变关系曲线(F-ε_c)或跨中弯矩-主筋应变关系曲线(M-ε_c)。

4. 根据钢筋混凝土结构理论,计算梁的开裂荷载标准值及极限荷载设计值,并与对应的试验实测值进行比较,分析它们之间的差别,计算梁的抗裂校验系数和承载力校验系数。

5. 绘制若干级荷载下梁跨中段测距范围内的平均纵向应变分布图,分析平截面假定的适用性。

6. 绘制正常使用极限状态(近似按计算极限荷载设计值的 80%确定)及承载能力极限状态(实测极限荷载时)两种情况下一个侧面的裂缝图,并注明裂缝间距范围及最大裂缝宽度,分析裂缝分布特征及发展规律。

附录 G　回弹法检测混凝土强度试验

一、试验目的

1. 了解回弹仪的工作原理和使用方法;

2. 掌握回弹法检测混凝土强度的基本操作流程;

3. 熟悉《回弹法检测混凝土抗压强度技术规程》(JGJ/T 23—2011),掌握回弹原始数据处理并能计算单个构件混凝土抗压强度推定值。

二、试验设备和材料

1. 回弹仪、钢砧、电钻、划线笔、刻度尺、滴液管;

2. 混凝土试件、浓度为 1%的酚酞乙醇溶液。

三、试验步骤

回弹法检测数据记录格式见表 G.1，回弹具体操作步骤参见本书 7.3.1.6 节。

表 G.1　回弹法检测数据记录

编号		回弹值																	测区强度换算
构件	测区	1	2	3	4	5	6	7	8	9	10	11	12	13	14	15	16	R_m	
	1																		
	2																		
	3																		
	4																		
	5																		
	6																		
	7																		
	8																		
	9																		
	10																		

测面状态：侧面、平面、底面　干、潮湿 测试角度：水平、向下、向上 平均碳化深度：　　(mm)	回弹仪器	型号	
		编号	
		率定值	

测试人员：　　　　记录人员：　　　　计算人员：　　　　　　测试日期：　　年　　月　　日

四、数据整理及计算

数据具体计算过程参见本书 7.3.1.7 节。

五、回弹操作注意事项

1. 仪器不得随意拆卸和乱弹试，以免影响仪器使用寿命和精度。

2. 测区表面应为混凝土原浆面，并应清洁、平整，不应有疏松层、浮浆、油垢、涂层以及蜂窝、麻面。在检测时如遇到麻面或有浮浆的构件，回弹前必须用砂轮磨平构件表面。

3. 用刻度尺按要求绘制测区，如图 G.1(a)所示，要求测区内每一个方格内仅弹击一次，避免重复弹击。

4. 在测试过程中，回弹仪的轴线应始终垂直于被测混凝土表面，如图 G.1(b)所示，对混凝土表面缓慢均匀施压，使弹击过程保持近似匀速，以免影响测试结果准确度。

5. 回弹检测应至少两人一组进行，一人回弹操作，另一人记录数据并纠正回弹人员技术动作，测试动作要规范，切忌随意操作。

(a)

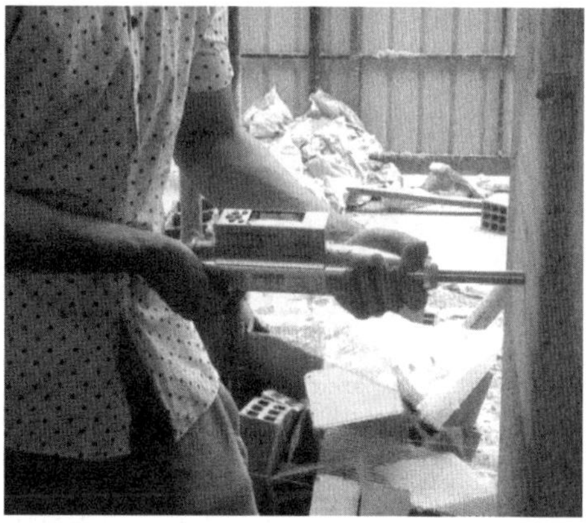

(b)

图 G.1　回弹法检测混凝土强度试验操作

(a)绘制测区；(b)测区回弹

附录 H　混凝土构件裂缝宽度与深度检测试验

一、试验目的

1. 了解仪器测试裂缝宽度和深度的工作原理；

2. 掌握仪器测试裂缝宽度和深度的检测操作方法。

二、试验设备与材料

1. 裂缝综合测试仪(裂缝宽度测试仪、超声波测试仪)；

2. 预制带裂缝的混凝土试件；

3. 刻度尺、耦合剂等。

三、试验内容

1. 测量构件的裂缝宽度；

2. 测量构件的裂缝深度。

四、仪器工作原理

1. 裂缝宽度测量原理

工作原理是利用带高倍放大镜的摄像探头对裂缝宽度进行放大并传回到显示屏上，在显示屏上可以看到被放大的裂缝图像，对照屏幕上的刻度线判读出裂缝宽度，具体如图 H.1 所示。

2. 裂缝深度测量原理

当超声波发射换能器和接收换能器的连线通过裂缝时，由于裂缝破坏了混凝土的连续性，超声波声能在裂缝处产生衰减，穿过裂缝传播到接收换能器的首波信号很微弱，波形畸变，其波幅或频率与通过等测距的无缝混凝土的超声波波幅或频率比较，存在显著差异，据此可以判定裂缝深度。

五、试验操作及注意事项

1. 裂缝宽度测量

(1) 利用连接线，一端连接裂缝宽度测量探头，另一端连接显示屏测宽探头接口，如图 H.2(a)所示。

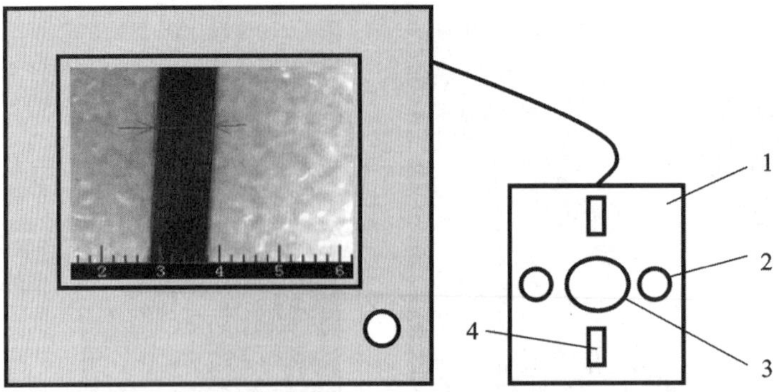

图 H.1　混凝土裂缝宽度检测示意图

1—探头；2—二极管灯泡；3—带高倍放大镜的摄像头；4—裂缝走向定位尖脚

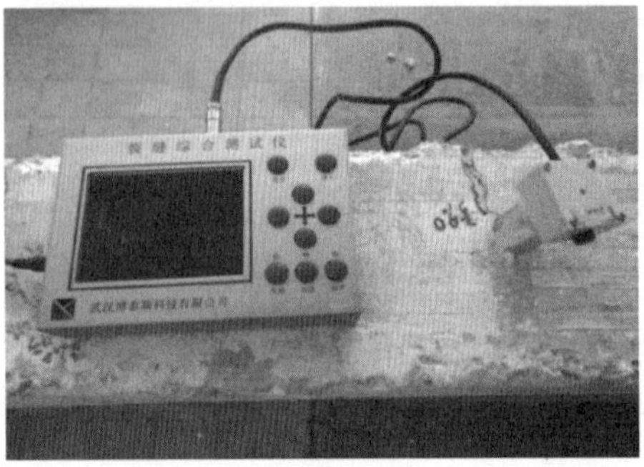

(a)

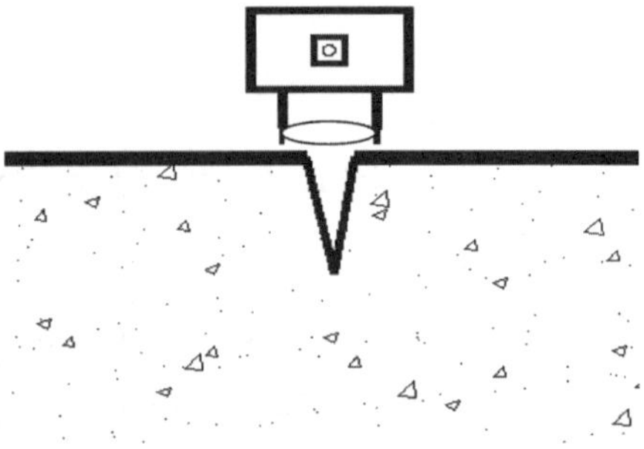

(b)

(c)

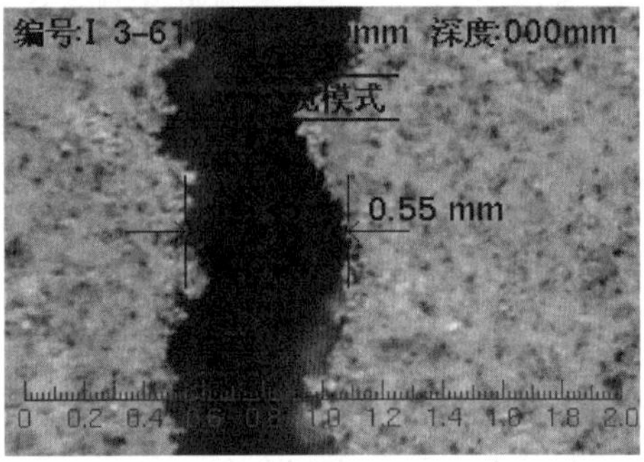

(d)

图 H.2　混凝土裂缝宽度测量流程

(a) 裂缝综合测试仪(测宽模式)；(b) 测宽探头与裂缝垂直控制；

(c) 测宽探头拍照按钮；(d) 裂缝宽度测试结果

(2) 按下显示屏主机电源开关，直到屏幕亮起，约 10 s 后，进入主机界面，点击裂缝测宽模式，进入裂缝深度测试界面。

(3) 测宽探头灯泡亮起，说明电路连接正常，将测宽探头底部两个尖的“定位尖脚”卡在裂缝中以尽量使裂缝与探头垂直，如图 H.2(b)所示。待图像清晰后，按下拍照按钮，如图 H.2(c)所示，可自动识别裂缝轮廓，进入实时自动判读状态，从而得到裂缝自动判读的宽度图片。然后可对当前图片进行手动判读处理，从而得到裂缝手动判读的宽度，如图 H.2(d)所示。至此即完成一条裂缝宽度的测试。

(4) 对裂缝进行拍照获得裂缝照片后，点击保存按钮则可将当前裂缝图片保存(需记住编号)，点击返回按钮，退出裂缝宽度测试界面，并返回到主控软件界面。在主控软件界面点击文件管理按钮进入文件管理界面，可以查看存储卡里的裂缝图片文件。

2. 裂缝深度测量

(1) 测试前准备工作：选好构件的测试部位；清除构件测试部位表面的尘土和杂物；在待测构件上布置测线、测点，测线应与待测裂缝垂直，尽量避免与钢筋平行；清除换能器底部的杂物和残杂的耦合剂。

需要注意：利用仪器检测结构混凝土裂缝深度时，要求被测的裂缝内无耦合介质(如水、泥浆等)，以免造成超声波信号经过这些耦合介质时“短路”。

(2) 将两根信号线的一端分别插入仪器主机侧面的发射、接收换能器接口上，将另一端分别与发射、接收换能器连接好，如图 H.3(a)所示。

需要注意：测量裂缝深度时，必须同时使用两只换能器，一只用于发射，一只用于接收，发射换能器将电信号转换成超声波，超声波在被测物体中传播，接收换能器接收后将超声波转换成电信号。两只换能器可以互换使用。

(3) 按下主机电源开关，直到屏幕亮起，约 10 s 后，进入主控软件界面。点击测深模式进入裂缝深度测试界面。

(4) 裂缝深度测量有手动检测和自动检测两种方式。手动检测方式主要是根据波形相位发生变化时测距和裂缝深度之间的关系来得到缝深值。

(5) 手动检测方式的首要目的就是寻找波形相位变化点，图 H.3(b)所示即为手动检测示意图，L_1 和 L_2 为测距，将发射、接收换能器置于待测裂缝的两侧对称位置，相距较远，使得 L_1 和 L_2 足够大(比检测前估计的裂缝深度大即可)，测试过程中应尽量使这两个距离相等，且使发射、接收换能器的连线与裂缝走向垂直，换能器与混凝土面之间应该使用耦合剂耦合，以保证接收信号的强度。

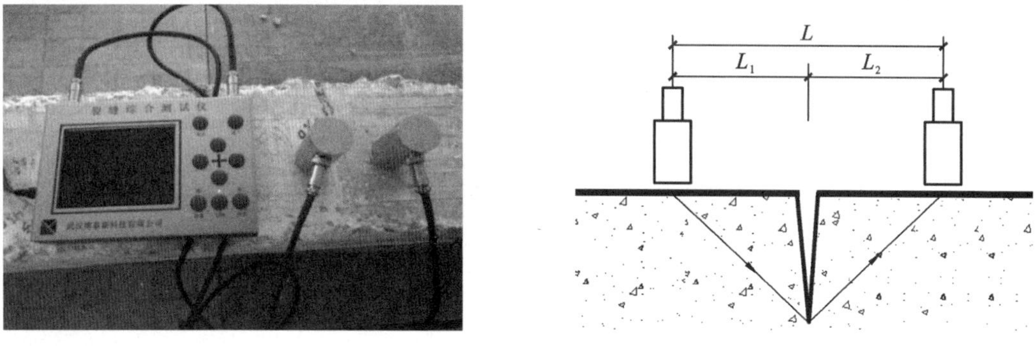

(a) (b)

图 H.3 裂缝深度手动检测

(a)裂缝综合测试仪(测深模式)；(b)裂缝深度手动检测示意图

(6) 点击主机声波发射按钮，开始进行深度测试，超声波穿透混凝土后绕过裂缝底端，并被接收换能器接收，缓慢移动换能器，使得 L_1 和 L_2 逐渐变小(比检测前估计的裂缝深度小即可)，移动过程中只要发现波形相位发生跳变(图 H.4)即停止移动，用尺测量两个换能器的中心距 L，记录当前两换能器与裂缝的间距并输入仪器，即可得到缝深。

需要注意： 手动检测时的间距是指发射、接收换能器中心的距离。移动换能器时应尽量保持对称，缓慢、匀速移动。

(7) 点击保存按钮，保存当前裂缝深度测量图片。点击返回按钮，退出裂缝深度测试界面，并返回到主控软件界面。在主控软件界面点击文件管理按钮进入文件管理界面，可以查看相关图片文件。

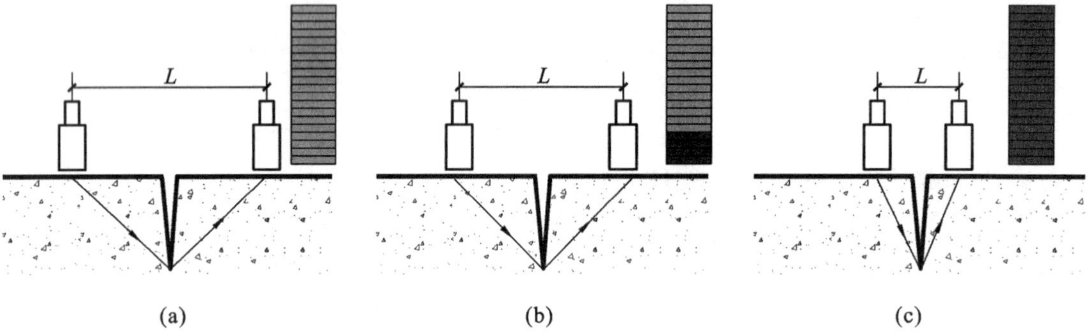

图 H.4　裂缝深度手动检测相位变化示意图

(a)测距较大；(b)测距临界点；(c)测距较小

参考文献

[1] 姚振纲,刘祖华.建筑结构试验.上海:同济大学出版社,1996.

[2] 宋彧,李丽娟,等.建筑结构试验.2版.重庆:重庆大学出版社,2005.

[3] 刘明.土木工程结构试验与检测.北京:高等教育出版社,2008.

[4] 杨德健,王宁.建筑结构试验.武汉:武汉理工大学出版社,2006.

[5] 王天稳.土木工程结构试验.2版.武汉:武汉理工大学出版社,2006.

[6] 王娴明.建筑结构试验.北京:清华大学出版社,1987.

[7] 马永欣,郑山锁.结构试验.北京:科学出版社,2001.

[8] 朱伯龙.结构抗震试验.北京:地震出版社,1989.

[9] 湖南大学等校.建筑结构试验.北京:中国建筑工业出版社,1991.

[10] 易伟建,等.建筑结构试验.北京:中国建筑工业出版社,2005.

[11] 中华人民共和国住房和城乡建设部.建筑抗震试验规程(JGJ/T 101—2015).北京:中国建筑工业出版社,2015.

[12] 中华人民共和国住房和城乡建设部.回弹法检测混凝土抗压强度技术规程(JGJ/T 23—2011).北京:中国建筑工业出版社,2011.

[13] 中国工程建设标准化协会.超声法检测混凝土缺陷技术规程(CECS 21:2000).北京:中国建筑工业出版社,2001.

[14] 中国工程建设标准化协会.超声回弹综合法检测混凝土强度技术规程(CECS 02:2005).北京:中国建筑工业出版社,2005.

[15] 中国工程建设标准化协会.拔出法检测混凝土强度技术规程(CECS 69:2011).北京:中国建筑工业出版社,2011.

[16] 中国工程建设标准化协会.钻芯法检测混凝土强度技术规程(CECS 03:2007).北京:中国建筑工业出版社,2007.

[17] 中华人民共和国住房和城乡建设部,中华人民共和国国家质量监督检验.混凝土强度检验评定标准(GB/T 50107—2010).北京:中国建筑工业出版社,2010.

[18] 中华人民共和国住房和城乡建设部.混凝土中钢筋检测技术规程(JGJ/T 152—2008).北京:中国建筑工业出版社,2008.

[19] 中华人民共和国住房和城乡建设部.混凝土结构加固技术规范(GB 50367—2013).北京:中国建筑工业出版社,2013.

[20] 中华人民共和国住房和城乡建设部.建筑抗震加固技术规程(JGJ 116—2009).北京:中国建筑工业出版社,2009.

[21] 中国工程建设标准化协会.碳纤维片材加固修复混凝土结构技术规程(CECS 146:2003).北京:中国建筑工业出版社,2003.

[22] 田石柱,蔡新.远程协同结构试验方法研究与发展.地震工程与工程振动,2006,26(5):47-54.

[23] 吕建民,郭玉荣,肖岩.结构远程协同试验研究进展.建筑科学与工程学报,2006,23(4):38-43.

[24] 程绍革,白雪霜,赵鹏飞,等.结构抗震混合试验技术初探.工程抗震与加固改造,2005,27(5):68-70.

[25] 蔡新江,田石柱.振动台试验方法的研究进展.结构工程师,2011,27(增):42-46.

[26] 王燕华.地震模拟振动台的研究.南京:东南大学,2009.

[27] 朱乐东.结构抗风试验讲义.同济大学土木工程防灾国家重点实验室,2007.

[28] 钢筋混凝土框架节点拟静力试验分析竞赛.中国建筑学会抗震防灾分会建筑结构抗倒塌专业委员会网站(http://www.collapse-prevention.net/).

[29] 刘金成.振动台模型实验方案设计注意事项.http://blog.163.com/art_structure/.

[30] 周颖,等.建筑结构振动台模型试验方法与技术.北京:科学出版社,2012.

[31] 周颖,吕西林,卢文胜.不同结构的振动台试验模型等效设计方法.结构工程师,2006,22(4):37-39.

[32] 范力,赵斌,吕西林.拟动力试验中几个问题的讨论.结构工程师,2006,22(5):50-53.

[33] 殷建武,李清林.钻孔灌注桩的超声波检测.CT理论与应用研究,2009,18(3):52-59.

[34] 应文武.混凝土结构中钢筋无损检测技术的研究.杭州:浙江大学,2011.

[35] 卜良桃,周靖,叶蓁.混凝土结构加固设计规范算例.北京:中国建筑工业出版社,2010.